세대를 넘어서

기후위기 시대 생존을 위한 교육
지속가능발전교육

손연아 · 조재준 · 배경석 · 서미숙
최재혁 · 강순기· 지덕영 지음

박영story

서 문

PREFACE

지구상에 살아가는 인간은 언제나 현재와 미래세대 모두에게 사회적 책임을 지고 있다.

오늘날 지구 전체가 직면하고 있는 지속가능위기는 '우리가 어떤 삶을 살아왔는가?, 우리의 삶은 주변에 어떤 영향을 미쳤는가?, 우리는 우리 자신, 다른 사람들, 자연, 사회, 그리고 지구촌과 어떻게 관련을 맺고 있는가?' 등과 같은 성찰적이고 다양한 관계 맺음에 대한 질문을 제기하게 한다.

만약 우리가 인간중심적 사고로 자연을 바라본다면, 우리는 현재와 가까운 미래에만 관심이 있을 뿐, 먼 인류의 장래와 지구의 자연환경에 대해서는 관심을 두지 않아, 결국 자연은 공유재 비극의 희생물이 되고 말 것이다. 반대로 우리가 생태주의적 사고를 갖는다면, 자연을 정복하는 대상으로 보는 것이 아니라 자연 앞에서 인간은 겸허한 자세를 지녀야 하고 인간은 자연 속에 들어가 자연을 바라보고 어울리는 자연관을 가지게 될 것이다.

인간중심적 관점에 치중되는 세계관은 인간과 자연을 포함하는 지구 생태적 공동체의 지속가능성을 저해하는 가장 큰 원인이 될 수 있다. 지속가능위기는 우리가 인간중심적 사고에서 벗어나 자연·인간·사회의 공존과 연속성을 추구할 때, 그 해결의 실마리를 찾을 수 있다. 이때, 지속가능위기를 해결하는 과학기술적 접근을 포함하여 생활방식, 교육, 제도, 가치관 등을 모두 포괄하

서 문

PREFACE

는 사회문화적 접근이 강하게 요구된다.

이렇게 볼 때 지속가능발전교육은 단지 기존의 환경교육에 유엔이 합의하고 제시한 지속가능발전목표 17개를 덧붙이는 수준이 되어서는 곤란할 것이다. 최소한 철학, 윤리학, 정치경제학, 교육학, 사회학, 행정학 등의 다양한 관점에서 접근하여야 소기의 효과를 기대할 수 있다. 지속가능발전교육이 국제사회의 주도로 본격 시행된 지 약 20년이 지난 지금 과연 지속가능발전교육의 목적, 방법, 내용이 그에 맞게 정립되고 추진되어 왔는지 되짚어 볼 필요가 있다.

이 책은 일차적으로 지속가능한 미래를 만들기 위해 사회적·생태적 변화를 촉진하기 위한 다양한 관점을 독자들에게 주고자 기획되었다. 그리고 좀 더 실제적인 목적으로는 일선 현장에서 바로 활용 가능한 지속가능발전교육의 참고서를 제공하고자 하는 의도도 있다. 이를 위해 그동안의 지속가능발전교육과 관련한 다양한 쟁점을 소개하고 교육 방향을 제안한 후, 책의 후반부에서는 실제 활용할 수 있는 다양한 교육 사례들도 제시하였다. 아마도 일선의 교육실행자들은 이 책의 다양한 내용 가운데서 자신이 다루고자 하는 교육 주제와 상황에 맞는 내용을 선정하여 지속가능발전교육 교육과정과 교육자료를 구성해볼 수 있을 것이다.

이 책은 모두 7개의 장으로 이루어졌다. 먼저 1장 '지속가능위기의 이해'에서는 기후위기 · 환경위기 · 경제위기 등에 대한 다양한 관점을 다루어 독자들이 지속가능위기에 대해 여러 차원에서 이해할 수 있게 하는 동시에 자연생태계와 사회생태계에서 일어나는 다양한 위기에 대한 통합적인 사고를 가질 수 있도록 하였다.

2장 '지속가능위기에 대한 철학적 접근'에서는 지속가능위기에 대한 과학철학적 · 윤리철학적 · 사회철학적 관점을 다룸으로써, 독자들이 사회 현상을 이해하거나 사회 쟁점에 대한 개인의 선택에서 일어나는 생각의 과정을 근본적으로 생각해볼 수 있는 기회를 제공하였다.

3장 '지속가능발전의 개요'에서는 지속가능발전의 개념에 대해 주요 시기별로 논의의 핵심이 어떻게 전개되었는지를 다루었고, 이러한 과정에서 정립된 유엔 지속가능발전목표에 대해 구체적으로 정리하였다.

4장 '지속가능발전에 대한 논쟁'에서는 지속가능발전에 대한 주류적 · 비주류적 관점, 지속가능발전의 다차원 · 한차원 · 통합적 모형에 대해 다루었다. 그리고 지속가능발전 관련 해결방안을 둘러싼 여러 논쟁들에 대해 소개하여 독자들이 지속가능발전에 대한 다양한 쟁점들을 접할 수 있도록 하였다.

5장 '지속가능발전교육의 개요'에서는 교육이 지속가능위기의 해결자로서의 역할을 다하기 위하여, 전환 대상으로서의 교육의 의미를 생각해보고, 지속가능발전교육의 의미와 역량, 그리고 주제와 내용에 대해 정리하였다. 독자들은 이장의 내용을 통하여 지속가능발전교육의 전반에 대해 좀 더 명확하게 이해할 수 있을 것으로 생각된다.

6장 '지속가능발전교육의 방향'에서는 환경의 지속가능성뿐만 아니라 사회의 지속가능성에 관심을 두는 생태주의, 공동체주의에 대해 다루고, 지속가능발전교육에서 생각해보아야 할 공정과 평등에 대해 논의하였다. 또한 이 책에서 지향하는 지속가능발전교육에서 핵심이 되는 지역교육공동체, 마을교육공동체, 그리고 대학·지자체·지역사회가 주체가 되는 트리플힐릭스 모형에 대해 다루었다.

7장 '지속가능발전교육의 실제'에서는 앞에서 다룬 지속가능발전교육의 개요와 방향을 바탕으로 실제 교육현장에서 교육실행을 진행하기 위해 접목할 수 있는 다양한 접근법에 대해 소개하였다. 이를 위해 지속가능한 삶에 기여할 수 있는 지속가능행복 개념, 다양한 요인들이 상호작용하는 사회적 특징을 탐구하는 시스템 사고, 개인의 가치관을 드러내는 세계관 변화, 주제 중심 프로젝트 학습인 현상기반학습, 집단지성을 기반으로 하는 상호동료교수법, 그리고 지속가능발전교육에서 활용 가능한 다양한 수업모형과 복잡성 이론에 의한 교육적 접근 방법에 대해 다루었다.

이상에서와 같이 이 책에서 다루어진 '지속가능위기', '지속가능발전', '지속가능발전교육'에 대한 총체적인 논의는 독자들에게 지속가능성(Sustainability)의 개념을 통합적이고 전체적인 관점으로 이해할 수 있게 하고, 사회·문화·경제 등 모든 삶에서 이루어지는 개인적 선택과 사회적인 의사결정 과정에서 자연생태계에 대한 고려가 필수적임을 인식하게 하는 계기를 마련해줄 수 있을 것이다.

아무쪼록, 이 책이 독자들과 같이 지속가능발전교육에 대해 다시 한번 생각해보는 계기가 되기를 간절히 바란다. 이 책에서 발견되는 오류나 부족한 부분은 앞으로 저자들이 최선을 다해 수정·보완할 것을 약속드린다. 끝으로 이 책의 출판을 기꺼이 맡아주신 박영사의 안상준 대표님, 노현 이사님과 편집부의 노고에 감사드린다.

2023년 2월
모든 이들을 위한 지속가능발전교육을 기대하며
저자일동

차 례

CONTENTS

차 례

CONTENTS

I

지속가능위기의 이해

01
지속가능위기

왜 우리는 위기를 믿지 않을까

우리가 살아가는 21세기 초는 가히 지속가능위기에 대한 주장들의 홍수라 할 만하다. 서점에는 환경위기, 기후위기 등 인류의 지속가능위기를 경고하는 책들이 넘쳐나고 있다. 바로 그 옆에는 마치 그들의 경고를 비웃듯이, 비슷한 분량의 주식, 부동산 등 재테크 책들이 전시되고 있다. 인류와 환경의 멸망을 경고하는 책과 재테크를 통해 재산을 불리는 방법을 알려 주는 책이 하나의 벽을 둔 채 서로 대치하는 웃지 못할 풍경이 벌어지고 있는 것이다. 이러한 아이러니는 일부에서 인류의 지속가능성에 대한 위기를 아무리 경고해도 이를 심각하게 받아들이지 않는 사람들도 상당히 많다는 것을 의미한다.

사람들이 지속가능위기를 믿지 않는 이유는 다양하다. 많은 사람들은 그것에 대해서 심각하게 생각해보는 것을 싫어한다. 당장 하루하루 살아가는 데 바쁜 것이다. 문제는 지속가능위기에 대해서 깊이 생각을 한 사람들 중에서도 여러 이유로 위기의 아우성을 믿지 않는다는 것이다. 그들이 지속가능위기를 믿지 않는 이유는 크게 세 가지로 나누어 볼 수 있다. 첫 번째는 인간의 기술 개발 능력에 대한 무한한 신뢰이다. 비단 과학자나 기술자가 아닌 보통 사람도 이러한 입장을 가지고 있는 경우가 많다. '지금까지 과학, 기술이 모두 해결해 왔는데 이번에도 어떻게든 해결하겠지'나, '인공지능에 로봇이 나오는 세상인데 그걸 해결 못 하겠어?'와 같은 생각인 것이다.

이러한 입장을 가진 사람들을 우리는 기술지상주의자들이라고 부른다. 그들은 현재 전 지구적 환경과 사회 속에 여러 문제나 위기가 있을지라도 결국 과학과 기술이 그러한 문제들을 충분히 해결할 수 있다고 본다. 예를 들면 탄소의 과도한 배출로 인한 지구온난화 문제에 대해 그들은 이산화탄소를 대기 중에서 대규모로 흡입하는 기술이 개발되면 해결될 수 있다고 생각한다. 전기자동차나 수소자동차가 개발되면 차량에서 나오는 탄소를 줄일 수 있고 육식용 가축을 키우는 대신에 세포 배양으로 고기를 공장에서 생산하면 가축의 방귀에서 나오는 탄소도 해결할 수 있다고 믿는다. 그러므로 지속가능위기를 주장하는 것은 인간의 능력을 믿지 않는 비관주의라는 것이다. 혹은 강한 인공지능을 믿는 것일 수도 있겠다. 또한 우리의 지식과 기술에 대한 열망은 꺼지지 않을 것이라고 생각하기도 한다. 과학과 기술, 지식이 지속해서 발전하고 새로 등장하는 것은 세상에 대한 궁금증을 해소하려는 인간의 본성에 의한 것이라고 생각한다. 이어서 그들은 우리가 물질주의적, 탐욕적 생활 패턴을 도저히 바꾸지 못해 기술에 기대는 것이라고 바라본다. 애플이 아이폰을 공개하기 전의 세상에서는 스마트폰에 대한 욕구가 눈에 띄지 않았지만 출시된 후에는 새로운 기종에 대한 욕망이 생겨난 것처럼 말이다. 어떠한 관점에서 비롯된 과학기술지상주의자들은 지속가능발전위기에 대해 경고하는 사람들에게 그렇게 비관할 시간에 차라리 기술 개발에 나서는 것이 현명한 행동이라는 충고도 잊지 않는다.

두 번째, 기술지상주의자와 궁합이 잘 맞는 입장이 이른바 '그린

뉴딜'을 외치는 녹색 자본주의자들이다. '그린 뉴딜'의 골자는 재생에너지, 에너지효율, 지속가능한 수송, 순환경제와 같이 저탄소 배출 산업을 발전시켜 경제도 발전시키고 탄소배출도 줄이겠다는 것이다. 이들은 자본주의적 발전을 지속하면서도 지속가능위기를 막을 수 있다고 주장하기 때문에 녹색 자본주의자라고 불린다. 탄소배출의 주요 국가들이라 할 수 있는 유럽, 미국은 물론 한국, 일본, 중국은 그린 산업 붐에 뒤처질까 노심초사하며 녹색 산업에 대한 투자를 경쟁적으로 늘리고 있다. 좀 거칠게 말하면 전통적인 굴뚝 산업으로 기후위기를 초래한 서구 국가들이 이제는 이를 빌미로 녹색 산업을 일으켜 다시 돈을 벌어보겠다는 것이다. 녹색 산업을 발전시키는 기회로 기후위기를 활용하려는 생각은 '코로나 전염병이 유행하는 것을 백신 산업의 발전 기회로 활용해야 한다'라는 입장과 똑같다. 이들은 녹색 산업이 정말로 지속가능위기를 근본적으로 막을 수 있다고 생각할까? 그건 녹색 자본주의자들만 알 것이다. 다음 장에 좀 더 상세히 이야기하겠지만 문제는 국제적인 기후 대책이나 지속가능발전 방안을 이들 녹색 자본주의자들이 주도하고 있다는 것이다.

세 번째 입장은 좀 더 애매하고 복잡하다. 어떤 사람들은 이미 인류가 환경위기에 대응하여 여러 가지 대책들을 시작했으므로 환경위기, 기후위기로 인한 인류와 생태계의 종말은 오지 않을 것이라고 생각한다. 이른바 낙관적 환경주의자들이다. 이들은 지속가능위기에 대응할 수 있는 인간의 능력을 신뢰한다는 점에서 기술지상주의자들과 기본적으로 입장을 같이한다. 현재 UN이 지속가능발전에 대한 17개 목표를 달성하기 위해 지도력을 발휘하고 있고 각국이 여기에 동참하고 있으며 기업들과 시민사회도 매일매일 탄소 절감 캠페인에 동참하고 있으니 위기를 능히 막을 수 있다는 것이다. 그러므로 이들은 보다 적극적인 환경보호 대책과 행동을 요구하는 사람들에게 점잖게 충고한다.

> "지구를 걱정하는 당신들의 마음은 충분히 이해하고 동조한다. 그러나 지나친 걱정은 지구에도 좋지 않고 당신 몸에도 좋지 않으니 그만두세요."

기후위기라는 것 자체가 이 지구의 역사에서 당연한 수순이라고 바라보기도 한다. 위기는 불가피한 일이며 다양한 개체들의 생존 여부에 따라 새로운 지구가 형성되리라는 것이다. 아마 이는 지구 입장에서의 낙관적 환경주의라고 볼 수 있겠다. 즉, 그들의 입장에 따르면 지구의 지속가능위기는 존재하지 않는다.

낙관적 환경주의자들도 깊이 들어가면 사실상 기술지상주의자의 대열에 합류하게 된다. 최근 '지구를 위한다는 착각'이라는 책으로 환경종말론자들을 비판하여 화제가 된 마이클 셸런버거(Michael Shellenberger) 역시 낙관적 환경주의자인 동시에 기술지상주의이다.

'지구를 위한다는 착각'의 내용과 비판

마이클 셸런버거의 최근 책 '지구를 위한다는 착각'은 기술지상주의 입장의 종합판이라 할 만큼 긴 페이지를 들여 지속가능위기를 주장하는 사람들을 공격하고 있다. 30여 년간 환경 운동과 연구를 했으며 현재 미국 청정에너지 연구단체인 '환경진보'의 대표이기도 한 그는 기후위기, 환경위기로 인한 인류의 위기를 걱정하는 사람들을 '환경종말론자'로 칭하며 공연히 세상을 불안하게 한다고 비난한다. 그는 지난 몇 년 사이에 기후변화에 대한 환경주의자들의 주장은 도가 지나치며, 그들의 주장은 긍정적, 인간적, 이성적 환경주의의 적이라고 주장한다. 그의 주장 중 중요한 것만 골라 요약하면 다음과 같다.

> "잘 알려진 환경운동단체인 그린피스가 고래를 구한 것이 아니라 기술과 경제 발전이 고래를 구했다. 예전에는 집집마다 고래기름으로 불을 밝혔기 때문에 고래를 많이 죽였으나 1800년대 중반 유전 개발로 등유가 생산돼 고래를 사냥할 필요가 없어졌다. 또 고급 가방이나 가구를 만드는 데 쓰였던 바다거북의 껍질과 코끼리 상아는 플라스틱이 대체하면서 이들에 대한 인간의 사냥이 줄었다."
>
> "석유나 석탄이 주요 에너지원이 되면서 나무 연료 사용이 줄어 전 세계 산림 황폐화가 줄었다."
>
> "그리고 태양광이나 풍력이 아닌 원자력만이 값싸고 안정적인, 풍부한 에너지를 제공할 수 있다. 원자력만이 인간의 환경 발자국을 줄이면서 고에너지 문명을 유지할 수 있다."
>
> "(기후위기 등) 이들 재해가 가진 높은 불확실성과, 이들이 동시에 일어나므로 인해 생기는 복잡성은 이들 시나리오가 말하는 임계값에 대한 논의 자체를 비과학적으로 만든다. […] 소행성의 충돌이나 초대형 화산의 폭발, 극도로 치명적인 바이러스에 의한 팬데믹과 같은 여러 가능한 재해 중 어느 하나가 발생할 가능성이 다른 것보다 더 크다고 말할 수 있는 과학적 근거는 존재하지 않는다."

자 이제 셸렌버거의 주장을 하나씩 검토해 보자. 먼저 1800년대 등유 사용 후에 고래사냥이 줄었다는 것은 사실관계에 전혀 맞지 않는다. 19세기 이후에 기선과 폭약 작살이 등장하면서 포경은 전 세계적으로 행해졌다. 특히 고래고기를 식용으로 하는 일본은 19세기에 근대화를 통해 세계적인 고래사냥 국가로 변신했다. 그 결과 19세기에 이미 북대서양에서 북대서양 참고래와 귀신고래가 절멸하고 북극고래 개체수도 급감하는 등 고래의 개체수가 크게 줄어들었다. 결국 국제사회가 고래의 과도한 남획을 막기 위해 고래 종별로 포획 규제를 시작한 것은 20세기 중반부터이다. 1946년 12월 미국 워싱턴에서 서명된 국제포경규제협약(International Convention for the Regulation of Whaling, ICRW)이 첫 국제적 합의이다. 조명용 등유가 고래기름을 대체한 후 한참 뒤인 20세기까지도 고래잡이는 줄지 않았다. 셀렌버거가 임의로 추정하는 것처럼 고래기름에 대한 수요의 감소가 고래를 살린 것이 아니라는 것이다. 사람들은 기름이 아니라 고기를 얻기 위해서 고래를 더 많이 잡아 왔다.

그럼 오늘날 고래사냥이 거의 사라진 이유는 무엇일까? 이는 환경 운동가들의 오랜 노력 끝에 대중의 인식이 바뀌었기 때문이다. 우리나라의 식용 개고기 수요가 소고기, 돼지고기, 닭고기의 등장으로 감소한 것이 아닌 것과 마찬가지다. 우리나라 사람들의 개고기 섭취는 1988년 서울올림픽 보이콧 논란을 불러일으킬 정도로 1980년대에도 여전히 줄지 않았다. 개고기 식당이 근래에 대로변에서 보기 힘들어진 것은 반려동물로서 개에 대한 인식이 확산되면서 사람들의 생각이 바뀌었기 때문이다.

바다거북과 코끼리도 마찬가지다. 사람이 사냥할 필요를 없게 만들어야 그 생물종이 유지된다는 논리는 만일 다시 사람이 어느 생물의 특정 부위를 필요로 한다면 그 생물은 멸종할 수밖에 없다는 단편적인 인간중심의 논리밖에 되지 않는다. 사냥과 멸종을 막는 것은 생물에 대한 인간의 불필요가 아니라 배려와 보호 정신이다.

다음으로는 셸렌버거의 석탄과 석유의 사용이 산림 파괴 감소에 기여했다는 주장을 검토해보자. 연료로서 보면 석유, 석탄과 나무는 대체재 관계이므로 석유, 석탄 연료의 사용이 늘어날수록 벌목이 줄어드는 건 당연하다. 이에 대해 환경운동가들은 화석 연료가 산림을 보호하는 효과는 있지만, 탄소배출, 미세먼지 증가와 같은 부작용이 심각하기 때문에 먼저 연료의 사용량을 줄일 수 있도록 에너지 절약을 하고 동시에 석유, 석탄을 대체할 수 있는 재생에너지원을 개발하자고 주장한다. 그러나 셸렌버거의 논리는 석유, 석탄으로 산림 보호라는 긍정적 효과가 있었으니 석유, 석탄의 사용은 문제가 없다는 식이다. 그렇다면, 셸렌버거의 주장은 계속해서 석유, 석탄을 채굴해서 연료로 사용하자는 것인가? 산림 벌채만 줄면 기후위기, 환경위기가 해결될까?

석유, 석탄의 사용은 미세먼지, 탄소배출, 공해물질 배출, 생태계 파괴 등이라는 부정적 효과도 엄청나다. 일부 긍정적 효과가 있다고 화석연료 사용을 찬양하는 것은 전형적인 소탐대실의 사고이다. 그의 논리에 따르면 기후 온난화를 시베리아의 동토층이 녹아 농사지을 땅이 늘어나는 긍정적 효과가 있다고 반겨야 할 것이다. 실제로 이러한 이유로 기후 온난화를 좋아하는 러시아 사람들이 있다고 한다.

원자력이 안전하며 세상을 구할 수 있다는 주장도 현실에 전혀 맞지 않는다. 셸렌버거는 원자력 폐기물은 어느 누구에게도 해를 끼친 적이 없고 절대 안전하다고 주장한다. 그리고 풍력, 수력, 조력과 같은 재생에너지는 신뢰할 수 없으며, 규모도 작고, 간헐적이기 때문에 원자력이 유일한 대안이라고 역설한다.

그러나 이 주장도 사실과 동떨어져 있다. 미국 스리마일 아일랜드, 러시아 체르노빌, 일본 후쿠시마 원전 참사는 원자력이 얼마나 위험할 수 있는지를 보여주는 사례들이다. 원전 폐기물 관리 역시 심각한 문제를 지니고 있다. 고준위 방사성 폐기물인 '사용 후 핵연료(Spent Nuclear Fuel, SNF)'는 방사능이 자연의 천연 우라늄 수준으로 감소하는 데 약 10만 년 이상이 걸릴 정도로 높은 방사선을 방출한다. 중·저준위 방사성 폐기물의 경우 고화, 압축 등의 특별한 공정을 거쳐 용기에 담아져 중·저준위 방사성 폐기물 처분장에 저장·처분된다.

그러나 지하 수백 미터에 폐기물을 묻는다고 해서 안전하다는 보장은 없다. 지진과 같은 지각의 변화는 인간의 통제 영역이 아니기 때문이다. 지각의 변동에 의해 지하의 폐기물이 직접 지상에 노출될 수도 있고 폐기물이 지하수에 섞여 지표까지 이동해 올 수 있다. 또 지하수가 장기적으로 폐기물에 침투하여 물리적·화학적 영향을 미칠 가능성 또한 배제할 수 없다.

지속가능위기와 관련하여 셸렌버거의 가장 중요한 주장은 아마도 위기의 불확실성일 것이다. 그는 기후위기든 생태위기든 발생 가능성을 측정, 비교하는 것이 원천적으로 어렵고 발생 여부도 불확실하기 때문에 이를 두고 노심초사할 필요가 없다고 주장한다.

그러나 과학에서 '불확실성'이라는 개념은 '모른다', '일어날 가능성이 매우 작다'가 아니라 '매우 다양한 가능성을 가진다'라는 의미이다. 예컨대 일부 전문가들은 폐기물을 관리만 잘하면 안전하다고 주장한다. 그러나 안전에 관한 문제는 누구도 확신하지 못한다. 우리나라에서 원전을 더 이상 짓지 못하는 이유는 정부의 노력에도 불구하고 폐기물을 묻겠다고 동의한 지역을 찾을 수 없기 때문이다. 정부가 방사능 폐기물장 후보로 지목하는 해안가 지역의 주민들은 그렇게 안전을 자신한다면 수도권에 폐기물을 묻으라고 요구한다. 그러나 수도권 지역 어느 누구도 폐기물장이 들어오는 것을 용납하지 않을 것이다.

이처럼 과학자들이 환경적, 기후적 지속가능위기를 우려하는 이유는 그들이 '종말론자'이기 때문이 아니다. 단지, 위기에 대한 대책이 너무 늦었을 때 인류에게 미칠 영향이 너무도 파국적이기에 모든 가능성에 대비하여야 한다고 주장하는 것이다.

02

기후위기

기후위기, 정말인가

우선 근래에 지구촌이 겪고 있는 극단적 이상기후의 사례를 세계기상기구(World Meteorological Organization, WMO)의 보고서를 통해 잠깐 보기로 하자.

2021년 10월 31일 영국 글래스고에서는 제26차 유엔 기후변화협약 당사국 총회가 개막되었다. 세계기상기구는 개막일에 맞춰 '2021 기후 상태보고서'를 발표하면서 강력한 폭염과 파괴적인 홍수 등 극단적인 기상 현상을 이제는 비정상적인 상황이 아니라 상시적인 상황으로 규정했다. 세계기상기구는 이상기후를 새로운 표준이라는 의미의 '뉴노멀(New Normal)'로 지칭했다.

보고서에 따르면, 2002년 이래 지난 20년간 평균 온도는 산업화 이전 대비 처음으로 섭씨 1도 높아졌으며 2021년 지구 해수면은 지난 200년 중 최고치로 상승했다. 그리고 보고서는 2015년부터 2021년까지 최근 7년간 온실가스 배출이 최대치를 기록한 결과를 바탕으로 지구 온도가 사상 최고치에 달할 것으로 예측했다. 또한 이 같은 온도 상승이 전 지구적으로 영향을 미치면서 우리가 사는 지구를 '미지의 영역'으로 몰아넣고 있다고 봤다. 당시 세계기상기구 사무총장은 "극단적 이상기후는 이제 '뉴노멀'이 됐다"라며 "이 중 일부는 인간이 일으킨 기후변화 때문이라는 과학적 증거가 점차 증가하고 있다"라고 지적했다.

다음은 보고서가 열거한 2021년에 전 세계에서 발생한 극단적 이상기후 사례들이다.[1)]

- 그린란드 빙상의 정점에 사상 처음으로 눈이 아닌 비가 내렸다.
- 캐나다와 미국의 인접 지역 폭염으로 브리티시컬럼비아주의 한 마을의 기온이 거의 50도까지 올라갔다.
- 미국 남서부 지역의 폭염 기간 중 캘리포니아의 데스 밸리는 54.5도까지 치솟았다.
- 중국의 한 지역에서는 수개월 치에 해당하는 비가 단 몇 시간 만에 내렸다.
- 유럽 일부 지역에서는 심각한 홍수가 발생하여 수십 명의 사상자가 나오고, 수많은 경제적 손실을 초래했다.
- 남아메리카 아열대 지역에서는 2년 연속 가뭄이 발생하면서 강 유역의 유량이 감소했으며 농업, 교통, 에너지 생산에 타격을 입었다.

지구 온도의 상승은 필연적으로 해수면의 상승을 가져왔다. 보고서에 따르면 해수면은 1993년부터 2002년까지 매년 2.1㎜ 상승했지만 2013년부터 2021년까지는 이전 10년간의 두 배에 해당하는 연간 4.4㎜로 껑충 뛰었다.

영국 BBC가 인터뷰한 조너선 봄버 브리스톨빙하학센터장은 "현재 해수면 상승 속도는 지난 2000년 동안 그 어느 때보다도 빨라지고 있다. 이 추세로 계속 간다면 2100년에는 해수면이 2m 이상 상승, 전 세계 6억3,000만 인구가 터전을 잃을 가능성이 있다. 그 결과는 상상조차 할 수 없다"라고 경고했다.

다른 기후 연구들도 세계기상기구 보고서의 주장을 강력히 뒷받침하고 있다. 여러 컴퓨팅 모델들은 맹렬한 폭풍우, 홍수, 열파, 지속되는 가뭄, 허리케인, 태풍, 토네이도와 같은 극단적인 날씨들이 더 온난하고, 더 습윤한 세계 내에서 더욱더 보편화될 것이라고 예측하고 있다. 미국의 경우, 하루에 50mm 이상 내리는 것으로 정의되는 호우성 폭우의 개수가 1900~2000년까지 25% 증가하였다. 전 세계적으로, 1950~1985년 사이의 평균 십 년보다 1990~2000년 사이의 십 년에서 재앙적인 홍수가 10배 더 발생하였다.[2] 그리고 이는 우리나라도 예외는 아니었다. 2017년 11월 중순부터 추워지기 시작하더니 이듬해 2월 초까지 한파가 계속되었다. 1월 말에는 철원 기온이 영하 25도 아래로 떨어지는 등 맹추위가 절정에 달했고 동파 사고와 한랭질환 환자가 급등했다.[3]

기상청의 '사회·경제적 피해로 본 2020년 기후위기' 보고서에 따르면, 2020년 우리나라는 역대 가장 긴 장마철과 함께 8~9월의 연이은 태풍의 영향으로 기록적인 피해를 입었다. 재산피해 1조 2,585억 원, 인명피해 46명으로, 최근 10년(2010~2019) 연평균 피해(재산 3,883억 원, 인명 14명)의 약 3배를 초과한 것이다.

결국 2020년 세계경제포럼(World Economic Forum, WEF) 연례총회(다보스포럼)에서 채택한 '2020년 세계위험보고서'에서는 이번 세기에 인류가 마주할 가장 큰 위협으로 기상 이변을 꼽았다. 아울러, 기후변화 위험이 전 세계 국내총생산(GDP)의 절반 이상인 4조 달러(약 5경 1,326조 원) 정도 손실을 초래할 수도 있다고 진단했으며, 그중에서도 건설산업, 농업생산, 음식료품 산업을 기후변화에 가장 심각하게 노출된 3대 산업으로 꼽았다.

기후 온난화 논쟁

결론부터 미리 말하면 지금 지구촌이 겪고 있는 기온 상승은 인간 활동으로 인한 탄소배출과 직접적인 관련이 있다. 현재 기상학자 등 과학자들은 이산화탄소 배출이 지구의 온도를 높인다는 데에 이견이 없다. 좀 더 상세히 말하면 이산화탄소가 온실효과를 유발한다는 것은 과학적으로 증명된 사실이다. 그리고 인간이 이산화탄소를 배출하면 대기 중의 이산화탄소의 양이 늘어난다는 예측에도 다른 의견이 없다. 따라서 인간이 이산화탄소를 많이 배출하면 할수록 온실효과가 강해지고 그만큼 지구 기온이 높아지리라는 명제는 참이라는 것이다.

기후위기의 원인에 대한 대부분의 연구들은 인류의 자연에 대한 무분별한 개발과 파괴행위에 주목해 왔다.[4] 오레스케스(Naomi Oreskes)는 1993년부터 2003년 사이에 '지구기후변화'라는 키워드를 활용하여 기재된 과학 논문을 분석한 결과, 75% 정도의 논문이 인간의 활동이 지구의 기후를 변화시키고 있다는 사실에 암묵적인 동의를 하고 있음을 밝혔다.[5]

그러나 이 논리가 현재와 같이 일반적으로 받아들여지는 과정은 순탄치 않았다. 바로 2000년 초에 일부 과학자들이 기후 온난화 허구설을 주장하고 나섰고 이에 일부 언론과 정치인들이 동조하였기 때문이다.

지구온난화 허구설을 주장하는 과학자들이 제시하는 근거는 지구의 온도는 원래 지난 수십억 년간 몇 도씩 오르락내리락해 왔다는 것이다. 17세기 소빙기에도 지구 온도가 1도 이상 떨어진 적이 있다. 그러나 1970년부터 지난 50년간 지구의 평균 표면 온도는 겨우 섭씨 0.9도밖에 오르지 않았으므로 지구 온도 변화는 그렇게 호들갑을 떨

일이 아니라는 것이다.

또한 온난화 허구론자들은 그동안 언론이나 정치인들이 지구온난화를 과장해 왔다고 주장한다. 지구온난화론자들이 기후위기의 근거로 북극곰의 터전이 없어지고 해수면이 높아진다고 큰소리로 외쳐 왔지만 사실상 북극곰의 개체수는 오히려 지난 수십 년간 증가 추세에 있으며 빙하 상실로 인한 해수면 상승치도 연평균 수 밀리미터에 불과해 육지 면적을 줄일 정도는 아니라는 것이다. 여기에 양 진영 간에 정치적인 비난까지 발생하여 한동안 온난화론자들이 위기에 빠지기도 했다. 허구론자들은 지구온난화를 주장하는 과학자들이 정부나 연구소로부터 연구비를 더 받기 위해 기후 문제를 부풀리고 있다고 비난하였다. 온난화 주장자들이 지구온난화 주장에 배치되는 데이터를 은폐한 사실도 폭로되어 온난화 허구론이 어느 정도 대중에게 설득력을 가지는 일도 있었다. 이에 맞대응하여 온난화론자들은 허구설을 주장하는 자들이 석유업자 등으로부터 지원을 받고 있다고 말했고, 다시 허구설 주장자들은 온난화 지지자들이 신재생에너지 등 그린 산업으로부터 지원을 받고 있다고 비난했다. 그러나 앞에서 이야기했듯이 이러한 논쟁은 이미 과거가 되어 버렸으며 적어도 2020년대에는 인간에 의한 기후 온난화를 부정하는 과학자는 없다고 보아도 무방하다.

미국 코넬대 연구진의 연구[6]가 이를 뒷받침한다. 코넬대 연구진은 2012년에서 2020년 사이에 발표된 기후변화와 관련된 논문 중 무작위로 3,000편을 뽑아 그 내용을 분석하였다. 분석 결과, 기후위기의 원인이 인간에게 있음을 부정하거나 반박하는 논문은 불과 4편에 불과했다는 것이다. 이렇듯 학계에서는 기후변화 논쟁이 종식되었지만, 여전히 대중을 상대로 한 정치 분야에서는 논쟁이 계속되고 있다. 한 미국 정책연구소의 조사에 따르면 미국의 상원의원과 하원의

원 중 인간에 의한 기후변화를 부정하는 정치인이 100명이 넘는 것으로 나타났다. 우리나라에서도 상황은 크게 다르지 않을 것이다. 왜냐하면 기후변화의 원인 문제는 산업계에 대한 규제 문제와 밀접히 관련되어 경제 주체들의 현실적 이익에 영향을 미치기 때문이다.

탄소배출과 기온 상승

지구온난화의 주된 원인은 인간 활동이 발생시키는 탄소 때문이다. 지구 온실효과를 일으키는 이산화탄소의 대기 배출량은 식물 성장률, 표층수와 심층수의 혼합 해양 유기체의 성장률, 풍화작용, 지구 조판의 이동, 화산활동을 포함하는 많은 자연적인 요인들에 의해서 결정되는데[7] 특히 인간이 인위적으로 배출하게 되는 온실가스 안에 많은 이산화탄소가 포함되어 있다. 온실가스는 적외선을 흡수한 후 이를 다시 복사함으로써 지구 표면 온도를 끌어올리게 되는데, 이것이 이른바 '온실효과'이다.[8] 그리고 인위적인 배출로 증가하는 온실가스로 태양열이 지구 밖으로 나가지 못해 지구의 온도가 높아지는 현상을 우리는 지구온난화라고 한다. 지상에서 일어나는 모든 복잡· 다양한 대기의 운동과 이에 따른 날씨의 변동은 결국 추운 극 쪽의 공기와 더운 남쪽의 공기가 서로 섞이면서 평형상태를 유지해 나가려는 대기 대순환 과정으로 해석된다.[9] 이러한 관점에서 지구의 온도를 높이는 지구온난화는 대기 대순환에 영향을 주게 되며, 결국 기후변화를 야기하는 것이다.

지구온난화로 인하여 뜨거워진 지구는 생명체가 살아가는 데 많은 영향을 준다. 식물의 생장에 문제가 생기고 이는 산림 고사 사태로 이어지며, 탄소를 흡수해 산소를 생성하는 지구의 능력에 심각한

손상을 주어 기온이 더 증가하게 된다. 즉, 지구온난화는 '기후되먹임(Climate Feedback)' 효과를 발생시키는 것이다.[10]

지난 100만 년 동안 온실가스 농도(이산화탄소, 메탄가스)의 변화와 지구 온도의 변화는 정확히 일치한다.[11] 지구의 온실가스 농도는 산업혁명 시기인 1850년부터 수직 상승하였는데 지구 온도 역시 같은 시기부터 유사한 모습을 나타내고 있다. 현재의 지구 기온은 100년 전보다 0.75도 상승하였고 산업혁명 이전보다는 1도 상승하였다. 그리고 지난 50년간 연평균 기온 상승 속도는 100년 전에 비해 2배 빠르며 현재 10년에 0.2도씩 상승 중이다. 지구의 기온 상승이 대기권의 상층부에는 해당하지 않고 하층부에만 해당한다는 사실도 온실가스가 기온 상승의 주범이라는 주장을 뒷받침한다[그림 I-1].

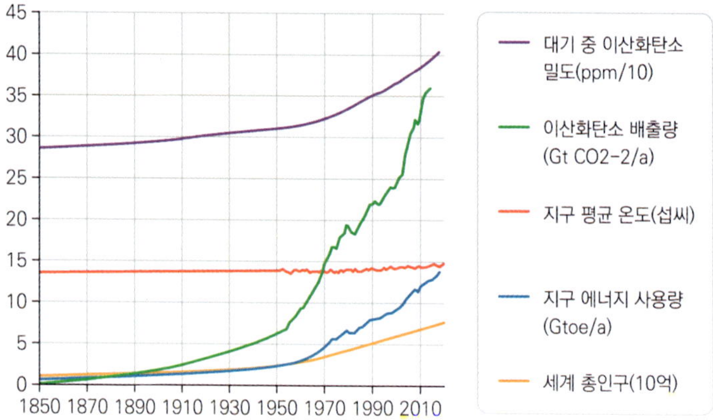

[그림 I-1] 지구 이산화탄소 농도와 지구 기온의 변화 추이(200년간)[12]

이미 배출된 온실가스는 수십 년에 걸쳐 천천히 사라진다. 그러므로 인류가 당장 온실가스 배출을 0으로 줄인다고 하더라도 현재부터 20~30년 후에 무조건 지구 기온 1도 상승은 확정된 사실이라는 것이다. 지난 200년간 기온 1도 상승만으로도 이상기후가 만들어낸 충격적 결과를 생각하면 20~30년 후의 1도 상승이 지구 기후와 생태계를 어떤 '미지의 영역'으로 이끌지는 아무도 모른다. 문제는 현재 대기 중 이산화탄소 농도는 호모사피엔스인 현생 인류가 출현한 지 20만 년 중 최고 수준이라는 것이며 과학자들은 2030년이면 위험 수준에 다다를 것이라 경고하고 있다[그림 I-2].

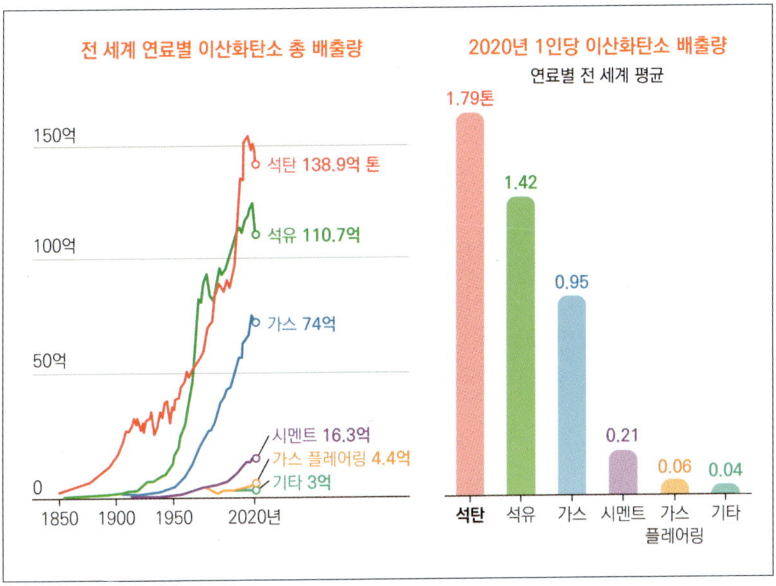

[그림 I-2] 1850-2020년간 이산화탄소 배출량 추이[13)]

'기후변화의 거의 모든 것'이라는 저서에서 필리프 스콰르조니는 엄숙하고 냉정하게 선언한다.

> "그러므로 우리의 선택은 뜨거운 세상이냐, 아니면 훨씬 더 뜨거운 세상이냐, 둘 중의 하나밖에 없다..."

03
환경위기

미세한 물질의 등장

미세한 물질들로 우리는 피해와 이익을 동시에 취하고 있다. 그러나 사실 이 소제목부터 잘못되었다. 미세한 물질들은 등장한 것이 아니라 원래 존재하였으나, 그 양이 너무나도 많아져 버렸다. 그리고 우리는 그것을 볼 수 있게, 정확히 말하면 '측정할 수 있게', 혹은 '인지할 수 있게' 되었다. 4차 산업혁명이라는 단어가 등장한 이후로 이를 주장하는 국가들은 다양한 관점에서 혁명을 말하곤 한다. 우리가 더 작은 것들을, 더 먼 것을 볼 수 있음에 따라서 혁명이 일어났다는 것이다. 그렇게 우리는 나노 크기의 물질을 볼 수 있게 되었고 다룰 수 있게 되었다. 같은 부피라고 해도 하나가 전체를 구성하느냐, 쪼개어진 것들이 전체를 구성하느냐에 따라 표면적이 달라짐을 우리는 초등학생 수준에서 이미 알 수 있다. 하지만 그 쪼개어진 것들, 전체를 구성하는 단위가 작으면 작아질수록 더 많은 표면적이 생겨나고 이것을 통해 더 많은 물질과 상호작용을 할 수 있게 된다. 이 원리를 통해 반도체를 만들어내고, 기술의 발전에 따라 같은 크기의 USB가 더 많은 정보를 담을 수 있게 된다. 또한, 이 원리는 화학 분야에 적용되면 혁신적인 반응을 만들어낼 수 있고, 의료, 의약 외 미용품 등 다양한 분야에 활용할 수 있게 된다.

이런 편의품들이 분해까지 완벽하게 진행된다면 정말 좋겠지만, 우리가 알고 있는 작은 물질들은 그것이 매우 어렵다. 먼저, 잘 알고 있는 플라스틱을 보자. 어떤 플라스틱을 만드느냐에 따라 이보다 완벽한 물질이 있나 싶을 정도지만, 동시에 다양한 문제들을 낳았다. 단계별로 문제를 짚어보도록 하자. 첫째, 미용, 치아 건강, 베개 등을 위해 제작된 작은 플라스틱과 마찰 등에 의해 크기가 작아진 플라스틱을 여러 종의 동물이 우연히 섭취할 수 있다. 그리고 동물들은 식탁으로 올라와 우리 신체에 들어오게 된다. 사실 식탁에서가 아니더라도 플라스틱 물병 등에 마찰이 생기면 미세 플라스틱은 자연히 생성되어 우리 몸 안에 있는 장기들 품에 자리한다. 이들이 폐, 혈관 등 여러 곳에서 편안히 쉬어가며 결국 인간의 죽음까지 함께하게 된다는 것이다. 물론 무조건 다 쌓이는 건 아니다. 미세 플라스틱이 인체에 머무를 시에 성장, 에너지 할당, 발암 등에 영향을 줄 수 있다는 설이 주를 이룬다. 물론 유해성 자체에 대한 갑론을박이 존재하기는 한다.

그리고 봄이면 우리나라를 철새처럼 드나드는 황사와 함께 미세먼지가 찾아온다. 이 물질들은 크기에 따라 구분되는데, 머리카락의 두께보다 10분의 1(10㎛ 이하)이나 되는 미세먼지, 40분의 1(2.5㎛ 이하)이나 되는 초미세먼지로 이름이 붙여져 있다. 이들은 미세한 자연 물질들과 더불어 공장에서 배출되거나 생활에서 풍화·침식되어 온 중금속들과 함께 다가와 우리 몸속에 매우 쉽게 찾아온다. 초대받지 않은 손님인 미세먼지는 호흡기, 피부, 안구와 심혈관에 매우 좋지 않은 영향을 끼치게 된다. 더 작은 초미세먼지라는 물질은 더욱 깊숙이 찾아와 암과 같은 심각한 질병을 유발시키기도 한다. 이들은 국내에서 이용하고 있는 차량의 배기가스나 공장에서도 충분히 배출된다. COVID-19 시대 전후의 대기 중 미세먼지 상황을 확인하면 배기가스나 공장에서 유출되는 미세먼지와 초미세먼지가 얼마나 막대한 영향을 주는지 알 수 있다. 이렇듯 작은 물질들을 볼 수 있었기에, 그리고 활용할 수 있었기에 우리는 이전보다 편안함을 영위할 수 있었지만, 그에 대한 대가도 크게 치르고 있다.

치명적인 화학물질 사고

미국화학학회(America Chemical Society)의 발표에 의하면 2020년 현재 전 세계적으로 약 4만 5천 종의 화학물질이 유통되고 있고, 매년 40종 이상의 신규물질이 추가되고 있다고 한다. 그러나 현재 그 유해성이 입증된 것은 0.01%에 불과하여 '유해화학물질 안전보건자료(Meterial Safety Data Sheet, MSDS)'에는 불과 20,346종으로 알려진 화학물질 가운데 극히 일부만 등록되어 있다.

화학물질 사고는 인간이 배출한 물질이 사람과 다른 생명체들을 죽이거나 다치게 하는 사고를 말한다. 화학물질을 몰래 배출해 강과 개천에서 물고기들이 떼죽음을 당하여 배 부분을 하얗게 뒤집은 채 물 위로 떠오르는 일은 언론 보도에서 자주 접할 수 있다. 사람이 피해를 입으면 보도가 되고 사회문제로 비화하기도 하지만 인간이 배출한 화학물질로 말 못 하는 동식물이 입은 피해는 얼마나 잦을지 우리 인간은 상상조차 할 수 없을 것이다. 그중 사람이 피해를 입은 사례를 들어본다.

1984년 12월 2일 인도 보팔에 위치한 미국 살충제 회사인 유니언 카바이드사 공장에서 '메틸이소시아네이트(Methyl Isocyanate, MIC)'라는 피부, 눈, 호흡기에 치명적인 급성독성물질이 오염된 물과 반응하여 증기로 누출되는 사고가 발생했다. 이 사고로 인근 주민 16,000명이 사망하고, 5만 명이 부상당할 정도로 피해 규모는 엄청났다.

우리나라에서는 1987년 구리 원진레이온 공장에서 노동자들이 이황화탄소에 중독되는 사고가 있었다. 처음에는 중풍과 유사한 것처럼 제대로 걷지 못하는 이황화탄소 중독으로 판명된 피해 노동자가 12명이었지만 1994년에는 359명에 이르렀다. 그리고 다시 몇 년이 흐른 뒤에 피해자는 최종 1,000명 가까이로 늘었다. 직업병으로 인정받지 못한 피해자들이 잇따라 스스로 목숨을 끊는 일도 있었다.

가까이로는 2001년에 SK케미칼의 가습기 분무액에 포함된 가습기 살균제로 인하여 사람들이 사망하거나 폐 질환뿐만 아니라 폐 이외 질환이나 전신 질환에 걸린 사건도 우리 사회에 큰 충격을 주었다. 환경부에 피해를 신고한 사람만 7천 명 수준이며 그중 사망자는 1,553명에 달했다. 파악되지 않은 사망피해자는 14,000명으로 추산되며, 유아를 포함한 건강피해자는 67만 명에 달한 것으로 알려졌다.

우리나라 10대 환경 사건

우리나라의 환경위기를 보여주는 사건은 너무 많아 일일이 다 셀 수 없을 정도다. 발생 당시에는 사회에 엄청난 충격을 주었지만 잊힌 것들도 많다. 녹색연합이 선정한 우리나라 10대 환경 사건을 보자.[14)]

낙동강 페놀 오염 사건

1991년 낙동강 페놀 오염 사건은 두산전자 구미공장의 페놀 원액 30톤이 낙동강으로 유출되고 그 페놀 원액이 정수장의 염소 소독과정에서 클로로페놀로 변하여 대구시에 공급되는 수돗물에서 악취가 발생하면서 일어났다. 이 사건 발생 직후 시민단체들은 대책협의회를 결성하여 두산제품 불매운동 등 본격적인 항의 활동에 들어갔으며 2차 페놀 유출 사고 뒤 환경처 수장이 경질되었다.

온산병 발생

경남 울산군 온산공단 일대에서 발생했던 공해병으로 1982년 10월 이 지역주민들은 이주대책을 호소하는 진정서를 정부에 보냈다. 그리고 1985년에는 한국공해문제연구소에서 이 지역주민이 카드뮴 중금속에 의해 생기는 이타이이타이병의 초기증상과 비슷한 병을 앓고 있다고 발표하여 환경청과 학계, 지역주민들 사이에 공해병 논쟁이 일어났다.

시화호 사건

시화호 개발사업은 1987년 6월 '국토확장과 해안지역의 물자원 확보'라는 계획 아래 화옹지구 개발사업의 일환으로 착수되었다. 경기도 안산-반월지구 인근의 시화지구에 방조제 건설로 내만 지역이 외해와 격리됨에 따라 56.5㎢에 달하는 호수가 형성되었다. 1994년 1월 시화호 물막이 공사가 완료되었고 시화호를 건설할 당시에 계획했던 정화시설이 제대로 이루어지지 않아 수질오염이 심해졌다. 이에 수질개선이라는 이유로 오염된 시화호 물을 해양으로 방류하기에 이르렀고 결국 1996년 4월 말경 매스컴에 의해 무단 방류를 하려 했던 사실이 보도되면서 시화호 사건이 사회문제로 대두되었다.

쓰레기 종량제 실시

1995년 1월부터 쓰레기 종량제를 전국적으로 시행했다. 쓰레기 종량제는 정액 부과방식의 쓰레기처리 수수료 제도를 주민이 배출하는 쓰레기양에 따라 처리비용을 부과하는 방식으로 변경함으로써 경제적 부담을 통해 쓰레기 배출량을 줄이는 방향으로 주민의 소비 형태 및 쓰레기 배출 습관을 변화시키는 제도이다. 이와 더불어 쓰레기 처리비용을 배출자가 부담하는 원인자 부담원칙을 확대, 적용하여 수수료 요율을 점진적으로 현실화함으로써 대국민 청소 서비스를 향상시키고 쓰레기를 위생적으로 처리할 수 있는 소요 재원을 확보하는 목적도 있다.

새만금간척사업 반대 운동

새만금간척사업은 '제2의 시화호'가 될 것이라는 우려와 세계 5대 갯벌의 하나인 우리나라 서해안 갯벌 파괴라는 환경문제, 예산 낭비라는 문제로 감사원의 지적을 받은 바 있다. 새만금간척사업 반대운동은 국민들에게 갯벌 보존의 중요성을 일깨워 주는 데 기여했다. 환경사회단체들을 중심으로 백지화 활동들이 벌어졌고 정부의 대형 국책사업에 대항하여 마침내, 국무총리실에 민관 동수로 참여하는 '새만금 사업 환경영향 공동 조사단'을 구성, 전면 재검토하는 단계로 올려놓았다.

환경보전법 제정과 국민의 환경권 명시

환경보전법은 환경기준의 설정, 환경영향평가의 실시, 특별대책지역의 지정, 사업자에 대한 오염방지 비용부담 등 다소 진전된 적극성을 띠고 있으며 이 법(1977년 제정)에 근거하여 환경행정을 전담하는 기구로 보건사회부 내의 환경위생국을 설치하였다. 또한

1980년 1월 환경청을 발족하고 제5공화국 헌법에 국민의 환경권을 명시했다. 헌법 제35조에 "모든 국민은 깨끗한 환경에서 생활할 권리를 가지며 국가와 국민은 환경보전을 위하여 노력하여야 한다. 환경권의 내용과 행사에 관하여는 법률로 정한다"라고 규정하여 국민의 기본적인 권리로서 환경권을 천명한 것이다.

동강댐 반대 운동

이 운동은 천혜비경과 희귀동식물의 보고인 동강유역에 댐이 건설되는 것을 막아 생태계를 보존하고 천혜의 자연유산을 미래세대에게 물려주기 위해 전개되었다. 이는 과거 개발일변도의 공급 위주 물 관리 정책에서 물을 절약하고 효율적으로 이용하는 수요관리 위주의 물 정책으로 전환하도록 촉구하였다.

안면도 사태

1991년 11월 정부가 은밀하게 추진해 오던 핵폐기장 건설계획을 추진하려 했고 그 입지로서 안면도를 선정하였다. 이에 안면도 핵폐기장 건설을 반대하는 주민 2만여 명이 참여하여 결사 항전의 자세로 핵폐기장 건설을 극구 반대하였고 정부는 핵폐기장 건설계획을 전면 백지화하였다.

대만 핵폐기물 반입 저지 운동

1997년 1월 대만전력공사와 북한핵안전감독위원회는 대만 내 란위섬에 저장되어 있는 핵폐기물을 황해북도 평산 지역으로 반입하겠다는 계약을 체결했다. 이 문제로 인하여 국내외 환경단체를 비롯한 국제기구들이 반대 의사를 표명하였다.

굴업도 핵폐기장 선정 및 백지화 운동

정부는 1994년 연내 핵폐기장 부지 선정이라는 강경한 방침을 견지해오다 12월 경기도 옹진군 덕적면 굴업도를 핵폐기장 부지로 지정하였고 95년 2월 이를 지정, 고시하였다. 이에 덕적도 주민대책위와 환경단체들은 굴업도가 핵폐기장 부지로서 적합하지 않은 활성단층대라는 사실과 핵폐기물의 해상수송상의 위험성 등 문제점을 조사 연구하면서 근거 있는 반대 운동을 벌여 나갔다. 결국 정부는 95년 10월 해저에서 2개의 활성단층징후를 발견했다며 핵폐기장으로서 부적격하다는 판정을 내렸다.

04

경제위기

지구라는 공유재의 한계

태양열, 공기, 바다와 같은 지구 환경은 특정한 주인이 없는 공유재이다. 공유재는 모든 사람이 필요에 따라 사용할 수 있는 공동의 재산이다. 과거 전통 촌락에서는 주민들이 공동으로 사용할 수 있는 우물, 개천, 야산과 같은 공유재가 있었다. 영국 등에서도 마을 주민들이 양에게 풀을 먹일 수 있는 공유 목초지가 있었다. 문제는 사용자들이 공유재를 주인 의식 없이 마구 사용할 경우에 공유재는 파괴되어 더 이상 사용할 수 없게 된다는 것이다. 이를 이론화한 것이 유명한 '공유재의 비극(Tragedy of the Commons)'이론이다.

> "공유재를 효율적으로 관리하려면 개인들은 적정 수준 이상의 공유재 사용을 자제하여야 한다. 그렇지 않은 경우, 개별 사용자들은 단기적으로 그 자원의 사용을 통하여 혜택을 보지만 장기적으로는 자원이 고갈되어 모든 사용자가 고통을 받게 된다. 이런 현상을 하딘(Hardin, 1968)은 공유의 비극이라고 표현하였다. 예컨대, 공유 목초지에 누구나 양을 방목할 수 있다고 하자. 사람들은

보다 많은 양을 사육하여 많은 돈을 벌기 위하여 더 많은 양을 방목하고자 한다. 결국 공동 목초지가 고갈되어 공멸하는 비극을 맞게 된다는 것이다."[15]

기후위기, 환경위기가 우리에게 새삼 가르쳐 주는 교훈 중의 하나는 바로 지구상에 사람이 무한히 사용할 수 있는 것은 없으며 지구도 한계 용량을 갖는다는 것이다. 50년 전까지만 해도 공기나 물은 아무리 마구 사용해도 여전히 상관없다는 인식이 지배적이었다. 그러나 이젠 대기 성분은 미묘한 평형을 이루고 있으므로 탄소배출과 같은 행동으로 함부로 그 평형을 깨뜨리면 기온 상승, 산불 증가, 해수면 상승과 같은 대가를 치른다는 것을 알게 되었다. 물도 마구 쓰거나 오염시키면 사막화, 생물 종의 멸종과 같은 보복이 돌아온다는 것도 경험했다.

열린 체계 대 닫힌 체계[16]

지속가능위기의 원인은 마르크스의 닫힌 체계(단순재생산 체계)와 열린 체계(확대재생산 체계) 이론을 적용해 보면 명확하게 드러난다. 재생산은 마르크스경제학에서 순환의 과정을 의미하는데 다음 두 가지로 나뉜다. 재생산이 동등한 규모로 이루어지는 것은 '단순 재생산'이고 확대된 형태로 이루어지는 것은 '확대 재생산'이라 한다. 자연과 같이 단순 재생산을 하는 체계는 '닫힌 체계'이다. 예를 들어 자연이 생산하고 소비하는 물의 양은 언제나 동등하다. 수분은 그저 증발하여 기체가 되었다가 구름이 되어 비로 내리고 추우면 얼었다가 다시 증발하기를 반복하지만 전체적인 물의 양은 재생산을 통해 늘어나지는 않는다.

한편 우리가 사는 사회체제는 생산-소비의 사이클이 반복될수록 재화의 양이 늘어나는 '열린 체계'이다. 20세기에만 인류 사회의 화석연료 소비는 30배, 산업 생산은 50배, 농업 생산은 2.5배, 물 소비는 2배, 인구는 4배 증가했다. 문제는 지구상에서 닫힌 체계인 자연과 열린 체계인 인간 사회가 같이 존재하는데 사회의 확대 재생산은 거저 생기는 것이 아니고 바로 자연의 단순재생산 능력을 축소시키면서 얻어지는 것이라는 점이다. 왜냐하면 동일한 20세기 기간 동안 원시림은 50% 감소하고 이산화탄소는 30% 증가하였으며 북극의 빙하는 15%가 감소했기 때문이다.

특히 인구의 폭증은 자연의 단순재생산 능력을 현저히 감소시킨다. 2021년 현재 세계 인구는 79억 명이며, 지금 이 순간에도 계속 늘어나고 있다. 월도미터(Worldometer)에 접속해보라. 가장 상위에 있는 수치가 독자들이 접하게 되는 세계 인구수이다. 이 책을 발간하는 동안에도 인구는 늘어나고 있다. 인간이 많으면 무엇이 문제일까? 당연하게도 인간은 지구 자원의 물질 전환 활동을 증가시킨다. 인간은 욕구를 충족시키기 위해 숲을 밀어버리고 가축을 키워가며 탄소배출량을 증가시키고 있다. 또한, 식량 등의 필수품과 더불어 여러 편의품을 전 세계에 유통하기 위해 화석연료를 태워가고 있다. 탄소중립이란, 순탄소 배출량을 0으로 하여 탄소배출량에 중립을 지키는 것이다. 탄소중립(Net-zero)이라는 이름에 걸맞기 위한 활동으로 가장 어려운 영역은 단연 운송업이 될 것이다. 인간 사회 생태계는 자연생태계의 기반 위에서만 존립이 가능하지만 사회 생태계의 확대 재생산 때문에 인간과 자연의 생존이 모두 위협을 받는 상황이 바로 지속가능위기인 것이다.

이러한 분석은 지속가능위기를 해결하기 위해선 사회 생태계도 이제 확대 재생산을 멈추고 단순 재생산을 하는 닫힌 체계로 돌아가는 방법밖에 없다는 단순한 사실을 제시한다. 지속가능성은 자연과 사회 생태계 간의 지속적인 균형을 전제로 하기 때문이다. 요약하면 지속가능위기는 사회가 자연에 기대어 확대 재생산을 하는 체제로 남아있는 한 계속되거나 악화될 수밖에 없다. 왜냐하면 자연이 열린 체계가 될 가능성은 아예 없기 때문이다.

도넛 경제학 모형

인류는 자연에서 먹을 것, 입을 것, 즐길 것을 얻고 살아가며 그 과정에서 부득이하게 자연을 훼손하게 된다. 자연에 기대어 살아가는 다른 동물들도 마찬가지다. 그러나 그 훼손은 생태계의 균형을 깨트리지 않는 한도에서 가해져야 한다. 이를 생태적 한계라 한다. 다음 도넛 모양의 그림이 바로 생태적 한계와 인류가 살아가는 데 필요한 사회적 기초 간의 관계를 표시한 '도넛 경제학' 모형이다.

다음 도넛 그림에는 두 개의 선이 있다. 하나는 인간의 생명과 존엄성을 보장하는 사회적 기초를 유지하는 선이고 다른 하나는 지구 환경의 궁극적 파괴를 가져올 수 있는 생태적 한계의 선이다. 환경위기로부터 인류를 구해줄 수 있다는 의미로 구명튜브 모형이라고도 불린다.

이 구명튜브의 안쪽 선은 사회적 기초를 나타내는 선이므로 그 선보다 안쪽으로 들어가는 것은 인간다운 생활을 하지 못한다는 의미가 된다. 튜브의 바깥쪽 선은 생태적 한계를 설정하는 선으로 이를 넘어가면 지구 환경이 돌이킬 수 없는 정도로 파괴된다. 그러므로 인류가 안전하게 지속가능하게 살기 위해서는 이 두 선의 안에서만 살아야 한다.

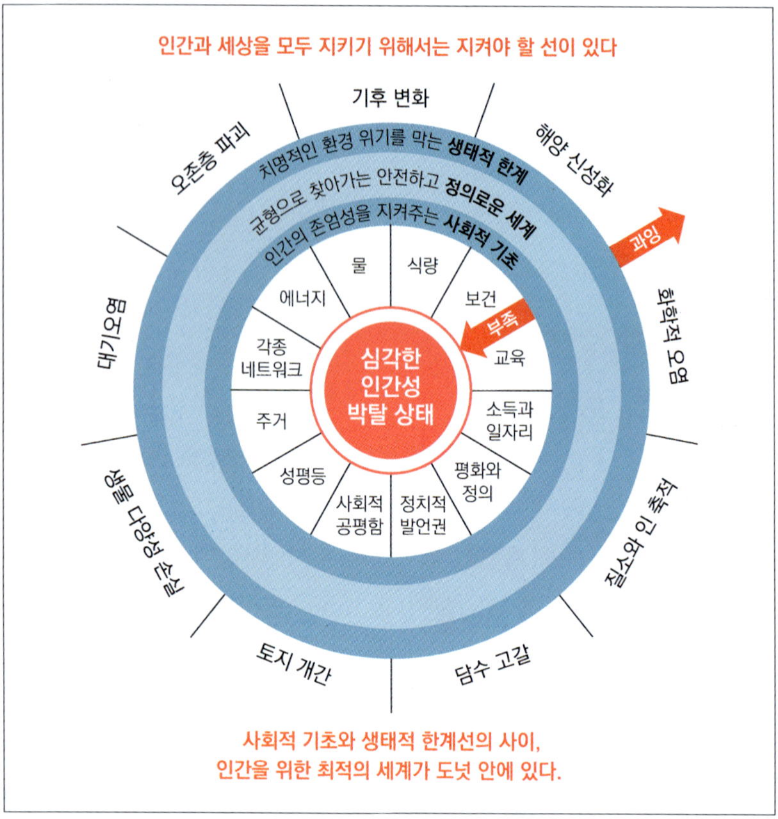

[그림 I-3] 도넛 경제학 모형17)

이 도넛 모형을 고안한 영국 경제학자 케이트 레이워스(Kate Raworth)는 주류 경제론이 생태적 한계를 무시한 채 성장론에 몰두하고 있다고 비판한다. 레이워스의 도넛 경제학의 골자는 이제 성장의 강박에서 벗어나 균형을 유지하는 것으로 정치, 경제, 사회, 문화의 패러다임을 바꾸어야 한다는 것이다. 즉, 사회적 기초를 유지하면서 한편으로는 생태적 한계를 유지하는 경제 시스템을 만들어야 한다는 것이다.

왜 성장을 멈출 수 없는가

온실가스 배출 등 환경 파괴는 인간의 생산, 유통, 소비 등 경제활동에서 기인한다. 경제활동은 인간의 물질적 욕구를 충족시키기 위한 것이다. 그런데 우리는 위에서 말한 공유지의 비극과 도넛 경제학 이론으로부터 지속가능위기는 성장을 위해 지구 환경이라는 공유재를 서로 마구 사용함으로써 생기는 문제라는 것을 알 수 있다. 그렇다면 해답은 의외로 단순하다. 환경을 더 이상 파괴하지 않으려면 성장을 멈추면 되는 것이다. 그렇지 않은가?

그러나 당장 나 자신에게 물어보자. 나는 경제 성장을 멈춘 삶을 살아갈 수 있는가? 이미 물질적으로 풍족히 살고 있는 북반구의 일부 국가들의 국민은 그렇다고 대답할 수도 있을 것이다. 그렇지만 서구 국가들의 풍요로운 삶을 지향점으로 삼아 지금도 경제성장에 박차를 가하는 중국의 14억 인구, 인도의 14억 인구를 포함한 49억에 달하는 개발도상국의 국민들도 성장을 멈추고 이대로 살아도 된다고 할까? 대부분 아닐 것이다.

산업 규모의 확대를 통해 경제성장을 이루고 물질적 욕구를 충족해야 사람이 행복해질 수 있다는 믿음은 전 세계적으로 공통적이며 매우 확고하다. 지속가능위기 해결을 위해서는 경제성장의 중단이라는 명쾌한 해답이 있지만, 누구도 물질적 욕구를 희생하고 싶어 하지 않는다는 딜레마가 존재한다. 성장을 멈추지 않고도 우리는 지속가능위기를 해결할 수 있는가?

그린워싱

간혹 기업들은 그린워싱으로 대중을 기만하면서 환경을 더 악화시키는 경우가 있다. 'Whitewash'라는 영어 단어는 '하얗게 칠하다, 회칠하다, 불법행위의 진상을 은폐하다, 눈가림하다'라는 좋지 않은 의미이다. 그러니 그린워싱이란 말은 '친환경으로 눈가림하다, 친환경으로 위장하다' 정도의 뜻이 되겠다. 그린워싱은 기업이나 단체에서 실제로는 환경에 악영향을 끼치는 제품을 생산하면서도 허위·과장 광고나 선전, 홍보수단 등을 이용해 친환경적인 모습으로 포장하는 '위장환경주의' 또는 '친환경 위장술'을 가리킨다.

문제는 그린워싱을 하는 기업들의 실상을 들여다보면 각종 오염물질을 쏟아내고 있으면서 한두 개의 친환경 제품이나 캠페인을 벌여 기업 이미지를 분칠하고 있다는 것이다. 국내외 담배회사들이 금연 광고를 하는 것이나 주류 회사들이 알콜 중독 예방을 위한 홍보 광고를 하는 것과 마찬가지다. 이 사안에 대해 깊이 알지 못하는 대중들은 세계 굴지의 석유회사가 탄소배출 감축 캠페인을 하는 것을 보면서 정부와 기업들이 온실가스 문제에 적극 대처하고 있다는 인상을 받게 된다. 아울러 정부, 기업, 언론, 시민단체 누구라 할 것 없이 모두 기후위기와 탄소배출 감축을 외치니 문제가 해결될 것이라고 낙관할 수도 있다. 이러한 오도된 메시지는 대중으로 하여금 지속가능위기에 무감각해지도록 만들 수도 있다는 점에서 매우 우려스럽다. 담배회사, 주류회사의 소셜워싱(social washing)[18]은 일부 사람들의 건강을 해치는 선에서 피해가 일어나지만 환경 파괴 기업들의 그린워싱은 인류의 지속가능위기를 악화시키면서 지속가능위기의 심각성에 대한 대중의 인식을 호도한다.

시장의 외부효과

지속가능위기와 관련하여 전통적 자본주의가 비난의 표적이 되고 있다. 환경은 주로 인간의 생산과 소비라는 경제활동에 의해 파괴되므로 근대의 세계 경제를 주도해 온 자본주의 경제 체제에 비판이 집중되는 것은 일견 당연하다.

자본주의 경제에서 기업과 같은 경제 주체들에 의한 장기간 무분별한 환경, 생태 파괴가 행해진 이유는 시장의 '외부효과'로 환경 파괴가 은폐되었기 때문이다. 경제학 개념인 외부효과란, 한 경제주체의 행위가 다른 경제주체에게 '편익'이나 '비용'을 발생시키지만 이에 대한 보상이 이루어지지 않을 경우에 발생한다. 여기서 편익이 발생하는 경우를 정(+)의 외부효과, 비용이 발생하는 경우를 부(-)의 외부효과라고 한다. '외부'라는 말은 가격에 의해 작동하는 영역 밖에서 발생하는 것을 나타낸다. 이러한 외부효과가 가격기구 안으로 들어오게 하는 것을 내부화(internalize)라고 부른다.

외부효과가 발생할 경우 정부는 경제주체들의 행위를 '내부화'하여 그들의 행태가 진정한 편익과 비용에 대한 가격이 산정될 수 있도록 해야 한다. 따라서 국가는 환경오염과 같은 부의 외부효과가 발생하는 경우에는 세금과 벌칙을 부과하고, 환경보호 등 정의 외부효과를 발생하는 경우에는 장려금이나 보조금을 지급하여 외부효과를 내부화하게 된다.[19]

좀 더 쉽게 설명해보자. 애덤 스미스가 '보이지 않는 손'으로 표현했듯, 시장경제는 수요와 공급에 따라 결정된 '가격'에 따라 운영된다. 그러나 가격은 '시장가치'만을 나타내고 외부효과로 발생하는 비용을 포함하지는 않는다. 만일 A 기업이 자동차 1대 값을 2천만 원이라고 책정한 경우 여기에는 자동차를 만드는 데 들어간 인건비, 자재

비, 공장운영비, 관리비, 금융비, 이익 등이 모두 포함되어 있다. 그러나 자동차를 만드는 데는 이러한 것들만 들어가는 게 아니다. 자동차 공장이 제조과정에서 배출한 온실가스, 공해물질들과 부품과 완성차의 운송 과정에서 발생시킨 교통체증, 인근 도로파손, 미세먼지, 그로 인한 주변 주민의 건강 악화 등과 같은 비용도 사실상 누군가 부담하였지만 차량 가격에는 포함되지 않는다. 이러한 비용은 고스란히 자연환경과 지역, 국가 사회가 떠맡는다. 이를 외부효과라 하며 만일 이 외부효과를 모두 계산하여 자동차 가격에 포함시킨다면 이를 가격의 '내부화'라 한다. 내부화의 대표적인 사례가 백화점과 같이 교통체증 외부효과를 발생시키는 시설에 부과하는 '교통혼잡유발부담금'이다.

그러나 현실에서는 실제 시장가격으로 지불하는 비용과 사회적으로 발생시키는 비용 간의 차이는 대부분 간과된다. 여기서 우리는 잠시 자본의 축적이 자본가의 능력에 의한 것만이 아니라는 사실을 알게 된다. 즉, 자본의 축적은 자본가가 외부효과를 사회와 자연에게 떠맡김으로써 발생한다.

우리나라의 재벌 기업이 단지 자신의 자본과 경영 능력으로 성장한 것은 아니다. 재벌들이 우리나라의 자연환경, 문화와 제도, 사회적 자본 등 다른 자본을 사용했지만 이에 대한 가격은 지불하지 않아 많은 돈을 벌 수 있었던 측면도 있다. 따라서 기업들은 이전까지 마음대로 사용하던 공기, 물, 강, 바다, 산림과 같은 공동 자원의 사용에 제약을 가하는 환경 규제에 대한 반감이 강할 수밖에 없다. 일부 언론에서 주장하는 '기업하기 좋은 나라'의 내용을 들여다보면 환경 규제를 완화하자는 내용이 대부분을 차지한다. 정확히는 '기업하기 좋은 나라'가 아니라 '기업이 외부효과를 전가하기 좋은 나라'라고 바꾸어야 대중들의 이해를 도울 것이다.

자본주의의 또 다른 비판점은 자본의 집중에 따른 부의 양극화이다. 양극화는 환경위기와 함께 사회 위기를 악화시킨다는 면에서 지속가능발전의 시한폭탄이다.

주주 자본주의에서 이해관계자 자본주의로

지금 세계 자본주의를 이끌고 있는 사람들도 자본주의가 지속가능위기를 재촉한다는 사실을 너무나 잘 알고 있다. 세계 자본주의 총회라 할 수 있는 세계경제포럼(WEF), 일명 다보스포럼은 매년 1월 세계의 정치·경제 부문 인사 및 학자들이 스위스 다보스에 모여 주요 경제 현안을 논의하는 자리다. 2020년 자본주의 리더들은 소득 불평등, 사회 분열, 기후변화에 대한 자본주의의 책임을 벗어나기 위해 기업 경영의 목적을 기존 주주 자본주의에서 '이해관계자 자본주의(Stakeholder Capitalism)'로 전환하자고 제안했다. 무슨 뜻인가 하면 이제부터는 기업 경영에 있어 주주 이익의 극대화만 추구하지 말고 환경, 일반인, 외국인의 이익도 고려하자는 것이다.

주주 자본주의는 대규모 자본을 조달하기 위한 기업 형태인 주식회사와 함께 등장한 자본주의다. 주식회사에서는 기업의 소유주인 주주와 전문경영인(CEO)이 분리된다. 주식회사의 소유주는 주주이며 전문 경영인은 주주의 이익을 극대화해야 한다는 암묵적, 명시적 계약을 맺는다. 주주들이 전문경영인에게 요구하는 것은 (나쁜 경우에는 어떤 수단을 써서라도) 최대한 수익을 극대화하라는 것이다.

계약의 내용이 이러한 터에 전문 경영인은 자신의 기업 활동이 유발하는 외부효과(환경과 사회에 미치는 영향)보다는 기업의 수익에 더 집중하게 된다. 심지어는 환경과 사회에 해를 끼치더라도 돈을 벌려고 하는 경향을 보이게 된다. 지구온난화, 해양오염, 생물종 멸종 등 헤아리기 힘든 환경 비용은 주주 이익과는 상관없으니 무시해도 된다고 생각한다.

그러나 이제 다보스포럼이 제안한 이해관계자 자본주의는 기업 경영의 방점을 주주 이익이 아니라 이해관계자에 두겠다는 것이다. 이해관계자에는 고객과 종업원 외에도 거래기업, 지역사회 등이 포함된다. 현재의 자본주의 풍토와 여건에서 이게 가능할까?

결론부터 말해 이것은 선언에 그칠 공산이 매우 크다. 현재 기업 제도는 이미 주주 자본주의에 맞춰져 있기 때문이다. 주주의 이익을 최우선으로 생각하지 않는 전문경영인은 사실상 생존하기 어렵다. 주주들은 자신의 재산을 극대화하고자 하는 욕망에서 기업에 투자한 것이기에 주주들이 이러한 욕망을 포기하지 않는 한 주주 자본주의는 포기될 수 없다. 앞에서 말했듯이 자본주의는 이 욕망을 기반으로 설계된 제도이며 자본 축적의 욕망은 자본주의의 가장 강력한 에너지이다. 그리고 외부효과와 양극화를 악화시키는 추동력은 인간의 그칠 줄 모르는 욕망이다. 자본주의의 지속가능성을 논하기 위해서는 우선 자본주의의 욕망을 멈출 수 있는가라는 질문을 던져야 한다.

'승자는 전리품의 것이다'[20)]

전리품이 승자의 것이어야 맞는데 승자가 전리품의 것이라니, 이게 무슨 말인가? 기술지상주의자들은 과학기술로써 우리가 자연을 '정복'할 수 있다는 막연한 믿음을 가지고 있다. 그러나 인간은 자기를 해하지 않고 자연을 파괴할 수 있을까? 인간은 자연 속의 존재이고 따라서 자연 정복이란 자기 모순적이다. 인간이 기술로써 자연을 파괴하면 인간은 승자, 자연은 인간의 전리품이 된다. 그러나 자연 속 존재인 인간은 승리자로서 자연이라는 전리품을 취하지 못한다. 왜냐하면 파괴된 자연은 더이상 인간에게 우호적인 자연이 아니기 때문이다. 반대로 파괴된 자연이 보복의 형태로 승자인 인간을 취한다. 그래서 '승자는 전리품의 것'이 된다. 이러한 인간(승자)과 자연(전리품) 간의 관계가 현실로 나타난 것이 오래전에 멸망해버린 이스터 섬의 이야기다.

"이스터 섬, 남태평양의 작은 섬처럼 떠 있는 이 섬은 사람이 상주하는 지구의 땅 가운데 가장 멀리 떨어진 지역 가운데 하나이다. 그리고 폴리네시아에서 동쪽으로 맨 끝에 있는 유인도이기도 하다. 최초의 폴리네시안 이주자들은 비옥한 토양, 풍성한 식량, 풍부한 건축 재료, 충분한 영역 그리고 생활에 필요한 모든 것들이 갖추어진 섬을 발견했던 것이다. 그들은 번성했고, 또 그 수가 계속 늘어났다. 몇 세기가 지난 후 그들은 조상이 조각한 것과 같은 석상(모아이)들을 만들기 시작했다. 시간이 흐르면서 석상들은 점점 거대해지기 시작했고, 또 10t이나 되는 붉은 관(冠)이 거대 석상들에 씌워졌다. 아마 그 관들은 서로 다른 씨족(이스터 섬에는 짧은 귀 씨족과 긴 귀 씨족의 두 씨족이 서로 치열하게 경쟁하면서 살았다고 한다.) 집단 간 부와 권력 경쟁이 상징물이었을 것이다. 이스터 섬의 인구는 계속 불어나서, 점차 숲이 재생산되는 속도보다 더 빨리 나무들을 베어내는 상황이 되었다. 사람들은 나무를 벤 자리에 정원을 만들고, 나무들로 불을 때고, 카누를 만들고, 집을 짓고 그리고 석상을 옮겼다. 숲이 사라지면서 석상을 옮기고 세우는 데에 필요한 통나무와 줄이 떨어지게 되었다. 생활은 점점 어려워졌다. 개울과 샘이 말라버렸고, 불을 지필 나무도 없어졌다. 내륙새, 조개류, 바닷새들이 사라지면서 식량을 구하는 것도 점점 어려워졌다. 바다에 타고 나갈 배를 만들 수 있는 나무들이 없었기 때문에 고기잡이가 점점 줄었고, 돌고래도 식탁에서 사라졌다. 숲이 사라지면서 비와 바람에 토지가 침식되거나 말라서 토양의 양분이 고갈됐고 그 결과 작물의 생산량도 줄었다. 남아있는 조각상의 야윈 뺨과 다 드러난 갈빗대는 당시 사람들이 얼마나 굶주렸는지를 보여주는 단적인 예이다. 잉여 식량이 고갈되면서, 복잡한 사회를 유지시키는 역할을 하고 있었던 이스터 섬의 족장, 관리 및 성직자들에게 돌아갈 몫이 없어지기 시작했다. (중략) 1700년에 이르러서는 인구가 급격히 감소해 이전의 4분의 1에서 10분의 1 사이에 머물렀다. 적을 피하기 위해서 사람들은 동굴에서 생활했다. 1770년경에는 서로 적대적인 씨족들이 상대 집단의 석상들을 무너뜨리기 시작했다. 1864년에 이르러서는 그 마지막 석상이 무너졌다."[21]

좀 무섭지 않은가? 이스터 섬을 정복했다고 믿은 이스터 사람들은 겉으로는 승자였지만 결국 전리품인 이스터 섬의 소유가 되어 버렸다. 이스터 사람들이 자연환경을 파괴하면서까지 섬을 정복한 결과이다.

미주

1) 이 사례들은 BBC 코리아의 기사에서 인용하였다("기후변화: 세계기상기구, 극단적 이상기후가 이제 새 표준". 맷 맥그래스, BBC 환경기자, 2021년 11월 1일)
2) Thompson, G. R. & Turk, J. (2012). 지구시스템 과학 II(윤일희 외, 역). Cengage Learning. (원본출판 2011년)
3) 박정재(2021). 기후의 힘: 기후는 어떻게 인류와 한반도 문명을 만들었는가?. 서울: ㈜바다출판사
4) 정승안(2016). 기후변화에 대한 역易 사회학적 이해. 한국학논집, 62, pp.69-93
5) 김기윤(2010). 지구온난화 논쟁 -세계화 속의 과학, 국민국가 그리고 시민사회-. 코기토. 68, pp.311-340에서 재인용함.
6) "Greater than 99% Consensus on Human Caused Climate Change in the Peer-Reviewed Scientific Literature," which published Oct. 19 in the journal Environmental Research Letters.
7) Thompson, G. R. & Turk, J. (2012). 지구시스템 과학 II(윤일희 외, 역). Cengage Learning. (원본출판 2011년)
8) 김일방(2018). 지구온난화 논쟁과 그 대안. 환경철학, (26), pp.105-136
9) 김유근, 문승의, 안중배, 이화운, 하경자(1997). 대기환경의 탐색. 서울: 형설출판사.
10) Wallace-Wells, D. (2020). 2050 거주불능 지구: 한계치를 넘어 종말로 치닫는 21세기 기후재난 시나리오(김재경, 역). 청림출판(주). (원본출판 2019)
11) 기후변화의 모든 것, 필리프 스콰르조니.
12) Ebert, S. (2020). Value-Based Decision Making Within the Complexity of Building Construction - Development of a System Model of Building Construction for the Derivation of a Holistic Value-Based Decision Making Approach.
13) 손석우(2021). [기상인사이드] 46년 만에 노벨상 받은 지구온난화 실험, 과학이 기후위기 막는다 https://www.chosun.com/opinion/specialist_column/2021/11/17/4DAHMTM2PNEEVJVFJZ4FONMJDY/
14) 녹색연합 홈페이지 인용 (https://www.greenkorea.org) accessed on 11 July, 2022.
15) 남재걸(2020). 행정학. 박영사. p.27
16) '이홍균(2000). 지속가능한 발전 개념에 대한 비판. 한국사회학회 사회학대회 논문집, pp.216-222'을 재구성하여 작성하였다.
17) Raworth, K. (2017). Doughnut economics: seven ways to think like a

21st-century economist. Chelsea Green Publishing.

18) 소셜워싱(Social Washing)도 그린워싱과 유사한 의미이다. 기업들이 사실과는 다르게 사회적 책임을 다하고 공동체의 지속가능한 발전을 위해 모범을 보이는 모습을 과장되게 홍보하는 것이다.

19) 남재걸(2018). 행정학. 박영사. p.28.

20) F. 스콧 피츠제럴드(2018). 아름답고 저주받은 사람들(진영인, 역). 은행나무. p.5.

21) '존 플렌리 폴 반(2005). 이스터 섬의 수수께끼. 유정화 역. 아침이슬' 중에서.

Ⅱ

지속가능위기에 대한 철학적 접근

01

과학철학적 접근

지속가능위기의 궁극적 원인은 무엇인가? 인간의 그칠 줄 모르는 탐욕인가, 아니면 욕망을 부추기는 자본주의 경제체제인가? 아니면 자연과 환경을 포함한 세계를 바라보는 인간의 생각이 애초부터 잘못되었는가?

지속가능위기의 연구자들 상당수는 지속가능위기는 인간이 약 300년 전부터 현재까지 근현대 문명을 발달시키는 과정에서 가지게 된 자연을 포함한 세계를 바라보는 생각과 관점에서 기인한다고 주장한다. 간단히 말해 세상을 바라보는 철학이 문제의 근원이었다는 것이다. 그래서 2장에서는 지속가능위기를 철학적 관점에서 접근해 보자 한다.

"너는 이 문제에 대해서 어떻게 생각하니?" 우리는 어떤 문제가 발생하거나, 토론할 때, 혹은 일상적인 상황에서 위와 같은 질문을 자주 마주하게 된다. 삶은 선택의 연속이고, 그 선택에 따라 나의 삶이 다시 바뀌기도 하는 피드백루프(Feedback Loop)의 구조로 되어있다. 이는 우리 인류 집단으로 보아도 크게 다르지 않다. 인류는 인류의 번영을 위해 매 순간 선택을 내려야 하고, 그 선택에 따라 편리함을 누리기도, 혹은 그에 따른 책임을 져야 하기도 한다. 이러한 선택에는 항상 선택의 기준이 되는 어떠한 '생각'이 바탕에 깔려있다. 즉, 어떤 '생각'을 하느냐, 그것이 바로 우리의 선택과 그에 따른 미래를 결정하는 것이다. 그렇다면 지금, 우리는 어떤 선택의 갈림길에 놓여있는가? 환경위기에 따른 인류의 지속가능성(Sustainability)이 저해되고 있는 작금의 현실에 대해서 우리는 어떠한 선택을 내려야 한다. 선택의 방향은 지금 지구상에 사는 사람 수보다 다양할 것이다. 그러나, 어떠한 선택을 내리든 각 선택이 그 사람의 '생각'을 바탕으로 결정된다는 점을 고려해본다면 개인이 그 선택을 할 수 있게 만든 생각, 특히 세계에 대한 생각에 대해서 살펴보는 것은 필요하다.

환원주의적 사고의 시작

"이 세상은 어떻게 작동되는가?" 잠시 멈춰 한번 '생각'해보기를 바란다. 우리에게 삶의 기반을 제공하는 비옥한 토양(흙), 따뜻함을 선사해 주는 불, 정신을 깨워 주는 맑은 공기, 갈증을 해결해 주는 물… 세상의 다양한 요소들은 어떻게 움직이거나 순환되고 있는가? 고대 그리스 철학자 중, 탈레스(Thales)라는 철학자는 이 세상이 '물(Water)'로 이루어져 있다고 생각했다. 세상 만물은 모두 '물'이 변형된 형태라고 주장했던 것이다. '물'은 옛적부터 4원소 중 하나로 취급되었고, 주변에서 찾을 수 있으며, 모든 생명체 속에 존재하기도 하고, 고체와 액체 등 여러 형태를 넘나들 수 있다. 이를 고려해본다면[1] 그 당시 탈레스의 생각이 이해되지 않는 것은 아니다. 탈레스 다음으로 등장한 아낙시만드로스(Anaximander)도 탈레스와 비슷한 방법으로 만물의 근원(아르케)을 탐구했다. 그는 탈레스의 '물'을 거부하였다. 왜냐하면 4원소로 설정된 하나의 원소가 만물의 근원이 될 수 없다고 생각을 하였던 것이다. 아낙시만드로스는 4원소보다 더 근본적인 어떤 것을 찾았고, '무한자(Apeiron)'[2]라는 것으로 그의 의문점에 대한 답을 제시하였다. 아낙시만드로스 다음으로 아낙시메네스(Anaximenes)는 만물의 근원을 '공기(Air)'라고 주장했다. 아낙시만드로스가 주장한 '무한자'는 아낙시메네스에게 너무 모호한 개념이었던 것이다. 그러나 그는 어떤 무한한 것이 만물의 근원일 것이라는 아낙시만드로스의 의견에는 어느 정도 동의한 것으로 보인다. 그래서 그는 탈레스와 비슷하지만, 무한의 개념을 추가하여 '공기'를 만물의 근원으로 설정한다.

우리는 탈레스, 아낙시만드로스, 아낙시메네스의 생각에서 하나의 특징적인 모습을 발견할 수 있다. 지금까지 글을 읽어온 독자들은 그 특징을 이미 파악하였을지도 모른다. 잠시 한번 생각해보자. 그들의 사상이 가지고 있는 하나의 공통적인 특징은 바로 만물의 근원을 찾고자 하였다는 것이다. 철학자들은 자신들을 둘러싼 세계를 끊임없는 변화에 의한 혼돈의 세계로 보았는데, 이를 이해하기 위해서 모든 것들이 변해도 변하지 않는 무엇인가를 찾고자 하였다는 것이다. 탈레스를 필두로 만물의 근원을 찾고자 했던 시도들은 탈레스 이전 사람들과는 다른 관점으로 자연을 바라본 굉장한 사건이었다.

탈레스 이전의 사람들은 끊임없이 변화하는 자연을 이해하기 위해서 우리 '인간'과 비슷한 '신'을 만들어냈다. '신'들의 기쁨과 슬픔, 노여움 등이 자연현상에 투영되어 있다고 생각하였다. 그래서 그들은 하늘을 절대적인 존재로 여겼고, 자연은 신들의 질서에 의해 변화하는 것이라고 여겼다. 즉, 자연에는 인간의 의지가 개입될 여지가 없다는 것이다[3]. 그런데 신화를 바탕으로 한 기존의 자연관[4]에서 '신'이라고 하는 존재를 점점 지워간 그 시작이 바로 탈레스였던 것이다.

이전 사람들의 생각을 지워나간다는 것이 상당히 어려운 시도임에도 불구하고 어떻게 새로운 자연관이 고대 그리스에서 태동하였는가?[5] 탈레스 이전의 사람들은 자연 곳곳에서 신을 찾았다. 불어오는 바람, 쏟아지는 비 등 자연현상 하나하나에 신들의 정서가 반영된다고 생각한 것이다. 신에 대한 인간의 불경함은 내리쬐는 태양열로 인한 가뭄으로 벌을 받는 것이다. 가뭄의 원인은 신의 노여움이었고 인간은 뉘우치기 위해 기도를 하는데, 그때 비가 온다면 신이 노여움을 거둔 것이다. 즉, 자연현상의 원인이 곧 신이었다. 그러나 탈레스를 비롯한 이후의 철학자들은 우리 주변 곳곳에 그 정서를 반영하는 '신'들을 모든 것을 관장하는 하나의 '절대자'로 바꿔놓았다. 이는 자연을 설명할 때 그 원인을 '신'에서 찾기보다는 자연 그 자체에서 찾아보고자 한 시도였다. 고대 그리스인들은 자신의 운명을 알고 있는 존재를 '신'이라고 생각했고, 이를 모르는 존재를 '인간'이라고 생각했다. 따라서 그들은 알 수 없는 운명을 조금이나마 통제하길 원했고 우발적인 상황에 대비할 수 있는 안정적인 사회체계를 '정치'와 '정치 참여'로 이룩하고자 하였다. 이렇게 만들어진 안정적인 사회는 '법(Law)'이라고 하는 하나의 토대 위에 세워지기 마련이다. 그리스인들의 운명과 사회에 관한 생각이 자연을 바라보는 자연관에도 반영된 듯하다. 자연에도 사회에서의 '법'과 같이 저변에서 모든 것을 다스리는 하나의 '법칙'이 있을 것으로 생각했던 것이다. 우리는 복잡한 실체들을 단일한 설명 원리 또는 설명 원리들의 작은 그룹으로 나누어 살펴보는 접근 방법을 '환원주의(reductionism)'적 접근법이라고 한다.[6] 여기에서 우리는 환원주의에 대해서 조금 자세히 살펴보도록 하겠다.

환원주의의 사전적인 뜻은 '복잡하고 추상적인 사상이나 개념을 단일 레벨의 더 기본적인 요소로부터 설명하려는 입장'[7]이다. 머리가 조금 복잡해지기 시작하는가? 예시를 통해 쉽게 접근해보자. 혹시 주변에 생물학 전공서 혹은 교과서가 있는가? 한번 목차를 살펴보자. 인체는 정말 복잡하게 이루어져 있다. 그리고 인체의 작동원리 또한 굉장히 복잡하다. 이는 생물학을 접해본 적 없는 사람이라도 단번에 알 수 있는 직관적인 사실이다. 그러나 생물학 교과서를 보면, 복잡하게 얽혀있는 인체의 생리적 원리를 몇 가지의 공식, 혹은 법칙이나 이론들로 간결하게 설명해 놓은 것을 볼 수 있다. 복잡한 인체의 생리적 원리를 몇 가지 단일한 기본적인 요소로부터 설명하고자 하는 것이다. 한눈에 봐도 다 알 수 없을 것만 같은 인체의 생리적 원리를 생명을 이루는 가장 작은 단위라고 일컫는 '세포'에서부터 살펴보고 있다. 세포 안의 미토콘드리아는 복잡한 화학적 기작을 통해 ADP(Adenosine Di Phosphate)를 ATP(Adenosine Tri Phosphate)로 전환시켜 에너지를 만들어 낸다. 미토콘드리아와 같은 세포 내의 수많은 소기관이 각각의 역할을 어느 정도 수행하느냐에 따라 세포의 기능이 달라지고 이 세포는 우리의 조직을 이루는 기초가 된다. 이 조직은 모여서 기관이 되고, 기관은 모여서 기관계가 되며 기관계의 집합체가 바로 우리의 신체이다.

환원주의적 접근법에 대한 힌트가 되었는가? 우리는 사람의 생리적 원리를 알기 위해서 처음부터 사람 전체를 살펴보지 않는다. 사람을 구성하고 있는 작은 단위인 세포로부터 시작하여 점점 큰 단위로 범위를 넓혀가게 된다. '복잡하고 추상적인 사상이나 개념을 단일 레벨의 더 기본적인 요소로부터 설명하려는 입장'이 바로 환원주의적 접근법인 것이다.

다시 본론으로 돌아가 보자. 고대 그리스인들은 세상을 어떻게 바라보았는가? '복잡하고 추상적인 사상이나 개념을 단일 레벨의 더 기본적인 요소로부터 설명하려는 입장'을 취하고 있지 않은가? 이처럼 고대 그리스인들은 정말 복잡하게 이루어져 있는 이 세상을 관장하는 아주 기본적인 법칙을 찾고자 하였다. 복잡한 세계를 이루는 기본적이고 근본적인 물질 혹은 법칙을 찾아보려고 했던 것, 탈레스를 비롯한 고대 그리스의 철학자들은 바로 이 환원주의적인 방법을 통해 세상을 바라보고 있다는 것을 알 수 있다. 자연을 설명하는 하나의 방법으로서 환원주의적 전략이 탄생한 것이다.

이 절의 시작을 열었던 '이 세상은 어떻게 작동되는가?'라는 질문으로 다시 돌아와 보자. 혹시 이 질문에 대한 독자들의 답변은 어떤 것이었는가? 탈레스를 비롯한 고대 그리스 철학자들과 유사하게 어떤 하나의 '물질'로서 대답하였는가? 혹은 알고 있는 어떠한 과학적 법칙들을 나열하였는가? 그렇다면 독자들 또한 환원주의적 접근법을 활용하여 모든 것의 바탕에 깔린 어떤 것부터 자연을 설명하려고 했던 것이다. 그러나, 고대 그리스의 철학자들과 같은 방법을 활용했다고 해서 낙담하거나 자신이 구시대적인 사고방식을 가지고 있다고 생각할 필요는 없다. 고대 그리스에서 시작된 이 환원주의적 방법은 자연을 해석하는 방법으로 자리매김하여 후대의 철학자들에게 엄청난 영향을 주었다. 환원주의적 접근법은 우리 세상이 이렇게 발전할 수 있도록 만들어준 아주 중요한 방법일 뿐만 아니라 인류의 역사와 함께 끊임없이 발전해왔기 때문이다. 앞으로 우리는 이 환원주의적인 방법이 어떤 사상들과 만나 새로운 꽃을 피웠는지 살펴볼 것이다.

아리스토텔레스와 인간중심적 사상

분위기를 조금 바꾸어 새로운 철학자에 대해서 설명하고자 한다. 지금까지도 모든 학문의 기초에서 빠지지 않고 등장하는 '아리스토텔레스(Aristotle)'가 이 절의 주인공이다. 아리스토텔레스는 이 지상을 '물', '불', '흙', '공기' 4원소로 이루어진 세상이라고 생각했다. 그리고 저 위에 있는 우주는 '에테르(Ether)'라고 하는 완벽한 제5원소로 이루어져 있다고 생각했다. 또한, 우주는 지구가 중심이고 행성들이 그 주위를 돌고 있다는 '지구중심설(Geocentrism)'을 우주의 기본 원리로 제시하였다. 이러한 사유를 가능케 하는 사고 논리로서 그는 '귀

납-연역적 방법(inductive-deductive)'을 주로 활용하였다.[8)]

아리스토텔레스가 천문학 혹은 물리학에서만 두각을 나타낸 것은 아니다. 그는 '영혼론'이라는 자신의 저서에서 생명체가 가지고 있는 '영혼'에 대해서 논하였는데, 이는 우리가 주목해 보아야 할 만한 대목이다. 그는 '영혼'이라고 하는 것을 인간을 비롯한 동물과 식물이 가지고 있다고 생각했다. 그리고 이 '영혼'이라고 하는 것은 '섭생' 능력, '감각' 능력, '사유' 능력 등과 같은 능력들을 갖추고 있다고 생각했다. 인간과 동물 그리고 식물은 각각 가지고 있는 영혼의 기능에 차이가 있는데 식물은 아주 기본적인 '섭생'의 기능을, 동물은 '섭생'의 기능과 '감각'의 기능을, 인간은 '섭생', '감각' 그리고 '사유'의 기능까지 가지고 있다고 주장했다. '인간'은 '사유'할 수 있는 유일한 생명체로서 다른 생명체들과는 다른 독특한 특징을 가지고 있다고 본 것이다. 그리고 이 '독특함'은 그의 '목적론적' 설명방식을 만나서 엄청난 '권위'로 탈바꿈한다.

아리스토텔레스는 세상의 작동 방식을 설명하기 위해 '목적론적' 설명방식을 취한다. '목적'이라고 하는 것은 미래의 어떤 상태를 나타낸다. 예컨대, '나는 성공할 것이다'라는 '목적'적 서술은 미래의 성공한 나의 모습을 희망적으로(want) 나타내는 것으로, 지금 '내가' 하는 대부분의 행동 원인이 되어 주고 있는 것이다. 즉, 목적론적인 설명은 미래의 상태가 현재 상태의 원인이 되는 설명방식이다. 아리스토텔레스는 자연을 해석하는 방법으로 자연물의 미래 상태가 현재 자연물의 운동이나 행동의 원인이 되는 설명방식을 취하고 있다. 세상의 모든 생물과 물체는 각각의 목적이 있고, 존재 이유는 바로 그 목적을 달성하기 위해서라는 것이다. 그러나 한 가지 우리가 유념해야 하는 것은 그 목적은 이 세상을 관장하는 '절대자'로서의 '신'에 의해 부여된 목적이다. 그리고 이 목적은 선험적으로 '위계'를 가지게 된다는 것이다. 아리스토텔레스의 이러한 설명방식은 후에 신플라톤주의자들에 의해 완성된 '존재의 대사슬(The Great Chain of Being)'[9]로 완벽하게 표현된다.

존재의 대사슬에서 명백히 볼 수 있듯이 이 세상의 존재자들이 위계를 가지고 있다는 점은 높은 위계에 있을수록 그 자신 아래에 있는 존재자보다 그 위상이 뛰어남을 의미한다. 즉, '인간'의 존재론적 위치 아래에 있는 '야생 동물, 가축, 나무, 기타 식물' 등의 위상은 '인간'의 존재적 위상보다 중요하지 않다는 것이다. 바로 '인간중심'적 사상이다.[10] 아리스토텔레스의 다음과 같은 말을 읽어보면, '인간중심'적 사상이 어떤 의미가 있는지 쉽게 이해되리라 생각한다.

> "식물은 동물을 위해 존재한다... 그리고 동물은 인간을 위해 존재한다. 길들인 동물은 식량만이 아니라, 인간이 이용해 먹을 수 있는 다른 용도를 위해서도 존재한다. 야생동물도 모두는 아닐지라도 대부분은 식량을 위해 그리고 다른 여러 방식으로 이용될 수 있다. 즉 옷과 도구들이 이것들로부터 만들어진다. 만약 그래서 자연은 계획하고 있는 목적 없이는 아무것도 만들지 않는다는, 즉 전혀 헛되게는 아무것도 만들지 않는다는 우리의 믿음이 옳다면, 자연은 특별히 인간을 위해 모든 것을 만들어 냈음에 틀림없다".[11]

아리스토텔레스의 입장이 잘 이해되는가? '자연은 특별히 인간을 위해 모든 것을 만들어 냈음에 틀림없다'라는 아리스토텔레스의 말을 반대로 생각해보면 이미 인간을 위해 만들어진 자연의 모든 것들을 인간은 마음껏 그들의 목적 달성을 위해 사용할 수 있다는 의미가 된다. 즉, 인간을 '인간 외의 나머지 자연을 활용할 수 있는 존재'로 명시하고 있다는 것이다. 이것이 바로 아리스토텔레스의 인간중심적 사상이다. 이는 인간이라는 존재를 자연과 분리시키고, 자연을 인간이 그들의 존재 목적을 위해 활용할 수 있다는 '생각'을 명확히 심어주는 계기가 되었다.

기계론적 세계관

아리스토텔레스의 '생각'을 이어받아 연구를 한 수많은 철학자들이 있지만 지면 관계상 우리는 약 1500년을 건너뛰어 보도록 한다. 1500년 후의 이야기를 시작하기 전, 이쯤에서 질문을 하나 해보는 것이 좋을 것으로 생각된다. 만약, 생명이 세포로 이루어져 있지 않다는 과학적 사실이 증명된다면, 우리는 어떤 생각을 하게 될까? 지금까지 우리가 세포라는 단위를 바탕으로 써 놓은 수많은 연구 논문들, 그리고 전공 서적들은 어떻게 될까? 우리가 평생 배워왔던 내용이 잘못된 내용이라면 혼란스럽지 않을까?

아리스토텔레스가 세상에 큰 발자취를 남기고 떠난 약 1500년 후, 16세기에 이와 유사한 일이 일어난다. 지금까지 아리스토텔레스가 주장한 것들을 '진리'라고 믿어왔으나, 그의 이론이 거짓일 수 있다는 새로운 사실들이 제시되었다. 아리스토텔레스와 프톨레마이오스(Ptolemy)로 이어져 온 '지구중심설'이 천문학자 코페르니쿠스(Copernicus)의 '태양중심설(Heliocentrism)'로 흔들리기 시작한 것이다. 이는 단순히 천문학 이론이 바뀌는 것만을 의미하지 않는다. 위에서 이야기한 것처럼 약 1500년 동안이나 진리로 믿어져 왔던 것들이 거짓일 수도 있다는 위기감[12)]을 심어준 것이다. 영원한 진리일 줄 알았던 아리스토텔레스 이론의 권위가 흔들리기 시작하였다.

아리스토텔레스가 흔들리던 혼란스러운 시기에 프랜시스 베이컨(Francis Bacon)이라는 사람이 등장한다. 베이컨이라는 사람은 아리스토텔레스의 '귀납-연역적' 방법을 비판하였다. 소위 아리스토텔레스주의자들이 '귀납-연역'적 방법에서 '귀납'의 단계에 너무 소홀했다는 것이다. 그래서 그는 'Novum Organum(노붐 오르가눔; 신기관)'[13]이라는 책을 출간하며 '귀납'의 단계를 더욱 명료하게 서술한다. 귀납법은 잘 알려져 있듯이, 개별적 명제(전제)에서 보편적 명제(결론)를 이끌어내는 방법이다. 귀납법을 간단하게 정리해보면 다음과 같다.

까마귀 X1은 검은색이다.
까마귀 X2는 검은색이다.
까마귀 X3은 검은색이다.
⋮

까마귀는 검은색이다.

우리는 '까마귀가 어떤 색일까?'라는 의문을 가지고 '까마귀의 색'에 대한 보편적인 명제를 만들기 위해 개별 까마귀를 관찰한다. 관찰한 모든 까마귀가 검은색이라면(개별 명제), 우리는 '까마귀는 검은색이다'라는 보편명제를 만들어낼 수 있다.

역으로 접근하면 어떤 보편명제를 만들기 위해서(어떤 일반적인 사실을 만들어내기 위해서)는 개별적인 사례를 먼저 살펴보아야 한다고 생각해볼 수 있다. 한마디로 우리는 이 세상에 대해서 알기 위해 혹은 이 세상에 대한 과학적 사실들을 만들어내기 위해 우리는 세상의 부분(개별 사례)을 먼저 관찰해야 한다는 것이다.

이와 같은 방법은 지금 우리가 세상에 대한 지식을 도출하기 위해서 하는 방법과 크게 다르지 않다. 아주 대표적으로 찰스 다윈(Charles Darwin)의 진화론을 들 수 있다. 다윈은 여러 해 동안 '비글호'를 타고 갈라파고스섬 곳곳을 탐험하며 생명체를 관찰했다. 이러한 관측 데이터는 '자연선택(Natural Selection)'에 의한 진화라는 일반적인 자연법칙을 도출할 수 있도록 해주었다. 즉, 베이컨은 자연과학의 토대를 만들어준 것이다. 그리고 이는 앞서 보았던 환원주의적 접근법을 더욱 명료하게 표현해주었다고 볼 수도 있다. 아리스토텔레스의 이론은 무너지고 있지만, 고대로부터 내려오던 환원주의적 방법이 귀납법이라는 과학적 방법을 통해 더욱 견고해지고 있는 것이다. 그리고 이러한 방법을 통해 자연을 '정복'할 수 있다는 믿음 또한 커지게 되었다.

베이컨이 '귀납법'을 아리스토텔레스의 방법론을 대체할 새로운 방법론으로서 제시할 당시에 또 다른 철학자, "나는 생각한다. 고로 존재한다(Cogito ergo sum)"라는 말로 잘 알려진 르네 데카르트(René Descartes)가 존재했다. 데카르트의 사상 또한 우리가 주목해 보아야 할 것이 많다.

데카르트는 '심신이원론'이라고 하는 아주 유명한 주장을 했다. '심신이원론'은 심(마음)과 신(몸 혹은 물체)이 서로 본질이 다른 실체로서 독립적으로 존재한다는 것이다. 굉장히 난해하리라 생각되기 때문에 간단한 설명을 통해 살펴보도록 하자.

데카르트는 "나는 생각한다. 고로 존재한다"라고 하는 명제를 결론으로 도출해가는 과정에서 '방법론적 회의'라는 방법을 활용한다. '방법론적 회의'는 우리가 참이라고 생각하는 모든 것을 의심하는 방법이다. 모든 것을 의심하였을 때, 결국 지금 '의심이라고 하는 행위를 하고 있는 나', 혹은 '생각(의심도 생각이므로)하고 있는 나'만 남게 된다. 물론 '나의 존재'라는 것 자체를 부정할 수도 있겠다는 생각을 한 독자도 있을 것이다. 그러나, '나의 존재'를 부정하는 그 행위를 함과 동시에 다시 '나의 존재를 부정하고 있는 나'의 존재를 인정할 수밖에 없을 것이다. 그래서 데카르트는 '의심하는 행위' 혹은 '생각하는 행위'를 가능케 하는 이 '이성'이라는 것이 결국 마지막에 남는 것이기 때문에 '이성'이라는 것으로 '나'의 존재를 보장받을 수 있다고 생각했다. 결국 '나의 존재'='이성'인 것이다. 그리고 데카르트에 따르면 물체의 본성은 '연장'이었다. 데카르트의 '연장' 개념은 길이, 폭 등으로 어떤 특정한 공간을 점유하는 것을 의미하는데, 따라서 '이성'이 없어도 '물체(신체)'는 존재할 수 있다는 것이다. 결국, 인간은 '이성(생각)'이라는 정신적 실체와 신체가 결합한 생물이다.

따라서, '사유하는' 이성이 없는 신체 자체와 물체는 능동적으로 움직일 수 없고 수동적으로 움직인다. 그래서 데카르트는 인간을 제외한 자연에 관해서 서술할 때 어떤 목적성이나 방향성을 철저히 제외하였다. 위에서도 설명했듯이 목적이란 미래의 상태를 의미한다. 목적성이나 방향성을 자연현상에 대한 설명에서 제외한다는 것은, 현재 자연을 설명하기 위해서 미래가 아닌 과거를 보아야 한다는 것이다. 그리고 그 과거의 상태를 원인, 현재 우리가 관찰하고 있는 현상을 결과라고 이야기할 수 있다. 따라서 물체의 운동은 인과관계에서 필연적인 수학적 법칙을 따르므로 자연을 하나의 거대한 기계로 비유할 수 있다고 보았다. 이러한 사상을 우리는 '기계론적' 사상[14)]이라고 한다. 어떤 목적이나 방향성 없이 움직이는 물체들을 수학을 활용해 기계적으로 설명할 수 있다는 것이다.

이 '기계론적' 사상은 데카르트에 이르러 명확히 정립되었지만 이후 아이작 뉴턴(Isaac Newton)에 이르러 확장된다. 뉴턴은 코페르니

쿠스, 갈릴레오 갈릴레이, 케플러 등으로 이어지며 완성된 고대 천문학과 갈릴레오 갈릴레이에 의해 완성된 고대 운동론을 하나로 통합한 업적을 남긴 사람으로 유명하다. 그리고 이는 운동의 3가지 법칙과 '만유인력'으로 잘 알려져 있다. 뉴턴은 수학적으로 자연 세계를 설명하는 설명체계를 완성하였고 이를 'The Principia(자연철학의 수학적 원리)'라는 책으로 집대성하였다. 뉴턴의 수학적 법칙들은 천상의 운동 원리와 지상의 운동 원리를 동시에 설명하였으며 이는 그 당시 사람들에게 자연을 완전히 알아내는 것은 시간문제라는 생각을 심어주기도 하였다. 뉴턴에 와서 환원주의적 방법은 '기계론적' 방법으로 통합되고 확장되었던 것이다.

인간과 자연의 관계

지금까지 살펴본 내용을 바탕으로 '인간'과 '자연'의 관계에 대해서 한번 생각해보자. 정말 먼 옛날에는 샤머니즘 등을 통해 인간이 자연을 숭배하고, 또 자연현상에 의미를 부여하며 인간의 운명을 걱정하였다(물론 이와 유사한 사상이 지금은 존재하지 않는다는 것은 아니다). 또한, 저 하늘 위에 '신'들이 살고 있다고 믿으며 여러 자연현상이 신들의 기쁨, 슬픔 혹은 노여움 등이 투영된 것이라고 믿어, 자연을 '신'들의 질서와 의지로서 설명하던 시대도 있었다. 그러나 탈레스의 자연에 대한 '환원주의적' 접근부터 시작된 자연관은 아리스토텔레스의 '인간중심적' 사상, 데카르트와 뉴턴이 꽃피운 '기계론적' 사상과 만나 '인간'과 '자연'의 관계를 새롭게 정의하고 있다. 즉, '인간'과 '자연'의 존재론적 위치가 점점 달라짐을 알 수 있다.

샤머니즘과 고대의 '신화'에서 인간은 자연을 숭배하고, 우상화하였다. '자연'이라고 하는 거대한 질서 속에 인간이 간섭할 수 있는 것은 없었으며 오로지 신들의 질서로서 자연의 질서가 존재했다. 이는 '인간'이라는 존재자가 '자연'이라고 하는 존재자의 밑에 위치하는 것으로 해석할 수 있다.

그러나 상황이 바뀌었다. 탈레스는 '근원'을 탐구하며 자연관에서 '신'의 존재를 점점 지워갔다.[15] 아리스토텔레스는 '자연'이라는 것은 '인간'을 위해 만들어진 것이라고 주장하며 인간을 자연을 활용할 수 있는 존재로 격상시켰다. 또한 베이컨을 필두로 발전한 귀납적 방법은 데카르트와 뉴턴을 만나며 기계론적 세계관으로 확장되어 자연을 '정복'할 수 있다는 믿음을 심어주었다. 이는 점점 '인간' 존재자가 '자연'이라고 하는 존재자의 위에 위치하도록 한 것이다. 이처럼 대부분의 서양 사상사에서는 '인간'이라는 존재를 '이성'을 가진 존재로서 다른 자연과는 다른 독특한 존재로 생각하였고, 결과적으로 '인간'과 '자연'을 분리하였다.

16세기에 맞이하게 된 과학혁명은 환원주의적이고 기계론적인 방법을 바탕으로 현재 눈부시게 발전한 과학의 토대가 되었다. 뉴턴 이래로 천상과 지상의 운동 원리가 통합된 뒤, 뉴턴의 성공에 힘입어 분자생물학, 유전학 등 세상을 점점 세부적으로 설명하는 과학 분과가 나타났다. 물리에서 생명과학까지 전방위적인 과학적 발전을 이룬 것이다. 과학적 발전이 인간 삶의 수준을 급격하게 향상시키게 된 것은 바로 우리가 흔히 '산업혁명'이라고 알고 있는 몇 차례에 걸친 사건이다. '증기기관'으로 대표되는 1차 산업혁명 시기에는 과학자와 기술자의 인적 연결이 이루어지면서 기술혁신에 과학의 태도와 방법론이 적극적으로 활용되었다.[16] 이후, 2차 산업혁명 시기에 등장한 내연기관과 전기산업, 3차 산업혁명 시기에 주목받은 '정보혁신' 등 우리 삶의 수준은 그 어느 때보다 짧은 시기에 비약적으로 향상되었다.

과학의 발전과 이에 따른 기술의 혁신을 통해 인류 삶의 수준은 혁신적으로 변화하였는데, 이러한 거대한 성공은 과학의 발전 이면에 존재하는 환원주의적이면서 기계론적인, 그리고 인간중심적인 사상을 인정하는 사회적 분위기를 형성하였다. 이러한 사상에 대한 서구의 당위성은 서구보편주의에 의해 전 인류에게 보편타당성을 가지게 되었다. 또한 과학과 기술이 서구 사회에 더욱 많은 물질적 혜택을 가져다주었다는 신념은 다른 여러 나라들에게 과학과 기술이 서구와 같은 경제 및 기술적 수준에 빠른 속도로 도달할 수 있도록 해줄 것이라는 믿음을 심어주었다.[17] 결국, 전 세계적으로 과학기술을 바탕으로 한 발전 아젠다가 중요한 화두로 떠오르게 되었고, 이는 지금 우리가 마주한 환경위기라는 큰 장애물을 낳게 되는 원인으로 작용하였다.

02
윤리철학적 접근

지금까지 우리는 환경위기의 주된 원인으로 꼽히는 '과학'의 관점에서 환경위기의 철학적 배경을 살펴보았다. 탈레스로부터 시작된 합리적인 생각의 역사는 환원주의적 접근법을 낳았고, 데카르트와 뉴턴에 이르러 기계론적 세계관으로 더욱 확장되게 된다. 아리스토텔레스는 인간의 목적 달성을 위해 자연을 활용할 수 있다는 믿음을 바탕으로 인간중심적인 사상을 남겼다.

지금부터 우리는 '인간'과 '자연'의 존재론적 위치에 대한 고민을 더욱 깊이 해보도록 한다. '인간'과 '자연'의 존재론적 위치는 단순히 '인간'과 '자연' 중 어떤 존재자가 더 위에 존재하는가? 라는 위치적 문제에 대한 물음에 그치지 않는다. 한 걸음 더 나아가 "인간과 자연의 존재론적 위치에 따른 상호 간의 '관계'는 어떠한가?" 그리고 "이 '관계'에서 발생하는 서로 간의 책임은 어떠한가?"라는 더욱 근본적인 물음을 필연적으로 할 수밖에 없다. 인간이 자연보다 높은 존재론적 위치 혹은 위상을 가지고 있다면, 인간은 자연에 대해서 어떤 책임을 지고 있는가? 혹은, 자연보다 높은 인간의 위상을 이유로 인간이 자연에 대한 책임을 질 필요가 없는 것인가? 결국 이는 윤리학적 문제로 귀결되며, 인간과 자연 간의 도덕적 지위에 대해서 생각해볼 여지를 남긴다.

도덕적 지위

도덕적 지위(moral status)란 무엇일까? 도덕적 지위를 가지고 있다는 말은 도덕적 지위를 가지고 있는 어떤 한 대상을 도덕적으로 고려해야 함을 의미한다. 즉, 어떤 대상을 향해 특정한 행위를 했을 때 그 행위가 '좋은' 행위인지 혹은 '나쁜' 행위인지 판단 가능케 하는 전제가 되는 것이다. 도덕적 지위에 대한 논의는 이미 최근 많이 이루어지고 있다. 우리가 신문 기사에서 쉽게 찾아볼 수 있는(쉽게 찾아볼 수 있다는 것이 안타깝지만) 동물 학대에 관한 이야기를 예시로 들 수 있겠다. 우리는 동물을 학대하는 사람을 보고 '나쁜' 사람이라고 이야기한다. 동물을 학대하는 행위가 '나쁜' 행위라는 것을 판단 가능케 하는 이유는 지금 우리가 동물에게도 도덕적 지위를 부여하고 있기 때문이다.

그러나, 도덕적 지위에 관한 이야기는 조금 복잡한 개념을 수반한다. 한번 다른 예시를 통해 알아보자. 오늘 하루를 힘들게 마무리하고 집으로 돌아가는 길, 여러분은 갑자기 나를 힘들게 했던 한 직장 동료가 떠오른다. 화가 난다. 그래서 내가 가는 길옆에 있던 작은 돌멩이를 힘껏 걷어찼다. 자 여기에서 여러분은 돌멩이에 대해서 어떤 도덕적 책임을 갖는가? 돌멩이가 아파할 수 있으니 돌멩이에게 미안하다고 사과해야 하는가? 혹은 돌멩이에게 상해에 대한 금전적 보상을 해야 하는가? 둘 다 아니다. 그런데 만약, 길가에서 본 그 돌멩이가 사실은 누군가가 소유한 돌멩이였다고 가정해보자. 그때는 상황이 달라진다. 그 돌멩이는 누군가의 소유이므로 그 돌멩이를 소유하는 소유권자에게 사과해야 하고, 경우에 따라서는 그 돌멩이에 난 상처에 대한 금전적 보상을 해야 한다.

여기에서 우리는 도덕적 지위가 크게 2가지 형태로 부여됨을 알 수 있다. 어떤 대상이 직접적으로 도덕적 지위를 가지고 있느냐 혹은 간접적으로 도덕적 지위를 가지고 있느냐에 대한 문제이다. 우리는 동물이 누구의 소유 아래 있지 않더라도 동물이라는 생명체를 발로 차거나 학대하는 것을 '나쁜' 행위라고 말한다. 이는 동물이 직접적으로 도덕적 지위를 부여받은 것이다. 그러나, 그 누구의 소유도 아닌 '돌멩이'의 경우 걷어찼다고 해서 어떤 도덕적 책임이 따르진 않는다. 하지만 도덕적 지위를 가진 누군가의 소유로서 돌멩이가 존재할 경우, 돌멩이는 간접적으로 도덕적 지위를 갖는다.

도덕적 지위에 대한 전통적 사상

이 도덕적 지위의 범위를 넓혀 '인간'의 도덕적 지위와 '자연'의 도덕적 지위 간의 관계가 어떻게 생각되어져 왔는지 살펴보는 것은 매우 의미 있는 것이라 생각된다. 다시 한번 우리는 서양 사상사에 지대한 업적을 남긴 아리스토텔레스와 마주할 수밖에 없다. 앞서 우리는 아리스토텔레스가 인간중심적 사상에 관해 이야기했다는 것을 보았다. 자연을 인간의 목적 달성을 위해 활용할 수 있다는 믿음은 자연물에 도덕적 지위를 직접적으로 부여하고 있지 않다는 의미이다. 즉, 인간을 제외한 모든 자연에는 도덕적 지위가 없다.

아리스토텔레스 이후, 토마스 아퀴나스(Thomas Aquinas)는 그의 저서 <신학대전>에서 다음과 같이 말하고 있다.

> "사물의 질서는 불완전한 것이 완전한 것을 위해 존재하는 방식으로 이루어진다. 즉 사물들은 생명을 가진 식물을 닮고, 식물들은 동물을 닮으며, 동물들은 사람을 닮는다. 그래서 사람은 동물

의 선을 위해서 식물을 사용하는 것도 자신의 선을 위해 동물을 사용하는 것도 잘못된 것이 아니다... 그래서 동물의 용도를 위해서 식물의 생명을 빼앗고 인간의 용도를 위해 동물의 생명을 빼앗는 것은 그릇된 것이 아니다."[18]

위의 글을 읽어보면 아퀴나스의 자연에 관한 생각을 알 수 있다. 아퀴나스 또한 아리스토텔레스와 유사한 말을 하고 있다. 인간의 목적을 위해서 동식물을 모두 활용할 수 있고 이는 그릇된 것이 아니라는 것이다. 아퀴나스 또한, 인간을 제외한 나머지 자연에 직접적인 도덕적 지위를 부여하고 있지 않다.

우리는 데카르트가 '심신이원론'이라고 하는 주장을 했다는 것을 이미 살펴보았다. 인간은 '이성'과 신체를 가진 존재로서 정신과 물체를 모두 가지고 있으며, 동물은 신체만 가지고 있는 존재로서 기계적이고 수동적인 움직임을 보이는 것으로 간주된다. 이에 대해 데카르트는 다음과 같이 말한다.

"많은 동물들이 어떤 행동에선 우리보다 더 많은 재능을 보여주지만 다른 많은 경우에 있어선 전혀 그렇지 않다. 따라서 그들이 우리보다 더 잘한다는 사실만으로는 그들에게 정신이 있다는 것을 입증하지 못한다. 왜냐하면 만일 그렇다면 동물들은 우리보다 정신력이 높고, 또 어떤 일에서건 우리보다 잘하게 될 것이기 때문이다. 하지만 그게 아니라 그것은 오히려 동물들에게는 정신이 없고, '자연'에 의해 배치된 기관에 따라 작동하고 있음을 증명하고 있다. 그것은 마치 톱니바퀴와 태엽만으로 조립되어 있으면서도 우리가 아무리 많은 신경을 썼을 때보다도 정확하게 시간을 잴 수 있는 시계와 같다."[19]

결국 이러한 데카르트의 분류는 인간을 주체이자 목적으로, 자연을 객체이자 수단으로 설정하는 인간중심적 사상을 나타내고 있다. 그리고 인간의 '이성'을 제외한 다른 것들은 물체이기 때문에 수학적으로 표현되고 기계적으로 설명된다. 이는 자연이 본래 가지고 있는 가치를 제외하는 결과를 낳았다.[20] 즉, '이성'을 가지고 있는 인간을 제외한 다른 '물체'에는 직접적인 도덕적 지위를 부여하고 있지 않다는 것이다.

우리에게 잘 알려져 있는 칸트 또한 이와 크게 다르지 않은 주장을 하고 있다.

> "오직 이성만으로 판단하는 한 인간은 오직 인간에 대해서만 의무를 지닌다. 왜냐하면 어떤 주체에 대한 의무는 그 주체의 의지에 대해서 생겨나는 도덕적 강제이기 때문이다... 우리의 모든 경험에 비추어볼 때 우리는 의무의 대상이 될 수 있는 것으로 인간 이외의 다른 어떤 존재도 알지 못한다. 따라서 인간은 인간이 아닌 다른 어떤 존재에 대해서도 의무를 지니지 않는다."[21]

칸트는 인간이 도덕적 고려를 해야 할 대상은 인간 이외에는 없다고 주장하며, 다른 동물이나 식물 등의 직접적인 도덕적 지위에 대해서는 배제하고 있다. 이는 권리와 도덕적 지위를 '대상들'이나 '수단들'과는 별개의 '주체들'이나 '목적들'에 제한하는 분석으로, 오직 인간만이 도덕적 지위를 갖는다는 견해를 한층 강화해 주는 것이다.

아리스토텔레스부터 칸트까지, 우리는 대부분의 전통적인 철학자들이 인간에게만 도덕적 지위를 부여하고 있는 모습을 살펴볼 수 있다. 인간을 제외한 나머지 자연에 대해서는 간접적으로 도덕적 지위가 부여되거나 혹은 아예 도덕적 지위를 갖지 않는 것이다.

우리는 지금까지 "인간과 자연의 존재론적 위치에 따른 상호 간의 관계는 어떠한가?" 그리고 "이 관계에서 발생하는 서로 간의 책임은 어떠한가?"라는 질문을 시작으로 '관계'에서 발생하는 책임 소지와 이에 관한 판단을 가능케 하는 도덕적 지위에 대한 전통적인 사상을 살펴보았다. 환경에 대한 도덕적 책임을 져야 한다는 목소리가 비판했던 기존의 사상이 무엇인지에 대해서 살펴보는 것은 매우 중요한 일이다. 비약적인 과학기술의 발전은 의식하고 있든, 의식하고 있지 못하든 도덕적 지위에 대한 전통적인 관계 설정을 바탕으로 하고 있기 때문이다.

03
사회철학적 접근[22)]

하버마스와의 일화

후기 산업사회의 위기를 치밀하고 설득력 있게 진단하였다고 평가받는 이가 바로 독일의 위르겐 하버마스(Jürgen Habermas)다. 그는 지금도 생존해 있는 세계 최고 수준의 철학자, 사회학자, 심리학자이며 언론인이다. 조금 뒤에 우리의 주제와 관련이 있는 하버마스의 사회학 이론을 볼 것이지만 먼저 이야기할 것은 하버마스와 우리나라와의 관계이다. 하버마스가 세계적으로 두각을 나타낸 것은 일찍이 1970년대부터이지만 그의 저서들은 1980년대 후반까지 국내에 들여올 수 없었다. 그 이유는 그가 재야 운동가로 독재정권에 의해서 옥고를 치른 바 있는, 유명한 뮌스터 대학교의 송두율 교수의 박사학위 논문 지도교수였기 때문이었다는 것이 정설이다. 후에 송두율 교수는 한 강연에서 하버마스와의 웃픈(?) 일화를 다음과 같이 소개했다.

> "내가 감옥에서 '안중근 평화상'을 받았다. 나는 감옥에 있어서 나갈 수 없어 아내가 대신 받았는데 하버마스는 내가 수상하러 감옥 밖으로 나온 줄 알고 얼른 독일 대사관으로 피신하라고 했

다. 그는 한국을 모르는 사람이다. 내가 독일 대사관으로 피신을 갔다면 민족반역자라고 사람들은 비판했을 것이다."[23]

하버마스는 1960대 말 당시 서독 대학의 좌파적 학생운동을 좌파 파시즘이라 비판하였다가 학습자들과 지식인들로부터 맹렬한 비난을 받은 적이 있을 정도로 좌든 우든 비이성적인 집단적 광기를 혐오한 사람이었다. 이러한 하버마스의 성향을 당시 한국 정부의 공안기관이 알았다면 구태여 그의 책을 금지하지는 않았을 것이다.

생활세계와 체계, 그리고 위기

하버마스는 후기 산업사회의 지속가능위기는 생활세계(Lifeworld)가 체계(System)에 의해 잠식당한 결과로 일어나고 있다고 말한다. 이게 무슨 말인가?

하버마스에 따르면 우리가 아무 생각 없이 살고 있는 세계는 생활세계와 체계의 두 가지 세계로 구분된다. 생활세계는 우리가 의사소통 그 자체를 목적으로 하며 살고 있는 세계다. 예를 들어 우리는 친구와의 만남이나 각종 동호회가 돈을 벌어 주는 것은 아니지만 사람을 만나고 대화를 한다는 그 자체에 목적을 두고 모임에 나간다. 이렇게 의사소통으로 타인에 대한 이해의 촉진을 목적으로 이루어지는 세계를 하버마스는 '생활세계'라 명명한다.

개인의 입장에서 보면, 생활세계는 비록 돈벌이는 되지 않고 오히려 돈이 들어가는 세계이기는 하지만, 사회적으로는 매우 중요하다. 왜냐하면 가정, 친구 모임, 동호회와 같은 생활세계에서 개인의 사회화와 문화의 전승이 이루어지기 때문이다. 다시 말해 생활세계는 사회의 문화적 영속성을 담당하고 있다고 말할 수 있다. 하버마스에게 있어서 생활세계가 더욱 중요한 이유는 바로 시민들의 합리적, 정치적 의사가 바로 생활세계의 공론장에서 결정되고 표출되기 때문이다. 생활세계의 공론장에서만이 시민들이 돈이나 권력과 같은 사적인 의도 없이 자신과 이웃의 삶을 위해 더 나은 대안을 토론하여 결론을 도출할 수 있다는 것이다.

다른 하나의 세계는 우리가 돈이나 권력과 같은 목적을 가지고 활동하는 세계다. 내가 자영업자라면 장사를 하면서 고객과 공급업자를 만나는 세계, 권력으로 국가 질서를 유지하는 각종 행정 세계가 그 예로, 하버마스는 이를 '체계'라고 부른다. 이 세계는 사회가 발달할수록 복잡해지는 특징을 나타내는데 그 목적지향성이 지나치면 생활세계까지 장악하여 '식민화'하는 경향이 있다. 사이버 공론장은 자유로운 의사표현이 교환되는 대표적인 생활세계다. 소비자들이 기업의 광고보다 사용 후기를 구매 결정에 더 참고하는 이유가 바로 자유로운 의사표현에 가중치를 두기 때문이다. 그러나 근래에는 기업이나 공공기관이 이른바 댓글부대를 운영하여 공론을 조작하는 사례도 나타나고 있다. 바로 시장 혹은 행정이라는 '체계'가 자기 목적 달성을 위하여 시민의 의사소통공간인 생활세계를 잠식한 사례다. 당초 자발적 시민의 의사표현 수단이었던 시민단체들이 정부의 지원에 의해 비판 대상인 정부와 유착하여 관변단체화된 것도 생활세계가 체계에 의해 식민화된 예이다.

여러분이라면 생활세계와 체계 중 어느 세계에서 주로 살고 싶은가? 여러분이 단지 타인과 소통하기 위한 '의사소통행위'를 하고 싶다면 생활세계에, 돈벌이와 같은 특정 목적을 달성하기 위한 '전략적 행위'를 하고 싶다면 체계에 있어야 할 것이다. 어쨌든 사람이 살아가려면 두 세계 모두 적정한 수준으로 필요하다.

그런데 현대에 와서는 체계와 생활세계가 적절한 관계를 유지하지 않고 체계의 논리가 생활세계에 침투하고 있다. 이를 하버마스는 "체계에 의한 생활세계의 식민화"라 부르면서 지속가능위기의 원인이 여기에 있다고 보았다.

국가나 시장과 같은 체계가 자유로운 공론장인 생활세계를 침투, 잠식하면 어떤 일이 벌어질까? 바로 기업과 국가에 의한 환경파괴, 공동체 파괴, 공론 파괴가 일어나는 것이다. 체계의 논리는 오로지 경제적, 통치적 효율성이며 생태나 공동체의 고유한 가치를 존중하지 않는다. 어촌 공동체가 대대로 바지락을 캐던 갯벌을 개발과 국토 확대라는 이름으로 흙으로 덮고 제방을 쌓아 광활한 농지로 변화시키는 행위는 체계의 전략적 행위로만 가능한 것이다. 지속가능위기에 대한 해결 논쟁도 사실상 생활세계와 체계 간 대립의 연장이라 할 수 있다.

울리히 벡의 '위험사회'

울리히 벡(Ulrich Beck)은 독일의 사회학자로 하버마스만큼 현대 사회학의 거장으로 인정되고 있다. 울리히 벡이 유명해진 것은 그의 저작 '위험사회: 새로운 근대를 향하여'에서 현대사회를 규정하는 개념으로 '위험사회'라는 용어를 제시했기 때문이다. 벡은 현대 위험사회가 도래한 원인을 제시하기보다는 주로 위험사회로서의 특징을 제시하였다. 그가 말하는 위험사회는 이 책의 주제인 지속가능위기와 내용적으로 대부분 통한다.

위험사회란, '위험이 사회의 중심적 현상이 되는 사회'를 말하며 현대의 위험은 전통 사회의 위험과는 다른 다섯 가지의 특징을 가진다.[24]

첫째, 위험은 전염성이 강하다. 빈곤이라는 위험은 계급에 따라 차별적이었던 것에 반해, 현대의 위험은 계급을 가리지 않는다. 가난한 자와 약자뿐만 아니라 부자와 권력자에게도 영향을 미친다. 코로나 전염, 미세먼지, 기후위기, 산불 피해를 생각해보라.

둘째, 위험은 특정 지역에 제한되지 않는다. 모든 지구인들은 '세계적 위험 공동체'의 구성원이 되고, 이와 연관해 '지구적 국내정치'가 등장한다. 지구적 국내정치란 기후위기, 코로나와 같은 지구적 이슈가 각국 내 정치의 이슈가 되고 국내 권력의 향배에 영향을 준다는 의미이다.

셋째, 과학이 발전함에도 불구하고 대중의 위험에 대한 인식이 낮아지는 게 아니라 오히려 높아진다. 기후위기, 전염병, 미세먼지, 대형사고 등에 대한 대중의 걱정이 점점 더 높아지고 있지 않은가?

넷째, 안전이라는 가치가 모든 것을 지배한다. 사람들은 안전에 대해 걱정하기 시작하면 국가의 통제를 용인하게 된다. 전 세계 시민들은 코로나 전염병 통제를 위해 국가가 개인의 사생활과 이동의 자유를 제한하는 것을 받아들였다. 심지어 일부 시민들은 더 강력한 국가의 통제를 요구하기까지 했다.

다섯째, 시민들의 불안이 증가함에 따라 '안전'은 물이나 전기처럼 공적으로 생산되는 소비재가 된다. 최근 각국 정부에서 가장 큰 비중을 차지하는 공공 서비스는 복지도, 국방도 아닌 안전 확보 서비스이다.

이 '위험사회'를 초래한 원인은 무엇인가? 그것은 과학과 기술의 발전이 가져온 부정적인 면이다. 과학과 기술의 발전은 편리와 함께 위험도 증가시킨다. 그러나 이들이 야기하는 위험을 예측하거나 통제하는 능력은 그만큼 발전하지 못한다. 쉽게 말해 인간은 탄소를 배출하여 에너지를 얻는 기술은 개발했지만, 탄소배출을 통제하거나 탄소

배출의 위험을 예측할 능력은 없었던 것이다. 그 결과 오늘날 세계 도처에서는 예측 불허의 통제할 수 없는 대형사고와 위기들이 속출하고 있다.

벡은 세월호 참사가 일어난 지 얼마 안 되는 시점인 2014년 7월 한국을 방문하여, 한 국제학술대회에서 '해방적 파국: 기후변화 및 위험사회에 던지는 함의'라는 주제로 강연했다. 세월호 참사는 한국사회가 벡이 말하는 '예측할 수 없고 통제할 수 없는 위험사회'를 그대로 드러내는 사건이었다. 벡은 세월호 참사에 대한 질문에 "정부의 무능과 무지를 드러내게 됐다. 정치적 결정, 처리 방식에 대해 아무도 책임지지 않는 것에 대해 국민들이 깨닫게 된다"라고 지적했다.

우리나라가 위험사회라는 증거는 미세먼지 증가, 새로운 전염병의 확산, 여름의 폭염과 긴 장마 등 무수히 많다. 이 위험들은 과연 정부의 통제 범위 내에서만 존재한다고 볼 수 있을까?

미주

1) Engel, S. M. (1992). 철학의 이해(이종철 & 나종석, 역). 문예출판사. (원본출판 1981년) p.32.

2) Apeiron(무한자)은 시간상 시작도 끝도 없으며 또한 어떤 특정한 종류나 유형의 사물에 속하지 않은 어떤 것, 즉 '영원히 지속하는 질료' 정도로 받아들일 수 있다 [Kenny, A. (2004). 고대철학(김성호, 역). 파주: 서광사 (원본출판 2004년), p.38].

3) 이해경(2008). 그리스·로마 신화에 나타난 자연관과 농경문화. 독일언어문학, (42), pp.213-232.

4) 자연을 바라보는 관점을 의미한다.

5) 신화는 탈레스 이후에도 그 자체로서 방대한 발전사를 가진다. 그러나, 이 책에서는 자연을 바라보는 관점으로서의 '신'의 위치에만 초점을 맞춘다. 즉, 대부분의 철학사가 '과학'의 시작을 탈레스로부터 서술한다는 관점을 받아들여 서술하고 있다.

6) Henry, J. (2013). 서양과학사상사(노태복, 역). 책과함께 (원본출판: 2012년) pp.21-26.

7) 출처: 두산백과(Naver).

8) 정광수(2015). 모던 과학철학과 포스트모던 과학철학. 파주: 한국학술정보 p.33.

9) 존재의 대사슬은 신에 의하여 선언된 모든 물질과 생명에 대한 엄격하고도 종교적인 위계구조로서, 신으로부터 시작하여 천사, 악마, 별, 달, 왕, 왕자, 귀족, 평민, 야생 동물, 가축, 나무, 기타 식물, 보석, 귀금속, 기타 광물 순서대로 내려간다(출처: Wikipedia).

10) 인간중심적 사상이 아리스토텔레스에서부터 시작된 것은 아니다. 많은 윤리학자들은 인간중심적 사고의 기원을 창세기에 나오는 창조 이야기에서부터 찾고 있다. 이 이야기에서 인간은 하나님의 형상대로 창조되었으며, 지구를 '정복'하고 모든 것을 '주권'하도록 지시받았다. 또한, 아리스토텔레스 이전 플라톤 등에서도 이러한 인간중심적 사고를 찾아볼 수 있다. (Boslaugh, S. E. anthropocentrism. Encyclopedia Britannica. https://www.britannica.com/topic/anthropocentrism, accessed on 20 Sep. 2022)

11) Basic Works of Aristotle, Richard McKeon(편) (New York: Random House, 1941)에 수록된 Aristotle, The Politics, book 1, chapter 8, 1256b쪽 (Des jardins, 2017에서 재인용하였음)

12) Thomas Kuhn의 과학 혁명의 단계에 따르면 이는 '위기'라고 표현되어야 마땅하다.

13) 아리스토텔레스의 방법론을 'Organum'이라고 한다. 'Novum Organum'은 아리스토텔레스의 방법론이 아닌 '새로운(Novum)' 방법론을 뜻한다.

14) 기계론적 사상의 시작을 데카르트로 보기엔 어렵다. 갈릴레오 갈릴레이 또한 기계론적 접근법을 활용하였다. 그러나 데카르트에 와서 기계론적 사상이 명확히 정립되었다.

15) 자연을 탐구하는 과정에서 '신'을 그 원인으로 설명하고자 하는 방식이 최소화되었다. 다만, '신'은 없어지지 않았다. 모든 것을 관장하는 하나의 '절대자'로서 존재하게 된 것이다.

16) 송성수(2017). 산업혁명의 역사적 전개와 4차 산업혁명론의 위상. 과학기술학연구, 17(2), pp.5-40.

17) 이민정, 최규일(2015). 생태적 관점에서 본 현대교육의 문제점과 대안. 교육사상연구, 29(2), pp.129-148.

18) 김학택(2018). 동물의 도덕적 지위에 대한 칸트의 입장. 철학·사상·문화, (27), pp.42-57에서 재인용 하였다.

19) 김일방(2017). 데카르트(René Descartes)의 자연관: 그 형성배경과 공과 그리고 그 대안. 환경철학, (23), pp.101-133에서 재인용하였다.

20) 김일방(2017). 데카르트(René Descartes)의 자연관: 그 형성배경과 공과 그리고 그 대안. 환경철학, (23), pp.101-133에서 재인용하였다.

21) 김성호(2002). 동물의 도덕적 지위에 관한 칸트의 견해. 환경철학, (1), pp.77-98에서 재인용하였다.

22) 이 절의 하버마스 관련 부분은 남재걸, 조재준의 '매일 같이 밥먹는 동네'(예담. 2019)의 관련 부분을 인용하여 작성하였음을 밝혀둔다.

23) 송두율 교수의 독일 강연 원고(2010. 06. 04)에서 발췌하였다.

24) 김호기(2016). "위험이 현대사회 중심 현상"…과학기술에 대한 성찰적 반성 촉구, 경향신문(2016.09.06.)을 참고하여 작성하였다.

III

지속가능발전의 개요

01 지속가능발전에 대한 논의
02 유엔 지속가능발전목표
03 국제사회와 기업의 대응

01
지속가능발전에 대한 논의[1)]

지금까지 설명한 바와 같이 우리는 현재 심각한 환경위기 속에서 살아가고 있다. 이러한 위기를 극복하고자 국제사회는 수많은 노력을 하고 있는데, 국제사회가 가장 넓은 범위에서 합의하고 있는 '지속가능발전'이 그 대표적인 예이다. 지속가능발전의 개념은 인구 증가와 경제 성장 속에 파생되는 지구 차원의 환경문제를 해결하면서 동시에 어느 정도 풍요로운 삶을 누리고자 하는 요구에서 비롯되었다. 그러나 중요한 점은 지속가능발전이라는 개념은 고정된 것이 아니라, 끊임없이 변화하는 특성을 가지고 있어 그 역사적 형성과정을 통해 이해되어야 한다는 것이다.[2)] 지금부터 지속가능발전의 의미를 명확히 이해하기 위해서 그 발전과정에 대한 소개를 시작한다.

'침묵의 봄', 환경을 위한 외침

1962년, 레이첼 카슨의 '침묵의 봄(Silent Spring)'이라는 책이 출간되었다. 이 책은 카슨이 <뉴요커>라는 잡지에 투고한 내용을 묶어 편찬한 것인데, 침묵이라는 단어가 있는 제목과는 다르게, 국제사회에 환경문제에 대한 큰 '아우성'을 남겼다. 과학기술이 초래한 환경오염에 대한 내용을 담고 있는 이 책은 DDT 등의 살충제와 농약이 새,

물고기, 야생동물, 인간에게 미치는 파괴적인 결말을 예고하였으며, 이를 계기로 미국을 포함한 전 세계인들은 환경문제를 인식하고 본격적인 관심을 가지게 되었다.

1968년, 이탈리아 사업가 아우렐리오 페케이의 제안으로 지구의 유한성에 대해 문제의식을 가진 유럽의 경영자, 과학자, 교육자 등이 로마에 모여 회의를 가진 데서 이름이 붙여진 '로마 클럽'은 1972년 '성장의 한계(The limits to growth)'라는 보고서를 발표하였다. 이 '성장의 한계' 보고서는 인간과 자연, 경제 성장과 환경의 관계를 과학적으로 밝히고, 인류의 미래를 위해 국제사회가 어떻게 행동해야 할지 공식적으로 문제를 제기한 최초의 보고서이다. 해당 보고서에서는 21세기 초에 이르면 지구의 자원이 늘어난 인구를 부양하지 못할 것으로 내다보았으며 이에 대한 경고를 담고 있다. 로마클럽의 '성장의 한계' 보고서가 세상에 나온 이후, 국제사회에서의 환경문제에 대한 논의가 활발해졌다.

그렇다면, 지속가능, 혹은 지속불가능이라는 말이 처음으로 언급되었던 시기는 언제였을까? 일반적으로 1972년 스웨덴 스톡홀름에서 열린 유엔인간환경회의(UNCHE)에서의 바바라 워드(Barbara Ward)의 주장을 인용한다.

> "환경적인 제약을 고려하지 않는 경제개발은 낭비적이고 지속불가능하다."[3)]

이 회의에서는 '유엔인간환경선언' 및 인간 환경을 위한 행동계획을 채택하고 '세계환경의 날' 지정 및 유엔환경기구(United Nations Environmental Programme, UNEP) 창설을 권고하는 등 27조의 원칙과 행동계획을 발표하였다.

1980년대 '지속가능발전' 개념의 정립

1982년, UNEP는 유엔인간환경회의의 10주년 기념행사로 케냐의 나이로비에서 회의를 개최하게 된다. 이 회의에서 '나이로비 선언'이 채택되었는데, 이 선언에서는 1972년 개최된 스톡홀름 회의가 인간 환경의 취약함에 관한 공중의 인식과 이해를 심화시키는 데 커다란 힘이 되었음을 밝혔다. 덧붙여 세계 공동체가 전 지구적인 환경협력에 관련되는 중요한 촉매적인 기구로서의 UNEP를 강화하기 위한 지원을 재확인함과 동시에, 환경문제에 대처하기 위해 특히 환경 기금을 통해 이용 가능한 자원을 증가시킬 필요가 있음을 호소하였다. 또한, 세계 공동체가 인간으로서의 존엄 있는 생활을 만인에게 보증하는 상태에서 장래 세대에게 계승되는 것을 확보하기 위해 모든 정부 및 국민에 대해 집단적 개별적으로 그 역사적 책임을 다하도록 요청하였다. 이러한 시도들은 환경보전과 경제개발에 대한 선진국과 개발도상국 간의 의견을 접근시키려는 최초의 시도로서 높게 평가되고 있다. 결과적으로도 이 회의에서 '환경과 개발에 관한 세계 위원회(World Commission on Environment & Development, WCED)'가 설치되는 등 많은 성과가 있었다.

SD라는 개념 자체는 1980년 '자연과 천연자원을 위한 국제 연맹(The International Union for Conservation of Nature and Nature Resources, IUCN)'이 "살아있는 자원의 보존을 통해서 지속가능한 발전을 달성하려는 전반적인 목적"을 가진 '세계보존전략(The World Conservation Strategy)'을 제시하면서 알려지기 시작했으며, 그 후 UN에서 세계 환경문제가 본격적으로 논의되며 정교해져 왔다.[4)]

1987년, WCED의 '우리 공동의 미래(Our Common Future)' 보고서에서 욕구와 한계의 개념으로 SD의 공식적인 정의가 제시되었다.[5)]

'우리 공동의 미래'라는 보고서는 '브룬트란드 보고서(Bruntland Report)'로도 알려져 있는데, 이 보고서에 명시된 정의에 따르면, SD는 "미래세대의 요구를 충족시킬 수 있는 능력을 저해하지 않으면서 현세대의 요구를 충족시키는 발전"을 일컫는 개념이다.[6] 이 정의는 현재 가장 널리 사용되는 지속가능발전의 정의이다.

현세대의 필요를 충족하면서 동시에 미래세대의 필요를 저해하지 않을 수 있는지에 대해 당연히 의문이 제기될 수 있다. 그래서 이 정의는 당시 지속가능발전에 대해 국제사회의 광범위한 지지를 확보하기 위한 정치적 수사였던 것으로 평가되기도 한다.[7]

1990년대 '지속가능발전' 개념의 공론화

1992년 6월 브라질 리우에서는 114개국 국가정상을 비롯한 3만여 명의 환경전문가 및 민간환경단체대표가 참여한 '유엔환경개발회의(United Nations Conference on Environment and Development, UNCED)'가 개최되었다. 이는 현재까지도 인류 최대의 환경회의로 평가되며 'Earth Summit'이라고도 불리는 지구환경회담이었다.

이 회의에서 환경적으로 건전하고 지속가능한 개발(Environmentally Sound and Sustainable Development, ESSD)을 주제로 환경과 개발에 관한 27개의 원칙으로 구성된 '리우선언'과 지구환경보전 행동계획인 'Agenda21' 및 기후변화협약, 생물다양성 협약, 산림원칙 성명 등을 채택하게 된다.

2000년대 '지속가능발전' 개념의 확장

2000년 9월 뉴욕에서 열린 55차 유엔총회에서는 '새천년개발목표(Millennium Development Goals, MDGs)'를 의제로 채택하여 2015년까지 빈곤의 감소, 보건 교육의 개선, 환경보호와 관련하여 지정된 8가지 목표를 실천하는 것에 동의한다.

[그림 III-1] 밀레니엄 개발 목표(MDGs)

MDGs는 다음과 같은 세부 목표와 지표를 제시하고 있다.

표 III-1 **MDGs의 목표와 세부지표**

번호	목표	지표
1	절대빈곤 및 기아퇴치	1. 절대빈곤 인구 반감
		2. 기아인구 비율 반감
2	보편적 초등교육 달성	3. 모든 아동에 초등교육의 혜택 부여
3	양성평등 및 여성지위 향상	4. 교육에서의 성별 간 차별 금지
4	아동 사망률 감소	5. 5세 이하 아동사망률 2/3 감소
5	모성보건 증진	6. 출산과 관련된 산모사망률 3/4 감소
6	HIV/AIDS, 말라리아 및 기타 각종 질병 퇴치	7. HIV/AIDS 확산 저지
		8. 말라리아 및 여타 주요 질병 발병 억제, 발병 감소
7	지속가능한 환경 보장	9. 지속가능한 개발 원칙을 각 개발국가의 정책과 프로그램에 통합시키고 환경자원 손실 보전
		10. 2015년까지 안전한 식수와 기본적인 위생 환경에의 지속적인 접근이 불가능한 인구비율의 반감
		11. 2020년까지 최소 1억명의 빈민가 거주자의 생활 여건의 상당한 개선

8	개발을 위한 범지구적 파트너십 구축	12. 이전보다 더욱 개방적이고 원칙에 기초하여 운영되며, 비차별적인 무역 및 금융시스템 발전, 훌륭한 거버넌스, 개발 및 빈곤감소에 대한 국가적 및 국제적 공약 포함
		13. 최빈국들의 특별한 요구 수용, 최빈국 수출품에 대한 관세 및 수량 제한 조치 면제, 중채무국가들에 대한 부채탕감 및 양자 간 국가채무 면제, 그리고 빈곤감소에 대한 확고한 의지를 보이는 개도국들에 대한 보다 관대한 공적개발원조(ODA) 지원 포함
		14. 내륙국과 군소도서개발도상국의 특별한 요구 수용
		15. 장기적으로 지속가능한 외채 수준 유지를 위한 개도국 외채의 포괄적 해결
		16. 개발도상국과 협력하여 청년층을 위한 적합하고 생산적인 일자리 창출 전략의 개발 및 시행
		17. 의약품회사와 협력하여 개도국 국민들이 적절한 가격에 필수의약품을 구입할 수 있도록 지원
		18. 민간부문과 협력하여 신기술의 혜택, 특히 정보통신 관련 신기술의 혜택을 이용할 수 있도록 지원

출처: 조미숙(2010)[8)]

2002년, 남아프리카공화국의 요하네스버그에서 개최된 지속가능발전세계정상회의(World Summit on Sustainable Development; 이하 WSSD)는 리우회의 이후 지속가능발전의 추진실적을 종합평가하고 향후 구체적인 추진계획 마련을 목적으로 한 회의이다. WSSD는 '인간, 지구, 번영(People, Planet & Prosperity)'을 주제로 채택하여 기존 환경보호라는 소극적인 개념에서 지속가능발전이라는 적극적인 주제로의 전환을 이루었다. 이에 따라 '지속가능발전'은 사회통합과 환경보호, 경제성장을 모두 아우르는 포괄적인 개념으로 정립되게 된다.

이 회의에서 가장 의미 있는 부분은, 세계정상들의 정치적 선언(Political Declaration) 및 비정부 파트너들 간의 파트너십(Initiative Proposal)을 채택하고 정치적 실행으로 실천 계획을 작성하기로 합의했다는 점이다. 그리고 이를 통해 각국은 국가지속가능발전이행계획을 작성할 의무가 부여되었으며 지속가능발전의 당위성을 재확인할 수 있었다.

2012년에는 리우+20 정상회의라고도 잘 알려진 유엔지속가능발전회의(United Nations Conference on Sustainable Development; 이하 UNCSD)가 브라질 리우에서 다시 개최되었다. 이 회의에서는 '우리가 원하는 미래(The Future We Want)'라는 제목의 선언을 채택하여 지속가능발전에 대한 의지를 재확인하고, 경제위기, 사회적 불안정, 기후변화, 빈곤퇴치 등 범지구적 문제 해결의 책임을 다시 강조하여 각국의 행동을 촉구하였다. 또한, 지속가능한 발전을 위한 중요한 도구로 '녹색경제(Green Economy)' 의제를 채택하고 MDGs를 대체하는 지속가능발전목표(Sustainable Development Goals; 이하 SDGs)[9)]를 설정하는 절차에 합의한다.

2015년 9월 뉴욕에서 열린 제70차 유엔총회에서는 2015년 만료된 MDGs의 뒤를 잇는 SDGs를 2016년부터 2030년까지 이행하기로 결의한다. '2030 지속가능발전 의제'라고도 하는 SDGs는 '단 한 사람도 소외되지 않는 것(Leave no one behind)'이라는 슬로건과 함께 인간, 지구, 번영, 평화, 파트너십이라는 5개 영역에서 인류가 나아가야 할 방향성을 17개 목표와 169개 세부 목표로 제시한다. SDGs는 보편성,

통합성, 변혁성이라는 세 가지의 특성을 가지고 있다. 보편성은 모든 국가, 모든 규모의 도시와 농촌, 모든 사람에게 적용함을, 통합성은 각 목표, 세부 목표, 지표들 간의 상호연계 및 목표와 이행수단 간의 통합을 의미하며, 변혁성은 2030년까지 목표 달성을 위해서는 적극적인 변화의 노력이 요구됨을 의미한다.[10] 다음은 지속가능발전을 위한 2030 의제의 5P를 표로 정리하였다.

표 III-2 지속가능발전을 위한 2030 의제의 5P

5P	내용
인간(People)	• 빈곤감소 및 사회안전망 강화 • 식량안보 및 지속가능한 농업 강화 • 건강하고 행복한 삶 보장 • 교육증진 • 포용적이며 안전하며 회복력있는 도시와 주거지 조성
지구(Planet)	• 건강하고 안전한 물관리 • 에너지의 친환경적 생산과 소비 • 기후변화 대응 • 해양생태계 보전 • 육상생태계 보전
번영(Prosperity)	• 좋은 일자리 확대와 경제성장 • 사회기반시설 구축, R&D 확대 및 경제성장 • 지속가능한 소비-생산 증진
평화(Peace)	• 성평등 보장 • 불평등 해소 • 인권 · 정의 · 평화
협력(Partnership)	• 지구촌 협력 강화

출처: 국가 지속가능발전목표 수립 보고서(2019)[11]

표 III-3 지속가능발전에 대한 국제적 논의 과정

연도	단체 및 회의	지속가능성과 관련된 내용
지속가능발전 개념의 등장		
1972	로마클럽	'성장의 한계' 발표
1972	스톡홀름 유엔인간환경회의(UNCHE)	• 유엔 인간환경선언과 행동계획 발표 • 환경과 개발에 대한 유엔의 관심과 행동의 출발
지속가능발전 개념의 정립		
1980	국제자연보존연맹회의(IUCN)	'세계보전전략' 발표, ESSD 용어 처음 사용
1982	유엔환경계획(UNEP)	• '나이로비 선언' 채택 • '환경과 개발에 관한 세계위원회(WCED)' 설치
1987	환경과 개발에 관한 세계위원회(WCED)	'우리 공동의 미래' 발표, 학술적 용어인 지속가능성을 국제무대로 공론화하고 지속가능성 개념을 확대
지속가능발전 개념의 공론화		
1992	환경과 개발에 관한 유엔회의(UNCED)	• '리우'선언, 'ESSD 원칙' 천명, 'Agenda21' 실천 지침 발표 • '지속가능발전'에 대한 필요성 주장
2000	55차 유엔총회	새천년개발목표(MDGs) 채택
2002	지속가능발전을 위한 세계정상회의(WSSD)	• 지속가능발전을 실현하기 위한 세계 공동의 노력 재확인 • 경제성장, 환경보전, 사회복지의 조화를 추구하는 새로운 국제적 지속가능발전전략에 관한 기본 방향 제시
2012	유앤지속가능발전회의(UNCSD)	• '우리가 원하는 미래' 선언 채택 • '녹색 경제' 의제 채택 • 지속가능발전목표(SDGs) 설정 절차 시작
2015	70차 유엔총회	지속가능발전목표(SDGs) 채택

출처: 유네스코한국위원회(2007)[12]의 표를 재구성함

2050년까지 실질 이산화탄소 배출량을 '제로'[13]로 만드는 탄소중립(Net-zero)을 선언한 국가는 한국을 포함해 미국, 중국 등 120개국이 넘는다. 또한 세계 여러 국가 사이에는 국제연합(UN)의 3대 환경협약이라고 불리는 기후변화협약과 생물다양성보존협약, 사막화방지협약을 비롯해 170여 개의 국제환경협약이 체결되어 있다(<표 III-4> 참조). 심각한 수준의 환경오염이 계속되면서 인류의 생존이 위협받자 더 이상의 환경 파괴를 막기 위해 여러 국가들이 한데 힘을 모으고 있는 것이다. 특히 파리협정과 기후변화 정부 간 협의체(IPCC) 6차 특별보고서의 채택에 따라 유엔기후변화협약 당사국들은 2050년까지 탄소중립을 달성하고 산업화 이전 대비 기온 상승을 1.5℃ 이하로 유지하기 위해 국가온실가스감축목표(INDC)[14]를 제출하고 있다. 한국은 2021년 9월 세계에서 14번째로 2050 탄소중립을 국가 비전으로 명시한 '탄소중립기본법'[15]을 제정하였다.

표 III-4 **유엔 3대 환경협약**

협약명	영어명	내용
기후변화 협약	Paris Climate Change Accord	2020년 만료된 교토의정서를 대체, 2021년 1월부터 적용되는 기후변화 대응을 담은 기후변화협약으로 2016년 11월 발효됐다. 파리협약은 선진국에만 온실가스 감축 의무를 부여했던 교토의정서와 달리 195개 당사국 모두에게 구속력 있는 보편적 첫 기후합의라는 점에서 그 역사적 의미가 있다.
생물다양성 보존협약	Biodiversity Convention	1987년 6월 유엔환경계획기구는 생물다양성 문제에 대한 국제적 행동계획의 수립을 결정하고, 1988년 · 1990년 전문가 회의를 개최하여 국제적인 생물다양성 보호(생물종 보호, 희귀유전자 보존, 생태계의 균형유지)를 위한 국제협약 초안이 작성되었다. 그 후 여러 차례 실무회의를 거쳐 1992년 6월 브라질 리우데자네이루에서 열린 리우회의에서 각국의 정상들이 서명하였다.
사막화 방지협약	United Nations Convention to Combat Desertification (UNCCD)	무리한 개발과 오남용으로 인한 사막화 방지를 위해 체결된 협약으로, 국제적 노력을 통한 사막화 방지와 심각한 가뭄 및 사막화, 토지 황폐화 현상을 겪고 있는 개발도상국을 재정적, 기술적으로 지원하는 것을 목표로 한다. 공식 명칭은 '심각한 가뭄 또는 사막화를 겪고 있는 아프리카지역 국가 등 일부 국가들의 사막화 방지를 위한 국제연합협약'이다(1992년 체결, 199년 12월 발효).

02

유엔 지속가능발전목표

앞에서 우리는 지속가능발전의 개념이 유엔을 중심으로 한 국제사회에서 정립되는 과정에 대해 논의했고, 유엔 지속가능발전목표의 등장까지 살펴보았다. 이제 유엔이 2015년 제70차 유엔총회에서 2030년까지 달성하기로 결의한 17개 지속가능발전목표(Sustainable Development Goals, SDGs)에 대해 조금 더 자세히 알아보자.

[그림 III-2] 지속가능발전목표(SDGs)[16)]

유엔[17]과 국제개발협력시민사회포럼[18]에서 정리한 내용을 중심으로 지속가능발전목표 17가지를 제시하면 다음과 같다.

목표 1. 빈곤퇴치

모든 곳에서 모든 형태의 빈곤을 종식시킨다: 절대빈곤의 퇴치와 모든 사람을 위한 사회보장제도를 확립하는 내용이 포함된다.

목표 2. 기아해소와 식량안보 달성 및 지속가능농업 발전

기아를 종식하고, 식량 안보를 달성하며, 개선된 영양 상태를 달성하고, 지속가능한 농업을 강화한다: 빈곤층과 영유아 등 취약계층에게 충분한 영양을 공급하며, 지속가능한 식량 생산 시스템을 통하여 식량안보를 달성한다.

목표 3. 보건증진

모두를 위한 전 연령층의 건강한 삶을 보장하고 웰빙을 증진한다: 예방 가능한 질병으로 사망하는 어린이의 수를 줄이는 것을 포함하여, 필수적인 보건서비스를 모두에게 공급하는 것과 보편적인 의료보장시스템을 만드는 내용이 포함된다.

목표 4. 교육보장과 평생교육 향상

모두를 위한 포용적이고 공평한 양질의 교육 보장 및 평생교육 기회를 증진한다: 남녀 및 장애인 등 모든 사람들이 보편적인 교육을 받고 대학, 기술 훈련, 직업 훈련 등 자신에게 필요한 교육을 받을 수 있도록 하는 것이 포함된다.

목표 5. 성평등 달성과 여성역량 강화

성평등 달성 및 모든 여성과 여아들이 자신의 능력을 발휘할 수 있도록 한다: 여성에 대한 차별을 없애고, 정치, 경제 등 모든 부문에서 여성의 동등한 참여를 보장하는 것과 조혼, 강제 결혼, 인신매매 등 여성에 대한 폭력과 나쁜 관행을 근절하는 것이 포함된다.

목표 6. 물과 위생 제공과 관리 강화

모두가 물과 위생설비를 사용할 수 있도록 하고 지속가능한 유지관리를 보장한다: 모든 사람들이 안전한 식수와 위생시설을 보장받는 것을 포함하여, 수질 오염 감소, 수자원 관리 등의 세부 목표가 포함된다.

목표 7. 에너지 보급

모두를 위한 경제적인 가격을 신뢰할 수 있고 지속가능한 현대적인 에너지에의 접근을 보장한다: 에너지에 대한 보편적 접근, 에너지 효율성 증대 및 새로운 경제 및 고용 기회를 통한 재생 가능 에너지 사용 증가에 중점을 두어야 한다.

목표 8. 경제성장과 일자리 증진

모두를 위한 지속적, 포용적, 지속가능한 경제성장을 촉진하며 생산적인 완전고용과 모두를 위한 양질의 일자리를 증진한다: 모든 사람들에게 양질의 일자리를 제공하기 위해서는 소규모 창업 지원, 노동자 권리 보호, 지속가능한 관광 등의 세부 목표를 달성한다.

목표 9. 인프라 구축과 산업화 확대

복원력이 높은 사회기반시설을 구축하고, 포용적이고 지속가능한 산업화를 증진시키며 혁신을 장려한다: 안전한 사회기반시설 구축, 환경 친화적 공정을 적용한 산업의 확대, 과학기술연구 강화 및 투자 등을 통해 달성한다.

목표 10. 불평등 해소

국가 내, 국가 간 불평등을 감소시킨다: 모든 사람에 대한 차별을 철폐하고 기회를 평등하게 제공하며, 결과의 불평등을 완화하고, 국제사회에서도 개발도상국의 영향력이 확대될 수 있도록 배려한다.

목표 11. 지속가능도시 구축

도시와 주거지를 포용적이며 안전하고 복원력 있고 지속가능하게 보장한다: 충분하고 적당한 가격의 주택공급, 취약계층에게 편리한 대중교통의 확산, 세계 문화와 자연 유산에 대한 보존 등의 세부 목표가 포함된다.

목표 12. 지속가능 소비생산 증진

지속가능한 소비 및 생산 양식을 보장한다: 선진국이 우선적으로 지속가능 생산과 소비가 가능하도록 음식쓰레기를 절반으로 줄이고 폐기물 발생을 대폭 줄여야 한다는 내용이 포함된다.

목표 13. 기후변화 대응

기후변화와 그로 인한 영향에 맞서기 위한 긴급 대응을 시행한다: 기후변화로 인한 자연재해, 특히 개발도상국에서 자연재해의 피해를 입은 후 복원할 수 있는 능력을 강화한다.

목표 14. 해양과 해양자원 보존과 지속가능 이용

지속가능한 발전을 위한 대양, 바다, 해양자원을 보존하고 지속가능하게 사용한다: 해양오염을 막고, 지나치게 많은 양의 어류 수확을 근절하며, 지속가능한 어업 및 양식업 등이 가능하도록 한다.

목표 15. 육상 생태계 등의 보호와 지속가능 이용

지속가능한 육상 생태계 이용을 보호·복원·증진하고, 삼림을 지속가능하게 관리하며, 사막화를 방지하고, 토지 황폐화를 중지하고, 생물 다양성 손실을 중단한다: 산림, 습지, 산악지역 등 모든 육상 생태계를 보호하고 생물 다양성을 보존하며, 사막화를 방지해야 하는 내용이 포함된다.

목표 16. 평화로운 사회 증진과 제도 구축

지속가능발전을 위해 평화롭고 포용적인 사회를 증진하고, 모두가 정의에 접근할 수 있도록 하고, 모든 수준에서 효과적이고 책임성 있고 포용적인 제도를 구축한다: 부정부패가 없으며, 폭력과 차별이 사라진 사회, 그리고 깨끗하고 투명한 정부를 구축하기 위한 내용이 포함된다.

목표 17. 이행수단과 글로벌 파트너십 강화

이행수단을 강화하고 지속가능발전을 위한 글로벌 파트너십을 활성화한다: SDGs의 달성을 위한 재원마련, 선진국과 개발도상국의 기술협력, 평등한 무역, 시민사회를 포함한 다양한 파트너십과 데이터를 통한 모니터링의 중요성을 강조한다.

표 III-5 SDGs 틀

주제		SDGs 목표	SDGs 세부목표
빈곤과 기아종식		1. 빈곤퇴치	〈1.1 2030년까지 전 인류의 절대빈곤퇴치〉 등 7개의 세부목표
		2. 기아종식	〈2.1 모든 사람에게 1년 내내 안전하고, 영양가 있는 충분한 식량에 대한 접근 보장〉 등 8개의 세부목표
사회발전	보건	3. 건강과 웰빙	〈3.1 전 세계 산모사망률 감소〉 등 13개의 세부목표
	교육	4. 양질의 교육	〈4.1 모든 여아와 남아의 형평성 있는 양질의 초등 및 중등교육을 무상으로 이수하도록 보장〉 등 10개의 세부목표
	여성	5. 성평등	〈5.1 여성과 여아에 대한 모든 형태의 차별 철폐〉 등 9개의 세부목표
	사회/안보	10. 불평등 감소	〈10.1 소득수준 하위 40%의 소득 증가율을 국가 전체 평균 이상까지 점진적으로 달성하고 유지〉 등 10개의 세부목표
		16. 평화, 정의, 효과적인 제도	〈16.1 모든 형태의 폭력과 그로 인한 사망률 감소〉 등 12개의 세부목표
환경	자연/자원 환경	7. 모두를 위한 깨끗한 에너지	〈7.1 현대적 에너지에 대한 보편적 접근을 보장〉 등 5개의 세부목표
		13. 기후변화와 대응	〈13.1 기후 관련 위험 및 자연재해에 대한 모든 국가의 복원력 및 적응력 강화〉 등 5개의 세부목표
		14. 해양생태계 보전	〈14.1 모든 종류의 해양오염 예방 및 감소〉 등 10개의 세부목표
		15. 육상생태계 보전	〈15.1 유지와 내수면 생태계 서비스의 지속가능한 사용〉 등 12개의 세부목표

<table>
<tr><td rowspan="3">환경</td><td rowspan="3">사회 환경</td><td>6. 깨끗한 물과 위생</td><td>〈6.1 안전한 식수에 대한 동등한 접근성 보장〉 등 8개의 세부목표</td></tr>
<tr><td>11. 지속가능한 도시와 공동체</td><td>〈11.1 주택과 기초 공공서비스에 대한 접근 보장 및 빈민가 환경 개선〉 등 10개의 세부목표</td></tr>
<tr><td>12. 지속가능한 생산과 소비</td><td>〈12.1 모든 국가의 지속가능한 소비와 생산 양식에 관한 10개년 계획 이행〉 등 11개의 세부목표</td></tr>
<tr><td colspan="2" rowspan="2">경제 성장</td><td>8. 양질의 일자리와 경제 성장</td><td>〈8.1 1인당 소득 증가 유지 및 최빈국의 GDP 성장률 최소 7% 유지〉 등 12개의 세부목표</td></tr>
<tr><td>9. 산업, 혁신, 사회기반 시설</td><td>〈9.1 지속가능한 사회기반시설 구축〉 등 8개의 세부목표</td></tr>
<tr><td colspan="2">글로벌 파트너십</td><td>17. 지구촌 협력</td><td>〈17.1 개발도상국에 대한 국제적 지원 등을 통하여 개도국의 국내 재원 동원 강화〉 등 19개의 세부목표</td></tr>
</table>

출처: 배경석 외(2020)[19]

03
국제사회와 기업의 대응

신기후체제(파리기후협약, Paris Agreement)의 등장

21세기의 국제질서를 특징짓는 중요한 단어 중의 하나는 '신기후체제'이다. 신기후체제는 지구온난화의 규제 및 방지를 위한 국가 간 국제협약으로 파리기후협약으로도 불린다. 신기후체제 합의문이 2015년 파리에서 열린 유엔기후변화협약(United Nations Framework Convention on Climate Change, UNFCCC)의 21번째 당사국총회에서 도출되었기 때문이다.

이름에서 알 수 있듯이 신기후체제는 이전의 기후체제를 대치하는 체제이다. 이전 체제는 1997년 12월 11일 일본 교토시에서 체결되고 2005년에 발효된 '교토체제'이다. 소위 선진국에게만 온실가스 감축 의무를 부과했던 교토체제는 완전한 실패로 끝났다. 2005년 발효를 앞두고 미국, 캐나다, 일본, 러시아가 탈퇴하였고 온실가스 배출량이 많은 중국과 인도가 개발도상국이라는 이유로 감축 의무에서 제외되었기 때문이었다. 나중에는 지구 전체 온실가스 중 15%밖에 차지하지 않는 나라들만 남아있었다.

신기후체제는 교토의정서를 대체하면서 195개 당사국 모두에게 구속력 있는 온실가스 감축 의무를 부과하였다. 이 협약에 함께한 국가는 이산화탄소를 포함한 여섯 종류의 온실가스의 배출을 감축해야 하며 배출량을 줄이지 않는 국가에 대해서는 비관세 장벽을 적용하게 된다. 우리나라는 역시 신기후체제 비준국으로서 온실가스 배출 목표치를 달성해야 한다. 그러나 2017년 미국 트럼프(Donald Trump) 대통령이 미국의 탈퇴를 선언하면서 신기후체제 역시 위기를 맞고 있다.

환경규제를 강화하는 국가들

온실가스 규제에 가장 적극적인 지역은 역시 유럽이다. 덴마크 의회는 새로운 기후법을 채택해 앞으로 11년 동안 1990년 배기가스의 70% 이하에 도달한다는 목표를 설정했다. 이 법에 의하여 덴마크는 2050년까지 완전한 탄소중립을 실현하도록 되어 있다. 지중해 연안국가들도 해상운송으로부터의 대기오염을 줄이기 위해 국제해사기구가 이 지역을 배기가스 배출 통제지역(ECA)으로 지정하는 것에 합의하였다. 이 합의서에 따르면 2020년 1월 1일부터 배기가스를 정화하는 시스템을 갖추지 않은 모든 선박은 0.5% 이상의 황을 함유하는 연료를 사용할 수 없다. 한편 캐나다는 2030년까지 전통적 석탄화력 발전소를 완전히 폐기할 것을 계획하고 있다.

온실가스와 더불어 최근 생태계 이슈로 부상하는 일회용 비닐과 플라스틱에 대한 규제도 강화되고 있다. 미국 필라델피아, 매사추세츠 등 9개 주는 매장 내 고객들에게 일회용 비닐봉지를 제공하는 것을 금지하는 법안을 통과시켰다. 이러한 조치는 앞으로 슈퍼마켓, 편의점, 주유소, 푸드 트럭, 농수산물시장, 레스토랑 및 배달 서비스에 광범위한 영향을 미칠 전망이다. 이미 인도 케랄라주도 2020년 1월 1일부터 일회용 플라스틱 사용을 전면적으로 금지하는 결정을 내렸으며 중국은 2020년 12월 31일까지 마이크로비즈가 함유된 화장품 생산을 금지하였다. 또한 이탈리아 정부는 플라스틱 사용을 압박하기 위한 방안으로 2020년에 플라스틱 포장에 대한 세금을 도입하기도 하였다.

기업의 지속가능경영 도입

환경에 대한 관심은 소비자 사이에서도 커지고 있다. 이왕이면 '그린', '에코' 등의 수식어가 붙은 친환경 제품을 소비하거나 일회용품을 사용하지 않는 등 환경오염을 줄일 수 있는 방향으로 소비 습관을 바꾸려는 사람들이 많아지고 있다. 또한 더 좋은 근로 환경을 제공하거나 사회문제를 해결하기 위해 노력하는 기업의 제품을 찾는 소비자도 늘어나고 있다. 이렇게 전 세계적으로 사회적 그리고 환경적 가치에 대한 관심이 높아지면서 기업은 '이윤 추구'와 더불어 '지속가능성'까지 고려한 경영 전략을 모색하고 있다.

기후변화를 포함한 환경위기는 광범위하고 다양한 모습으로 지속가능발전에 대한 위험을 확대시키고 있으며 이러한 위기 대응과 관련해 기업에 대한 압박 수위가 점차 높아지고 있다. 기존 사업을 영속하는 동시에 미래 먹거리 창출을 위한 방법과 새로운 사업 기회를 찾기 위해서 기업은 지속가능한 비즈니스 모델로의 전환을 추진해야만 한다.

세계 최대 자산운용사 블랙록(Blackrock)의 CEO 래리 핑크(Larry Fink)는 2020년 1월 투자자들과 기업 CEO들에게 보낸 연례 서한에서 "앞으로 기업의 지속가능성을 투자 결정의 기준으로 삼겠다"라고 선언했다. 또한 화석연료를 통해 25% 이상의 수익을 창출하는 회사들을 투자 포트폴리오에서 제외할 것이라고 발표했다. 기후변화 등 환경위기로 인한 위험요소를 장기적인 투자의 리스크로 보고 투자 결정 요인으로서 지속가능성의 중요성을 평가한 것이다. 이러한 언급을 신호탄으로 지속가능성에 대한 사회적 요구가 높아지면서 ESG라는 경영 전략이 세계적인 관심사가 되었다.

ESG는 '환경(Environmental)', '사회(Social)', '지배구조(Governance)'의 영어 단어 첫 글자를 딴 용어로, 2004년 유엔 보고서에서 처음 사용되었다. 최근 ESG는 은행 등 금융기관에서 새로운 투자의 판단기준으로 자리 잡고 있다. ESG 요소를 투자 기준으로 활용한다는 것은 기업의 재무적 성과뿐만 아니라 친환경 정책 및 실행, 사회적 기여 및 책임, 기업의 지배구조와 같은 비재무적 성과를 판단하여 투자 여부를 결정하겠다는 의미이며, 상장기업은 ESG 관련 공시항목을 제공하고 있다.

현재 글로벌 자금시장 내 ESG가 새로운 표준으로 자리매김해 가고 있으며, 2020년 ESG 투자규모는 35조 달러로, 2018년 대비 15% 성장했으며 2050년 탄소중립 달성까지 지속적으로 성장할 것이다. 특히 많은 글로벌 기업들이 ESG경영을 선언하면서 전체 협력업체까지 ESG경영방침의 확산을 주도하고 있다. 또한 모든 공급업체 대상으로 납품하는 부품에 대해서도 재생에너지를 사용하는 제조 요구가 확대되고 있다.

국가 차원에서도 ESG 법제화 도입이 가시화되고 있으며, ESG 투자 규모가 가장 큰 미국과 EU를 중심으로 논의가 활발히 진행되고 있다. 특히 탄소중립에 가장 적극적인 EU에서 선도적으로 규제 도입을 추진하고 있다.

표 III-6 ESG 주요 항목 및 공시항목

E(환경)	S(사회)	G(지배구조)
□ 주요 항목(UN, Principles for Responsible Investment)		
환경정책 기후변화/탄소중립 자원고갈 수자원 관리 삼림파괴	인권 지역사회 관계 아동 근로 고객 만족 고용 관계	뇌물 및 부패 경영진 보상 이사회 다양성 및 구조 정치적 로비 및 기부 조세 전략
□ 공시항목(한국거래소, ESG 정보공개 가이던스)		
온실가스 배출 에너지 사용 물 사용 폐기물 배출 법규 위반사고	임직원 현황 안전·보건 정보 보안 공정 경쟁	경영진의 역할 ESG 위험 및 기회 이해관계자 참여

국내·외 ESG경영의 확산에 따라 대기업뿐만 아니라 중소기업의 ESG경영에 대한 관심도 높아지고 있다. EU 공급망 관리 의무화 법안 도입 시점에 국내에서도 대기업의 협력사 ESG 관리 요구가 증가함에 따라 중소기업의 자발적인 ESG경영을 촉진하기 위해 국가 차원의 준비와 지원이 필요하다.

ESG 확산, 지속가능경영에 대한 글로벌 규제 도입, 지속가능한 소비 확대 등의 환경변화는 기업의 자금조달 및 공급망 관리 등 경영환경에 영향을 주어 기업으로 하여금 지속가능경영의 확산을 촉진하도록 하고 있다. 다만 2021년부터 가속화되고 있는 지속가능경영의 글로벌 규제도입으로 ESG 성과를 준수할 때의 인센티브보다 달성하지 못했을 때의 손실 위험이 상대적으로 커지게 될 것이다. 대기업은 이러한 환경변화에 직접적으로 노출되어 있으며, 이에 대한 대응 과정에서 협력사인 중소기업들이 직·간접적 영향을 받게 된다. 또한 글로벌 다국적기업과 거래하는 수출기업들 역시 ESG 확산의 직접적 영향을 받게 되었다.

ESG 투자 및 규제 확산이 외부자금 조달환경에 끼치는 직접적 영향은 대기업을 비롯한 상장기업이 받고 있다. 중소기업의 경우 정책자금, 담보대출, 벤처자금의 직접투자가 주요 외부자금 조달원으로서 ESG 성과와 연계되는 부분은 없으나, ESG 투자의 점차적인 확산으로 중소기업 역시 자금조달을 위한 금융에 있어 영향을 받게 될 것이다.

대기업의 ESG 위험 관리가 공급망 전반으로 확대되면 협력사인 중소기업은 ESG 성과에 따라 공급망에 가입되거나 퇴출될 수 있다. 또한 지속가능경영 강조, 착한 소비 확산 등의 이유로 기업의 ESG 성과가 매출 증대로 이어질 수 있는 기회이기도 하다. 유럽이나 미국 등의 글로벌 기업이 납품 기업에 대한 ESG 관련 지속가능경영 요구 수준이 강화됨에 따라 한국의 수출기업은 납품 탈락, 거래 중단 등의 경영 위기에 처할 수 있으므로 사전에 철저한 대응이 필요하다.

기업의 사회적 책임에 대한 요구는 기업이 단기적인 이익과 편익만이 아니라 사회에 미치는 장기적인 영향까지 고려하는, 즉 지속가능성을 추구하는 과정에서 나타났으며 이러한 요구가 ESG경영으로 이어진 것이다. 세계의 많은 기업들은 기업 자체뿐만 아니라 사회, 환경 분야의 지속가능성을 위해 다양한 경영 방식을 도입하고 있다.

이러한 지속가능성을 위한 기업의 적극적이고 자발적인 실천에는 소비자의 역할도 매우 중요하다. 기업은 소비자의 요구와 선호에 맞춘 제품을 생산하고 서비스를 제공하기 위해 기술 개발이나 경영 방식의 변화 등을 시도하기 때문이다. 또한 실제로는 친환경적이지 않지만 친환경 원료 사용·생산한 것처럼 홍보하는 그린워싱과 같은 기업의 악용 사례는 원천적으로 차단해야 하며, 지속가능성은 기업에만 주어진 요구가 아닌 소비자도 함께 추구해야 할 사회적 책임인 점을 생각해볼 필요가 있다.

기업의 지속가능경영 사례

현재 국내 대기업들은 지속가능경영보고서(표 III-7)를 통해 1년간의 회사의 성과를 보여주고 있다. 또한 미래 성장 포트폴리오를 통해 지속적인 성장을 추구하며 이를 효과적으로 달성하기 위해 ESG경영을 적극 추진하고 있음을 강조하고 있다. 이러한 활동과 성과를 이해관계자(주주, 투자자, 고객, 일반시민 등)와 함께 나누기 위해 지속가능경영보고서를 발간하고 있다. 이러한 회사들이 앞으로 어떤 사업 전략을 가지고 성장해 나갈지, 지속가능 및 ESG경영에 대해서는 어떠한 철학과 원칙의 방향성을 가져가는지를 지속가능경영보고서를 통해 세밀히 살펴볼 필요가 있다.

표 III-7 국내 대표기업의 지속가능경영보고서 발간사례

회사명	삼성전자	SK
표지		
보고서 제목명	지속가능경영보고서 2021 A Journey Towards a Sustainable Future	2021 지속가능경영보고서 New Journey for Tomorrow
보고서 주요 목차	회사소개, 환경, 사회공헌, 정보보안, 근로자, 지속가능한 공급망, 사업 성과, 검증의견서 등	회사 일반현황, ESG 이야기, ESG(환경, 사회, 경제 및 지배구조 분야) 정책 및 성과, 검증의견서 등
지속가능 경영에 대한 시사점	• '지속가능한 100년 기업'이 되기 위한 다양한 활동을 기술하고 있으며, 특히 기후변화 대응을 위해 재생에너지 사용의 확대 방안을 모색하고 있음 • 고효율 에너지 제품과 내구성을 강화한 제품을 개발하여 기후변화 대응 및 자원순환 활동에 동참하고 있고, '에코 패키지(Eco-Package)' 프로그램 등을 통해 소비자들이 일상생활에서 지속가능성의 가치를 실천할 수 있도록 지원하고 있음	• '더 나은 내일, 더 나은 삶'을 만드는 가치를 시장에서 인정받고 궁극적으로 '지속가능한 미래' 구축을 모색함 • ESG경영 체계 고도화를 통해 더 큰 변화와 성장을 이루어 나갈 것임 • 지배구조헌장에 구체적인 실천 방안을 새롭게 담아내고 ESG 관점의 중장기 성장 전략 논의부터 사내이사 평가 및 보상에 이르기까지 이사회의 역할이 확대되고 있음

기업들의 ESG 대응 성공사례 중 투자자·글로벌 기업 요구에 따른 ESG경영 강화의 사례로는 1) 환경규제 강화: 탄소배출량 감축, 폐기물 감소·재활용 확대, 신재생에너지 사용 확대, 유틸리티(물, 전기 등)/플라스틱·포장재 사용 감축, 제품 소싱 밸류체인에서 불법삼림 벌채 금지 등으로 이를 위해 신기술을 적극 적용하거나 자체적인 기술 개발에 착수, 2) 인권 보호: 원자재 확보 시 아동노동 등 불법 노동 방지, 3) 다양성 제고: 성별, 인종 등에 있어 다양성 확보 및 급여 평등 추구 등을 들 수 있다. 탄소중립시대에 직격탄을 맞고 있는 오일메이저와 내연기관 자동차 회사들은 기존 화석연료 사업 비중을 줄여나가면서 저탄소 분야로 사업을 재편하고 다각화를 모색하고 있다. 특히 영국 BP, 미국 엑슨모빌, 영국·네덜란드 로열더치쉘 등의 오일메이저 회사들은 기후변화 대응과 투자자 ESG 요구에 맞물려 사업전략 변혁이 불가피하고 원유에서 재생에너지, 이산화탄소 포집·활용·저장(Carbon Capture Utilization Storage, CCUS) 기술[20] 등 탈탄소 사업 분야로의 진출을 가속화하고 있다. 특히 로열더치쉘은 글로벌 ESG 기조가 강화됨에 따라 2050년까지 탄소중립을 달성하기 위해 2030년까지 탄소배출량을 2019년 수준 대비 45% 감축을 이행하기로 정했다. 그리고 '석유·가스 회사'가 아니라 '에너지 회사'로서의 전환을 위해, 연간 20~30억 달러를 투자하여 15년 이내 세계 최대의 전기회사가 될 것이라고 야심찬 포부를 밝힌 바 있다.

이산화탄소 포집 기술

인위적으로 배출되는 이산화탄소가 주된 원인이 되는 지구온난화가 문제라면, 대기 중의 이산화탄소를 제거할 수 있는 기술이 필요하다. 이를 위해 최근 논의되고 있는 기술은 이산화탄소의 포집·활용·저장 기술이며 이는 기후변화의 정책과 에너지정책에 친화적인 기술이기도 하다[21]. 이산화탄소 포집기술은 '연소 후', '연소 전', 그리고 '연소 중(순산소연소)'이라는 3가지 형태로 분류할 수 있다. 연소 후 포집은 기존 발전소에서 발생하는 배기가스의 일부에서 이산화탄소를 회수하는 데 사용하며, 연소 전 포집은 비료생산과 수소생산에 많이 사용되고 있다. 그리고 연소 중 포집은 파일럿 플랜트 규모로 실증되는 시범화 단계에 있으며 공기 대신 고순도 산소를 사용한다.[22] 이산화탄소 포집 기술의 종류는 다음 [그림 III-3]과 같다.

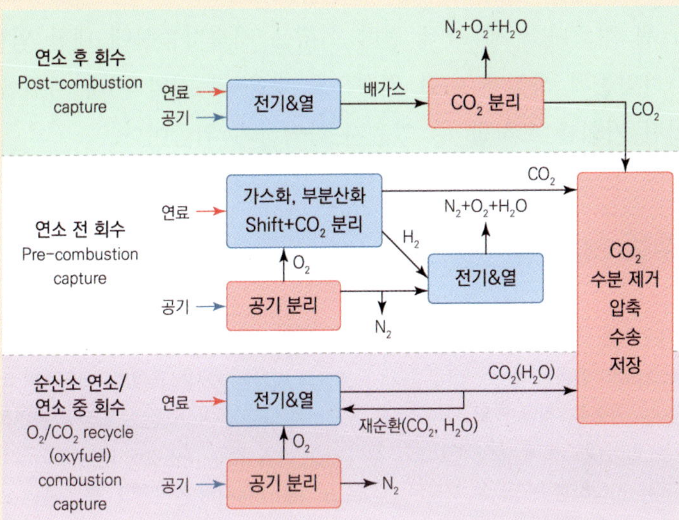

[그림 III-3] 이산화탄소 포집 기술의 종류[23]

결론적으로 기업들은 지속가능경영과 ESG경영으로의 전환을 위해 전략적 접근방안과 ESG경영 요소를 고려한 비즈니스 모델 수립에 필요한 제반사항을 세밀히 살펴보아야 할 필요가 있다. 덧붙여, 기후변화 및 환경위기 문제가 기업에 실질적으로 미치는 영향과 이에 대응하기 위한 에너지산업 및 국내·외 기업의 대응 트렌드, '지속가능금융' 관련 트렌드의 변화 등 역시 유심히 알아보아야 한다. 마지막으로 미래 지향적인 기업이 지속가능한 방법으로 혁신하는 데 도움이 될 세 가지 비즈니스 전략은 다음과 같다. 첫째, 미래 전망은 비즈니스의 미래를 위해 지속가능성 추구 압박이 어떤 위협을 주는지, 더 나아가서 어떤 기회를 제공하는지 이해하는 것이다. 둘째, 내부 점검은 지속가능성 향상을 위한 혁신을 가속화하기 위해 내부 운영방식을 재구성할 수 있는 방법을 모색하는 것이다. 마지막으로 외부 탐색은 외부 비즈니스 생태계를 활용하여 경쟁우위 확보를 파악하는 것이다. 위 비즈니스 세 가지 전략 실행은 지속가능성에 대한 압박이 현재 기업들의 사업에 어떤 위협으로 작용하는지와 미래 사업을 위해 어떤 기회를 포착할 수 있을지 파악하기 위함이다.

친환경 자동차 기술

기후위기를 극복하기 위한 또 다른 대표적인 기술로는 내연기관 자동차의 전기·수소차로의 전환을 들 수 있다. 현재 대부분의 비율을 차지하고 있는 내연기관 자동차는 가솔린, 경유 등의 화석연료를 활용하기 때문에 이산화탄소 발생이 필연적으로 일어날 수밖에 없다. 그러나, 전기차(BEV)의 경우 내연기관 대신 배터리와 모터를 장착하여 배터리에 저장된 전기로 모터를 작동시켜 움직인다. 즉, 자동차의 동력원을 화석연료에서 전기로 바꾸고자 하는 '전동화(electrification)'가 주된 목표인 것이다. 물론, 아직 내연기관 자동차가 대부분의 비율을 차지하고 있지만, 2018년 163만 대이던 전 세계 전기차 판매량은 2019년 178만 대, 2020년 219만 대로 2년 새 34.4% 증가하는 추세를 보이고 있다. 전기차 수요는 앞으로 연평균 19%씩 성장하여, 2030년에는 전체 자동차 시장에서 차지하는 비중에 30%까지 늘어날 것으로 생각된다.[24)]

미주

1) 시간적 흐름에 따른 분류는 지속가능발전포털(http://ncsd.go.kr/background?content=1)을 참조(accessed on Sep. 2022).
2) 김찬국(2017). 우리나라 지속가능발전교육 연구 동향과 연구 방향: 1994~2017년 '환경교육' 게재 논문을 중심으로. 환경교육, 30(4), pp.353-377.
3) 이두현(2015). 지속가능발전교육 프로그램 개발 및 적용: 지속가능한 마을 만들기 프로젝트를 중심으로. 한국사전지리학회지, 25(4), pp.39-53.
4) 최석진(1994). ESSD와 환경보전의식 및 환경교육. 환경교육, 6, pp.112-120.
5) 강민정, 이성희, 김윤태, 이상원(2018). 지속가능발전목표(SDGs) 1-4 영역에 근거한 지속가능발전교육 프로그램 개발 및 적용. 한국초등교육, 29(1), pp.81-99.
6) UNESCO (2013). 지속가능발전교육 길잡이. 서울: 유네스코한국위원회.
7) Giddings, B., Hopwood, B., & O'Brien, G. (2002). Environment, economy and society: fitting them together into sustainable development. Sustainable Development, 10(4), pp.187-196.
8) 조미숙(2010). MDGs에 기반한 나눔학습 활동이 대학생의 지적·정서적 효과에 미치는 영향, 한국홀리스틱융합교육학회, 14(3), pp.51-70.
9) UN에서 제시한 SDGs를 UN-SDGs라 한다. UN-SDGs를 토대로 대한민국 실정에 맞춘 SDGs는 K-SDGs이다.
10) 이창우(2016). 지속가능발전의 국제적 동향과 서울시 대응방안. 2016 서울 지속가능발전 대토론회, pp.3-21.
11) 환경부(2019). 국가 지속가능발전목표 수립 보고서. 환경부.
12) UNESCO (2007). 지속가능발전교육을 위한 교사 지침서. 서울: 유네스코한국위원회.
13) 화석연료 사용 등 인간활동에 따른 온실가스 배출량이 전 지구적 흡수량과 균형을 이뤄 대기 중 온실가스 농도가 더 높아지지 않는 것을 의미한다. 탄소중립을 위해 온실가스의 인위적 배출량을 최대한 줄이고, 숲 복원, 네거티브 배출기술을 활용한 흡수 및 제거량을 늘려서 순 배출량이 "0"이 되도록 하여야 한다.
14) 온실가스 배출량 감축, 적응, 기술, 역량배양, 투명성 등 6개 분야를 포함한 국가자발적 기여방안(Intended Nationally Determined Contribution)을 제출하였다.
15) 법령명은 기후위기대응을 위한 탄소중립·녹색성장 기본법. 다량의 온실가스 배출을 전제로, 배출량을 줄이는 '저탄소'는 녹색성장법의 핵심 개념이었으나, 탄소 순배출량을 '0'으로 하는 '탄소중립'과 맞지 않아, 탄소중립에 맞는 법체

계를 추가로 마련하였다.

16) 유네스코한국위원회(2020). SDGs 돋보기 / 지속가능발전목표. https://www.unesco.or.kr/data/unesco_news/view/764/1094/page/0?(accessed on Sep. 2022)

17) UN(2018). The Sustainable Development Goals Report 2018. New York: UN.

18) UN(2015). Transforming our world: the 2030 Agenda for Sustainable Development(국제개발협력시민사회포럼 역).

19) 배경석, 정라현, 지덕영, 손연아(2020). 2015 개정 교육과정에 따른 고등학교 생명과학I 교과서에 포함된 SDGs 세부 목표 분석. 교육과학연구, 22(2), pp.25-46.

20) CCUS: Carbon Capture, Utilization, Storage(탄소 포집, 활용, 저장을 의미함)

21) 이종영(2012). 이산화탄소 포집, 저장(CCS)에 관한 법적 문제. 법제연구, (42), pp.327-362.

22) 이창근(2009). 이산화탄소 포집기술 최신 개발 현황. 공업화학 전망, 12(1), pp.30-42.

23) 앞의 논문과 동일

24) 동아사이언스(2021년05월22일). [프리미엄 리포트] 자동차 기술로 기후위기 극복한다. 동아사이언스. https://www.dongascience.com/news.php?idx=46695 (accessed on Sep. 2022).

Ⅳ

지속가능발전에 대한 논쟁

01 지속가능발전에 대한 관점의 차이
02 지속가능발전의 분야 간 우선순위 논쟁
03 맬서스주의자와 기술지상주의자의 논쟁

01

지속가능발전에 대한 관점의 차이[1)]

지금까지 우리는 지속가능발전(SD)이라는 개념이 어떻게 등장했고, 또 어떻게 변해왔는지, 각 주체별 대응방안 등에 대해 살펴보았다. 지금부터는 '지속가능발전'의 방향을 둘러싼 여러 대립 의견들을 살펴보도록 한다. 아담스(Adams)는 그의 책 'Green Development'에서 지속가능발전에 대한 의미를 주류(Mainstream)와 비주류(Countercurrents)로 나누어 분석하였는데, 이 절에서는 앞으로 주류 지속가능발전 개념을 MSD(Mainstream Sustainable Development), 비주류 지속가능발전 개념을 CSD(Countercurrents in Sustainable Development)라고 칭한다.

아담스는 우선 MSD를 시장 환경주의(Market Environmentalism), 생태적 현대화론(Ecological Modernization), 환경 포퓰리즘(Environmental Populism)으로 나누었다. 그리고 CSD는 신맬서스주의(Neo-Malthusian), 생태사회주의(Eco-Socialism), 심층생태주의(Deep-Ecologism), 생태여성주의(Eco-Feminism), 생태무정부주의(Eco-Anarchism) 등으로 나누었다.

표 IV-1 주류지속가능발전과 비주류지속가능발전[2)]

구분	주류지속가능발전(MSD)	비주류지속가능발전(CSD)
이론	• 시장환경주의 (Market Environmentalism) • 생태적 현대화론 (Ecological Modernization) • 환경 포퓰리즘 (Environmental Populism)	• 신맬서스주의(Neo-Malthusian) • 생태사회주의(Eco-Socialism) • 심층생태주의(Deep-Ecologism) • 생태여성주의(Eco-Feminism) • 생태무정부주의(Eco-Anarchism)
방향	• 현재 지배적인 자본주의 산업화 모델에 도전하지 않음 • 개발 어젠다의 근본 원리나 실재를 바꾸지 않음	• 현재 지배적인 자본주의 산업화 모델에 도전함 • 더 나아가 현대의 세계관을 바꾸어 근본적인 문제 해결책을 찾음
사상적 특징	• 공리주의적 • 개인주의적 • 인간중심적	• 전체주의적 • 생태주의적

주류지속가능발전 개념

시장 환경주의

시장 환경주의는 지속가능성을 달성하기 위한 주체로서 시장[3)]을 강조하고 있다. 시장을 사람들 간의 조정이나 사람과 환경 간의 상호작용을 규제하는 가장 중요한 기제로 인식하고, 공리주의적·개인주의적·인간중심적인 특징을 갖는다.[4)] 다시 말하면, 우리 자본주의 시장의 원리를 SD에 도입한 것이다. 더 자세히 설명해보자면[5)] 시장에서 가장 중요하게 생각하는 것은 바로 '가격'이다. 따라서 시장주의자들은 환경문제를 시장에서의 '가격'결정 메커니즘이 제대로 작동하지 않는 것에서 그 원인을 찾는다. 시장주의에서는 개별 행위 주체자들의 의사결정에 환경자원의 비용과 편익을 포함시키도록 하는 것이 환경문제에 대한 해결책이라고 생각하는데, 이때 사적 비용뿐만 아니라 사회적 비용을 함께 고려해야 한다. 이 사회적 비용을 해당 행위 주체자가 부담하도록 한다면 합리적인 행위 주체는 오염행위를 하지 않거나 줄일 가능성이 높아진다는 것이다. 시장주의의 이러한 과정을 아담스는 다음과 같이 설명하고 있다.

> "자원이 부족해짐에 따라 시장 가격이 오르고, 논리적으로 사람들은 더 저렴한 출처나 자원을 더 효율적으로 사용하는 방법을 찾기 위해 혁신할 것이다. 천연자원이 부족해짐에 따라 상대적 가격이 변하고, 천연자원의 사용을 저해하고 대체품을 개발하고자 하는 시장 반응이 뒤따를 것이다."[6]

경제적인 측면에서는 이론적으로 사회적 요구가 충족되는 평형 수준에서 원자재 공급과 폐기물 흡수 능력이 과도하지 않은 '지속가능한 발전' 수준에 도달할 것이다.[7]

시장환경주의자들은 자원 사용에 관한 규칙을 만들려는 국가의 시도는 본질적으로 비효율적이며, 경제적 후생을 최대화하고 자원을 바람직한 수준으로 유지하는 데 실패할 수밖에 없다고 주장한다. 그들은 환경문제의 원인이 자원의 잘못된 배분에서 비롯됐다고 보며 이를 해결할 수 있는 방법으로 '사유화(privatization)'[8]를 주장한다.

또한, 시장환경주의자들은 시장교환이 환경에 더 많이 침투할수록 환경 관리의 효율성이 높아진다고 주장한다. 따라서, 환경 관련 정책이 제안될 때 자연의 상품화, 환경 '재화' 및 '서비스'에 대한 가격 책정을 해야 한다고 말한다.

현재 산업화된 여러 국가는 배출권 거래제와 같이 시장기반의 접근 방법으로 환경을 바라보고 있다. 자유 시장, 성장의 지속, 기술의 적용을 중요하게 생각하고, 국가 또는 국제기구들에 대한 시장의 규제는 지구를 깨끗하게 하고 '녹색화'하는 과업으로서 허용되어야 한다고 본다. 지속가능발전의 주류적 사고를 보여주는 시장환경주의는 선진 산업국가의 경제적 패러다임에 기초를 두고 현존 체제의 부분적 개선을 통하여 친환경 경제체제를 구축함으로써 지속가능발전이 실현 가능하다고 보는 입장이다.[9]

생태적 현대화론

'생태적 현대화론'은 서구 유럽의 환경성과를 경험적으로 설명하는 과정에서 출발한 이론이다.[10] 이는 독일, 네덜란드, 노르웨이, 스웨덴 등의 1980년대의 산업화 과정, 환경정책 과정을 관찰한 독일의 학자 조셉 휴버(Joseph Huber)와 마틴 야니케(Martin Jänicke) 등이 정리한 이론으로[11] '경제 성장을 지속하면서도 제도개혁과 과학기술을 발달시킴으로써 오염물질의 배출량을 줄일 수 있는, 즉 경제성장과 환경문제의 상생이 가능하다'는 주장을 담고 있다.[12] 즉, 생태문제에 대한 해법을 합리적 이성에 의해 정책과 제도에 실질적으로 반영함으로써 경제성장과 더불어 도모하자는 것이다.[13] 따라서, 생태적 현대화론은 본질적으로 기술중심주의적(technocentist) 사고에 가깝고 환경과 경제를 서로 대비되는 관계로 받아들이지 않고 상생 가능한 관계로 본다는 점에서 '생태자본주의(eco-capitalism)'적 사고라고 할 수 있다.[14]

생태적 현대화론은 지금까지 크게 3단계의 관점 변화를 거쳐왔다.[15] 첫 번째 단계는 1980년대 서·북유럽에서 생태적 현대화론이 태동했던 시기로, 이 시기에는 환경 개혁, 특히 산업의 생산 영역에서 기술혁신의 역할에 초점을 맞추었다. 특히 이 시기에는 관료적 국가에 대한 비판적 태도, 시장 행위자의 역할에 대한 호의적인 태도와 환경 개혁의 역동성, 인간 행위자 및 사회적 투쟁에 대한 개념을 가진 시스템적이고 다소 진화적인 관점이 주를 이루었다. 두 번째 단계는 1980년대 말에서 1990년대 중반까지이며, 생태적 현대화의 핵심 동력으로서 기술 혁신에 대한 강조가 다소 줄어들고, 생태적 현대화의 제도적, 문화적 역학에 더 많은 관심을 기울였던 시기이다. 생태적 전환을 위해 국가와 시장의 역할에 대한 조화와 균형을 강조했던 시기이기도 하다. 세 번째 단계는 1990년대 중반 이후로, 이 시기에는 생태적 현대화론이 이론 및 지리적으로 확장되었다. 생태적 현대화론은 소비의 생태적 변형에 대한 연구에까지 이론적 확장을 이루어내었으며, 지리적으로는 비유럽 국가(개발도상국, 미국 및 캐나다와 같은 OECD 국가 등)에서 생태적 현대화론에 대한 논의가 진행되는 등의 확장을 이루어냈다.

아서 몰(Arthur Mol)과 데이비드 소넨필드(Sonnenfeld)(2000)가 제시한 위의 3단계 관점 변화를 연대적 흐름에서 해석해보면 이론적 및 지리적 확장 정도와 관점의 차이로 '약한 생태적 현대화론(Weak Ecological Modernization)'과 '강한 생태적 현대화론(Strong Ecological Modernization)'으로 분류할 수 있다.[16] '약한 생태적 현대화론'에서는 이론적으로나 지리적으로나 상대적으로 그 범위가 좁다. 여기서는 환경문제가 단순히 자원관리나 에너지 효율, 오염배출의 문제로만 인식된다.[17] 환경문제에 대한 해결책을 대부분 기술 혁신과 개선에서 찾고 있으며, 도출된 해결책이 사회적으로나 정치적으로 줄 수 있는 영향에 크게 주의를 기울이지 않는 관점이다. '강한 생태적 현대화론'의 경우 이론적으로

나 지리적으로 확장되었으며, 환경문제의 해결책은 과학기술 혁신에 있다고 여길 뿐만 아니라 한편으로는 정책 개혁, 규제, 경제적 인센티브에 대한 관심이 보다 향상된 관점이다.[18]

표 IV-2 생태적 현대화 유형[19]

약한 생태적 현대화론 (1990년대 초까지)	강한 생태적 현대화론 (1990년대 중반 이후)
Economistic (경제주의적)	Ecological (생태주의적)
Technological (기술주의적)	Institutional (제도주의적)
Narrow (지엽적)	Systemic (시스템적)
Instrumental (수단적)	Communicative (소통주의적)
Technocratic (기술관료적) neocorporatist (신조합주의적)	Deliberative democratic (숙의 민주주의적)
Closed (폐쇄적)	Open (개방적)
National (국가적)	International (국제적)
Unitary (일원론적)	Diversifying (다원론적)

생태적 현대화론이 전개되며 여러 학자들이 이 이론에 대한 주요 특징을 정리하였는데[20], 앤드류 굴드슨(Andrew Gouldson)과 조셉 머피(Murphy)[21]는 환경과 경제의 적절한 결합, 정부의 역할, 다른 정책분야와의 통합적 연계, 환경기술의 발굴과 혁신 보급 등을 그 특징으로 나타내었다. 몰과 소넨필드[22]는 과학기술, 경제행위자 및 시장의 역동성, 국가의 역할변화, 사회운동의 역할 및 이데올로기의 변화, 담론적 실천의 변화, 새로운 이데올로기의 등장을 특징으로 정리하였다. 루미나 홀링스(Lummina Horlings)와 테리 머스덴(Terry Marsden)[23]의

경우 질적·경제적 성장, 생태적 목표 실현, 막대한 잠재력을 가질 수 있는 현대 기술, 시장과 거버넌스, 사회의 과학화 등으로 정리하였다. 이러한 다양한 논의에도 불구하고, 생태적 현대화론이 가지는 공통의 특징을 살펴보면 다음과 같다.[24]

- 합리적인 정부 개입으로 경제 발전과 환경 보존을 동시에 이루는 것이 가능하다.
- 환경 정책의 목표는 다른 정책의 영역으로부터 내부화해야 한다.
- 대안적이고 혁신적인 정책 수단이 제시되어야 한다.
- 청정 기술의 개발과 확산을 통해 환경적, 경제적 성과를 높일 수 있다.

결국, 생태적 현대화론은 기존 전통적인 환경정책만으로는 지속가능한 사회에 도달할 수 없다고 판단하며 제도 변형을 궁극적으로 지향하고 있다. 이를 위해 환경정책의 발전방향은 단계적 과정을 거치는데 이러한 단계적 과정을 야니케[25]는 약한 생태적 현대화론과 강한 생태적 현대화론으로 나누어 총 4단계로 제시하였다. 야니케가 제시한 환경정책의 발전 방향은 환경오염이 발생한 현 상황을 완화시키기 위한 '사후적 환경정책'과 앞으로 발생할 환경오염을 예방할 '사전예방적 환경정책'으로 나누어 살펴볼 수 있다. 1단계는 파괴된 환경과 건강을 보상하는 것을 목표로 환경오염피해에 대한 보상과 복구 및 청결시설을 설치하는 단계이다. 2단계는 쾌적한 환경의 질과 오염부담을 분배하는 것을 목표로 종말처리기술에 의한 환경오염저감 정책 제시와 환경공해의 재분배형 정책을 그 전략으로 한다. '사전예방적 환경정책'인 3단계와 4단계의 경우 전자는 자원사용량의 억제와 기술 및 경제 구조의 조정을 목표로 하며, 후자는 경제 및 인구 크기 조절을 목표로 한다. 지속가능한 사회로 가기 위해서는 '사후적 환경정책'인 1단계와 2단계에서 '사전예방적 환경정책'인 3단계와 4단계로의 전이과정이 필요하다. 생태적 현대화론에 의하면 체제 또는 사회구조의 기본 틀이 바뀌는 질적인 변환과정인 3단계에서 4단계로의 전이과정을 중요하게 강조하고 있다.[26)]

표 IV-3 사후적 환경정책에서 사전예방적 환경정책으로의 전이과정[26)]

구분	약한 생태적 현대화론(주로 1990년대 초까지) → 강한 생태적 현대화론(주로 1990년대 이후)			
	사후적 환경정책		사전예방적 환경정책	
	1단계	2단계	3단계	4단계
목표	• 파괴된 환경·건강의 보상	• 쾌적한 환경질 • 오염부담 분배	• 자원사용량의 억제와 기술 • 경제구조의 조정	• 경제 및 인구크기 조절
전략	• 환경오염피해에 대한 보상, 복구 및 청결시설의 설치	• 종말처리기술에 의한 환경오염저감 정책 • 환경공해의 재분배형 정책	• 환경친화적 기술 개발을 통한 생산·공정개선 및 생산품개발 • 효율적 자원 및 국토이용 • 자원기술에서 신소재·생명공학 기술의 활용	• 사회·경제 제도의 생태적 재구조화 과정 • 탈 물질적 문화의 정착 • 시민사회의 역할 증대와 정치적 재구조화 • 대안기술체제의 개발 및 정착

환경 포퓰리즘(Environmental Populism)

'포퓰리즘'이라는 단어는 일반적으로 반 엘리트 및 반 기득권 요소를 주장하는 것으로, '대중'과 '엘리트'를 동등하게 놓고 정치 및 사회 체제의 변화를 주장하는 이데올로기 혹은 정치철학으로 정의된다.27) 이러한 이데올로기가 환경문제에 접목되면 어떤 관점을 탄생시킬 수 있는가?

'포퓰리즘'적 관점에서 보았을 때, 일반인과 엘리트들은 환경 문제에 관해서 다른 분야에서보다 그 책임의 소지가 명확하다. 기후위기의 가장 큰 기여자들이 바로 이 '엘리트'들 이라는 것이다. 세계 화석 연료 카르텔과 정부들은 아주 적은 비율의 사람들을 매우 부유하게 만들면서 지구의 천연자원을 적극적으로 감소시키고, 공기, 물, 토양을 오염시켰으며, 식량 공급을 위협하고 혁신적인 에너지 기술을 억제했다.28) 이로 말미암아 볼 때, '환경 포퓰리즘'적 관점은 환경문제를 지배 엘리트에서부터의 변화가 아니라 일반 시민에서부터의 변화가 필요하다고 보는 관점이다.

따라서, 이 관점은 시민들이 상황을 파악하고 더 나은 방향으로 변화시킬 수 있는 능력을 강조한다. 시민 스스로 만들어내는 변화의 과정을 강조하고, 의사결정에 시민의 참여 역량을 증진시키는 변화 전략을 제안한다. 또한, 사람들에게 '권한을 부여하는' 개발 전략 변화에 우선순위를 부여해야 하며, 이를 달성하는 접근 방식으로 지속가능한 개발을 명시적으로 촉진해야 함을 강조한다. 생태적 개발을 위해서는 관료주의의 분산, 개발 초점의 세분화(지역 수준에서의 지속가능개발 달성), 자립 및 자급자족, 기본적인 인간의 필요충족 요소에 우선순위 부여, 대중의 참여 및 평등한 분배 등이 그 주장에 포함된다.

비주류 지속가능발전 개념

신맬서스주의

맬서스(Thomas Robert Malthus; 1766~1834)는 1798년 출간된 <인구론>의 저자로 우리에게 잘 알려져 있다. 맬서스는 생태학적 사고에 특히 많은 영향을 미쳤는데 인구의 팽창에 대한 딜레마를 수학적으로 표현하여 그 심각성을 알렸다.[29] 맬서스의 인구론에서 우리가 주목해야 하는 것은 인구와 식량(자원) 간 균형에 관한 인구항상성(Demographic Homeostasis) 원칙이라고 할 수 있는데, 맬서스는 두 가지 가정을 하고 있다.

- 식량은 인간 생존에 필수적이다.
- 남녀 간의 열애(정욕)는 필수적이고 앞으로도 거의 그 현재 상태를 유지할 것이다.

맬서스는 이 첫 번째 가정과 두 번째 가정을 수학적으로 비교분석하였다. 그 결과 인구의 증가 속도는 인간 생존에 필요한 식량증가 속도를 앞지를 것이라는 결론을 도출하였다. 즉, 억제되지 않은 인구는 기하급수적(1, 2, 4, 8, 16...)으로 증가하지만, 식량은 산술급수적(1, 2, 3, 4, 5...)으로 증가한다는 것이다. 그리고 맬서스에 의하면 인구성장은 기근, 전쟁, 전염병 등 개체의 사망에 관련된 요인을 포함하는 적극적 억제와 출산통제와 관련된 소극적 혹은 예방적 억제에 의해 통제될 수 있다.[30]

신맬서스주의는 인구 증가와 경제 성장은 결국 식량, 에너지 또는 물과 같은 자원에 대한 절대적인 제한에 의해 억제될 것이라고 주장한 맬서스의 아이디어에 기초한다. 그들은 인구, 경제 성장 및 자원 간의 관계에 대해 비관적인데 특히, 인구과잉에서 유래하는 또 하나의 비극을 제시한다. 더 많은 사람들이 더 높은 생활수준을 추구하는 과정에서 지나친 경제활동을 하게 되고, 이로부터 공해가 발생하여 환경을 악화시킨다는 것이다.[31] 이와 같은 논의는 현재의 경제 개발 등과 관련된 많은 정책과 제도들에 대해 비판적인 입장을 취하고 있기 때문에 기업가, 정치인 등에게 매력적이지 못한 면이 있다.[32]

생태사회주의

우리는 앞서 MSD 관점을 살펴보면서 '시장환경주의'와 '생태적 현대화론'을 알아보았다. 두 관점 모두 기본적으로 시장의 기능을 담보하고 있는데, 이때의 시장은 자본주의를 바탕으로 한 시장형태이다. 그러나 자본주의에서 발생하는 자원환경문제는 시장메커니즘에 기초를 두는 해결 방안, 즉 상품화와 금융화 등과 같은 신자유주의적 대응 전략을 만들어내고 이는 심각한 모순과 갈등을 유발한다.[33] 따라서 생태사회주의는 현 자본주의 사회 혹은 역사적 사회주의 체제가 직면하였던 생태 환경의 질 저하와 생태위기의 문제를 해결하기 위해서는 이론적으로 마르크스주의 정치경제학과 생태론을 접합하여야 하며, 실천적으로는 탈자본주의적 전망을 가져야 한다고 말한다.[34]

심층생태주의

심층생태주의에 대한 논의는 아르네 네스(Arne Naess)의 연구에서 본격적으로 시작하였는데, 여기서 Shallow(피상적)와 Deep(심층적)이라는 두 단어를 볼 수 있다. 이 구별을 시작으로 심층생태주의에 대한 이해를 더해가고자 한다.[35] 네스는 생태운동을 '피상생태운동'과 '심층생태운동'으로 나누었다. 피상생태운동은 '오염과 자원 고갈에 대한 투쟁'에만 관심 있는 운동으로 규정된다. 심층생태운동의 경우 피상생태운동의 배경이 되는 '지배적인 세계관'을 비판해 왔으며, 전체주의적이고 탈인간중심적인 철학적 세계관을 구축하고자 했다.[36] 피상생태주의에서 해결하고자 하는 문제는 환경오염과 자원고갈에 대한 문제이다. 이는 앞서 살펴본 MSD의 관점과 일맥상통한다. 환경오염은 과학기술을 통해 해결할 수 있다고 바라보며, 이는 인간중심적이고 단기적인 해결책을 만들어낸다. 그러나 심층생태주의는 환경오염과 자원고갈이 발생한 현실의 원인인 인류의 사상적 근간을 수정하고자 한다. 이는 피상생태주의와 비교해보았을 때 더욱 장기적이고 근본적인 해결책을 만들어낼 수 있다. 피상생태주의와 심층생태주의를 다음과 같이 나누어볼 수 있다(피상생태주의를 MSD의 관점에서 살펴보면 이해가 편하다)<표 IV-4>.

표 IV-4 피상생태주의와 심층생태주의[37]

	피상생태주의	심층생태주의
목적	물질적 풍요	정신적 풍요
적용범위	국지적	전 지구적
적용기간	단기적 근시안적	장기적 근본적
환경관	인간중심적	생태중심적
과학관	과학기술지향	초과학적 직관
가치관	도구적 합리성	실체적 합리성

네스는 심각한 환경문제를 해결하기 위해 심층생태주의에 대한 몇 가지 지침을 내리고 있는데 이는 다음과 같다.[38]

(1) 지구상 모든 생명체의 안녕과 번영은 그 자체로 가치가 있다. 이러한 가치들은 인간의 목적 달성을 위한 유용성과는 전혀 무관하다.

(2) 생명의 풍부함과 다양성은 이러한 가치들의 실현에 기여하며 그 자체로도 가치가 있다.

(3) 인간은 필수적인 욕구를 충족시키는 것 외에는 이 풍요로움과 다양성을 줄일 권리가 없다.

(4) 인간의 삶과 문화의 번영은 인구의 실질적인 감소와 양립할 수 있다. 인간을 제외한 모든 생명체의 번영은 그러한 감소를 요구한다.

(5) 현재 자연에 대한 인간의 간섭이 과도하고 이에 따라 상황이 급격히 악화되고 있다.

(6) 정책적 변화가 필요하다. 정책적 변화는 기본적인 경제적, 기술적, 이념적 구조에 영향을 미친다. 이는 현재의 상황을 크게 변화시킬 것이다.
(7) 이데올로기의 변화는 내재적 가치가 있는 삶을 추구하는 방향인 것이지 생활수준의 향상을 그 목적으로 하면 안 된다. 큰(big) 것과 위대한(great)것의 차이에 대한 깊은 숙고가 필요하다.
(8) 위의 사항에 동의하는 사람은 환경 변화에 필요한 시도에 직접 또는 간접적으로 참여할 의무가 있다.

결국, 생태위기의 근본 원인이 인간중심적인 세계관에 있다고 보고 이를 해결하기 위해 생태중심적으로 세계관을 변화시켜야 한다는 주장이다. 이러한 논의는 자연의 내재적 가치(그 자체로 대우받고 가치를 인정받을 가치)를 어떻게 설명해야 할지에 대한 의논을 촉발시킬 수밖에 없다. 왜냐하면 인간중심적 세계관에서는 내재적 가치를 인간에게만 부여한 반면, 생태주의에서는 내재적 가치를 인간을 포함한 모든 생명체에게 부여하기 때문이다.[39] 이는 인간과 자연의 관계, 존재적 위치에 대한 고민을 수반할 수밖에 없으며 결국 형이상학과 존재론적 차원으로 접근하게 된다.

생태여성주의

기존 서구의 사상사는 인간중심적이었다. 그러나 인간중심에서의 '인간'이 과연 남자와 여자를 모두 통칭하는가? 역사적으로 서양에서는 남성을 이성적으로, 여성을 감정적으로 바라보았는데, 이러한 사상은 플라톤, 아리스토텔레스 등 고대철학자로부터 시작하여 근대의 철학자들까지 이어졌다. 여성에 대한 억압은 이원론적 세계관에서 유래한다. 정신과 물질, 영혼과 육체, 문화와 자연, 초월과 내재, 남성과 여성을 분리하는 이원론적 세계관으로 남성과 여성을 바라보았을 때, 일생을 통해 월경, 임신, 출산, 수유 등의 현상으로 급격한 신체적 변화를 보이는 여성보다 남성이 더 정신적인 존재로 여겨졌고, 여성은 자연을 상징하는 존재라는 의식으로 발달한 것이다.[40] 결국 인간중심주의에서 남성은 자연과 분리되어 그 내재적 가치를 명확히 부여받았으나, 여성은 자연에 남겨져 버렸다. 특히 17세기 기계론적 세계관과 베이컨의 귀납주의적 연구 방법론을 바탕으로 과학이 발전하면서 '자연'을 정복의 대상으로 바라보기 시작하였는데(여성이 고대부터 자연과 가깝게 연결되어 생각되었다는 것을 고려해본다면), 이를 생태여성주의자들은 여성을 가부장적인 남성의 통제하에 두고자 하였다는 많은 비판을 제기한다.[41] 결국, 생태여성주의는 기본적으로 여성을 자연화하고 자연을 여성화하는 서양의 전통을 문제 삼고 있는 것이다.[42]

생태여성주의자들은 여성과 자연 본성의 관계 설정이 본질적으로 젠더화된 착취 과정의 결과이며, 남성에 의한 구조적 여성 억압(가부장제)이 제국주의와 자본주의 성장 패턴에 반영된다고 주장한다. 또한, 기계론적 사고와 이원론적 사고를 바탕으로 발전한 '과학'이라는 서구의 학문을 이러한 억압 기제가 확장된 모습이라고 바라본다. 현재 우리가 겪고 있는 환경문제는 과학의 발전과 자본주의의 발달에 의해서 발생했다. 따라서 생태여성주의는 과학과 자본주의 저변에 있는 이원론적 사고방식을 대체할 다른 사고방식의 발전을 목표로 한다.

생태무정부주의

아나키즘(Anarchism)이라는 단어는 일반적으로 기존 제도에 대한 강한 불만을 가진 사람들에게 어울리는 단어로 받아들여졌고, 그 이념과 행동은 주로 반사회적인 테러리즘, 허무주의, 실현 불가능한 유토피아 사상 등과 함께 엮어졌다.[43] 그러나, 무정부주의 사상은 그리 쉽게 무시될 만한 사상이 아니다. 무정부주의자는 사람의 자유로운 정신과 자율적 의지를 속박하는 여러 도구와 제도 중 가장 악랄한 것이 통치기구, 바로 국가라고 생각하며,[44] 이는 그 어떤 사상보다 개인의 자유와 존엄성을 갈망하는 의지로 표현되기 때문이다.[45]

따라서, 생태무정부주의는 위와 같은 아나키즘적 사상을 통해 환경문제를 바라본다. 지구의 역사를 인류와 자연 모두의 자유로운 번영과 이를 제한하는 지배의 힘에 대한 투쟁으로 바라보며 생태문제를 해결하려고 한다.[46] 현재, 우리는 국제적 논의 및 정상회담과 같은 정치적 행동들에 안주하기에는 너무 늦어버렸다. 앞서 살펴보았듯, 지금의 환경문제를 만든 가장 큰 원인은 자본주의 체제, 기계론적이고 이원론적인 사상, 위계적이고 중앙집권적 사회구조 등으로 정리될 수 있다. 따라서, 이와 같은 특징들은 자주적인 사람들이 자율적인 공동체적 연합을 형성하도록 지원하는 무정부주의적 합의 기반 시스템으로 대체되어야 한다.[47] 사회지배 체제가 효과적으로 자기교정될 수 없다는 것은 명백하다. 따라서, 생태무정부주의자들은 기존의 사회 질서를 생태학적 사회 제도, 생태학적 사회 이데올로기와 같은 생태적 질서로 대체하길 바란다.[48]

02

지속가능발전의 분야 간 우선순위 논쟁

환경문제는 경제, 사회적 문제와 밀접하게 결합되어 있기 때문에 이들 간의 연관성을 고려하지 않고는 지속가능발전을 달성하기 어렵다는 것이 일반적 인식이다.[49] 이에 따라 지속가능발전의 개념에 사회경제적 문제와 환경적 문제가 통합됨으로써 이후에 이 양자 간의 관계를 둘러싸고 끊임없는 논쟁이 제기되었다.[50]

지속가능발전은 보통 환경, 경제, 사회의 세 측면을 포함하는데 논쟁은 주로 지속가능발전 노력이 이 세 측면에서 동등한 정도로 추진되어야 하는지, 아니면 어느 한 측면(주로 환경)에 중점을 두어야 하는지를 둘러싸고 진행되었다. 독일어권을 중심으로 전개되어 온 다차원 모형과 한차원 모형 간의 논쟁이 그 대표적인 사례라 할 수 있다.

다차원 모형 혹은 '다차원 균등 고려 모형'은 환경, 경제, 사회 등 여러 차원이 서로 유기적으로 영향을 주고받는다는 가정하에 지속가능발전이 여러 차원에서 동등한 수준으로 진행되어야 한다는 주장이다. 그러나 각 차원이 모두 동등한 정도의 비중을 가진다면 과연 통합적이고 일관적인 지속가능발전 노력이 가능한가의 의문이 제기된다. 또한 다양한 문화권이나 국가 내에서 과연 여러 분야의 가치가 동등하게 취급되는가에 대한 반론도 있을 수 있을 것이다.[51]

이에 비해 한차원 모형 혹은 '한차원 우선고려 모형'은 현실적으로 여러 차원을 동등하게 강조하기는 어려우므로 지속가능발전과 관련하여 가장 중요하다고 판단되는 환경 차원에 우선적 강조를 두어야 한다는 주장이다. 생태환경이 인류 생존에 가지는 절대적인 영향을 고려할 때 이는 일견 타당한 주장으로 보인다. 하지만 환경에 특별히 우월한 가치를 부여할 경우 경제 등 다른 가치를 중시하는 의견과의 갈등과 대립이 예상될 수 있으며 이를 조정, 해결할 방법이 분명하지 않다는 것이 문제로 지적될 수 있다.52)

이렇듯 지속가능발전의 차원을 환경, 사회, 경제 등으로 나누어 접근하는 방식은 다양한 이해 당사자가 존재하는 현실에서 갈등을 야기하기 쉽다는 근본적인 약점을 가지고 있다. 또한, 현실에서 환경, 사회, 경제 차원은 서로 긴밀하게 영향을 주고받음으로 각 차원별로 지속가능발전을 추진하는 것이 의미가 없을 수도 있다.53)

이러한 난점에 대한 대안으로서 독일 헬름홀츠 독일연구센터에서 제시한 통합적 모형은 다차원이냐, 한차원이냐의 문제보다는 모든 차원에 적용할 수 있는 지속가능발전의 규범을 정립하는 것이 더 효과적이라는 견해이다. 이 모형은 지속가능발전의 원칙으로 '세대 간 공정성과 세대 내 공정성', '지구적 맥락', '인간중심적 접근'을, 목표로는 '인간 생존의 지속적인 안전 확보', '지속적 사회적 생산능력의 유지', '지속적인 발전 가능성과 행위 가능성의 유지'를 제시한다.54)

또 다른 통합적 모형의 입장에서 호오톤(Houghton)은 지속가능발전의 일반 원칙으로 형평성 원칙을 제시하였다.55) 이 형평성은 모두 5가지 세부 형평성으로 이루어지는데 바로 세대 간 형평성, 세대 내 형평성, 지리적 형평성, 생물종 간 형평성, 인간에 대한 절차적 형평성이 그것이다.

17개 지속가능발전목표에서 보듯이 지속가능발전의 주제는 정치, 경제, 문화, 환경, 교육 등 인류 공동체의 지속가능성과 행복에 관련된 모든 분야를 망라하고 있다. 이는 지속가능발전의 효과적 추진에 약점으로 지적될 수도 있다. 그 개념이 지나치게 광범위하여 모든 항목이 지속가능발전에 포함될 수 있기 때문이다. 모든 분야를 다 개선해야 한다고 주장하는 것은 전략적으로 집중해야 할 분야를 모호하게 하고 책임의 측면에서도 분야 간 서로 이를 미룰 수도 있다는 단점이 있다. 그렇다고 환경과 같은 특정분야에 우선하여 집중해야 한다고 주장하는 것도 문제가 있다. 환경문제는 정치, 사회, 경제 문제 등과 긴밀히 얽혀있으므로 따로 해결할 수 있는 것은 아니기 때문이다.

이러한 딜레마에 대해 앞에서 언급한 호오톤의 지속가능발전의 일반 원칙인 형평성 원칙이 돌파구를 제공할 수 있다.[56] 즉, 17개 분야를 한꺼번에 추진할 것인가, 아니면 환경 등 측정 분야를 차등적으로 추진할 것인가의 문제에 집착하지 말고 17개 분야에 대해 모두 적용될 수 있는 형평성 원칙을 적용하는 것으로 논의를 마무리하자는 것이다. 인류는 17개 분야에서 삶을 개선하면서 살아가야 하므로 개선 원칙에 이 형평성 원칙을 적용한다면 그것이 바로 지속가능발전 목표를 달성하는 것이라고 볼 수 있다.

03

맬서스주의자와 기술지상주의자의 논쟁

멜서스의 분석에 따르면 인구는 25년마다 두 배로 증가하는 경향이 있지만, 식량은 매년 일정량만큼만 늘어나기 때문에 장기간의 시간이 흐른 후에는 식량 공급이 증가된 인구를 먹여 살리기에 부족해진다. 그렇게 되면 유아 살해, 유행병, 전쟁, 기아 등의 비극이 발생할 수밖에 없다는 것이 '맬서스 법칙'의 결론이다.

1970년대 초반까지 세계 인구는 25년마다 두 배는 아니었지만 가파르게 증가해서 세계적으로 인구 폭발 우려가 일어났다. 우리나라도 1970년대에는 '딸, 아들 구별 말고 둘만 낳아 잘 키우자'라는 표어가 등장할 정도로 인구 억제 정책을 시행했다. 그러나 현재에는 맬서스가 우려한 식량 부족 사태는 일어나지 않았고 인구 증가율도 둔화되어 많은 국가에서 인구 감소를 우려할 정도이다.

인구 폭발과 식량 부족이라는 위기를 막은 것은 화학비료의 사용에 따른 농업생산의 증가와 도시화에 따른 노동자들의 자발적인 산아제한이었다. 도시로 몰려든 노동자들이 도시에서는 농촌보다 아이를 키우기가 어렵게 되자 1970-75년 사이에 세계 인구증가율은 사상 최초로 둔화되기 시작했다.

그럼 맬서스의 법칙은 틀린 것인가? 그렇다고 볼 수는 없다. 맬서스 법칙의 의의는 지구는 인구와 인간 사회를 무한정 지지할 수 없으며 그 용량에 한계가 있음을 최초로 경고한 것이라 할 수 있다. 맬서스주의자들은 지구 용량에 한계가 있으며 그 한계가 붕괴되어 파국이 오지 않도록 인간이 절제해야 한다고 생각한다.

이에 배치되는 기술지상주의자들의 주장을 들어보자. 이들의 주장은 간단하다. 맬서스 이래 사람들은 여러 가지 위기의 발생을 예견해 왔으나 그러한 위기는 결코 일어나지 않았다. 그 이유는 바로 인간은 기술을 개발하는 능력이 있기 때문이다. 기술은 언제나 지구의 수용 용량을 확대해 왔다. 만약 어떤 자원이 고갈된다면 더 좋은 자원을 발견할 수 있다. 실제로 석탄보다 더 효과가 좋은 석유가 발견되었고 그 뒤에는 원자력도 개발되었다. '필요는 발명의 어머니'이므로 원자력이 위험하다면 더 안전한 처리 방법이나 에너지가 개발될 것이다.

기술지상주의자들의 이러한 낙관은 사실상 서구 사회에서 매우 단단한 뿌리를 가지고 있다. 인류의 미래에 대한 대표적인 낙관론은 아놀드 토인비(Anold Toynbee)의 '도전과 응전' 역사관이다. 영국의 역사학자 아놀드 토인비는 자연의 도전에 맞서는 인간의 대응 능력을 문명으로까지 확장하였다. 그의 논리에 따르면 이집트 문명이 나일강 범람에 대처하기 위한 인간의 노력으로부터 나온 산물이듯이 인간의 문명은 언제나 자연의 도전을 극복하면서 발전해왔다는 것이다. 도전과 응전의 역사관은 이해하기 쉽고 현실 사례에 적용하기 용이해 굳이 토인비를 읽지 않은 사람들에게도 폭넓은 지지자들을 확보하고 있다.

그러나 토인비의 주장은 대부분 일부 문명사의 발달사에 기초하고 있다는 비판을 피할 길이 없다. 그의 논리에 따르면 서구 문명에 직면하여 대책 없이 멸망한 아메리카의 잉카 문명이나 아즈텍 문명 등은 도전이 부족했다는 결론에 다다르게 된다. 그러나 지금까지 번영하는 서구 유럽의 자본주의 문명이 발달하기 시작한 18세기의 산업 혁명기에는 과연 어떠한 결정적인 도전이 있었는지 애매하다. 그리고 현재 세계를 주도하고 있는 미국 문명도 어떠한 도전에서 시작되었는지 모호하다. 토인비가 든 예처럼 식물, 동물, 인간이 환경을 극복하기 위해 자신의 어떤 특성을 발달시키는 것은 보편적으로 관찰되고 있다.[57] 하지만 과연 단일 생물종의 도전-응전 관계를 문명에도 적용시킬 수 있는지에 대해서는 의문이 제기되고 있다. 즉, 도전으로 문명이 발전한다는 것은 절대적인 법칙이 아니라는 것이다.

생물이나 문명의 멸망 역사를 보면 인류가 멸망하지 않는다는 낙관론은 사실상 근거가 희박하다. 1850년대 산업혁명이 본격적으로 시작된 이래 약 10만 종의 생물이 지구상에서 사라졌다는 보고가 있다. 또한 사라진 인간 문명만 보더라도 이집트 문명, 잉카 문명, 아즈텍 문명, 마야 문명, 이스터 문명, 폼페이 문명, 크메르 문명 등 셀 수 없이 많다. 그러므로 우리는 후손과 수많은 생물의 생존이 걸린 지속가능위기에 대해 막연히 낙관만 할 수 없다. 지금 이미 인류는 과학적 조사가 아닌 몸으로 느끼는 것만으로도 전례 없는 위기의 전조를 경험하고 있다.

탄소배출권 제도는 효과가 있을까

기후위기에 대한 현재의 국제적 대응체제는 기술지상주의자들에 의해 주도되있다. 이처럼 단언하는 이유는 국제사회나 정부의 대응책을 보면 알 수 있다. 지구상 주요 경제 주체들인 국가 정부와 기업들은 탄소배출 감축을 위해 성장을 멈출 생각은 없는 것으로 보이기 때문이다.

먼저 2018년 IPCC(The Intergovernmental Panel on Climate Change)의

'탄소중립'에 대한 정의를 보자. IPCC에 따르면 탄소중립이란 '인간의 활동에 의한 온실가스 배출을 최대한 감축하고 감축이 더 이상 불가능한 배출량에 대해서는 흡수·제거 등을 통해 실질적인 배출량을 0(zero)으로 만드는 것'이다. 다른 말로 넷-제로(Net-zero), 탄소제로(Carbon zero)라고도 한다. IPCC는 앞으로 온도 상승을 1.5℃ 이내로 억제하기 위해 2030년까지 2010년 대비 온실가스 배출량을 최소 45% 이상 감축해야 한다고 경고하며 2050년까지 전 지구적 탄소중립을 제안했다.

탄소중립에 대한 이 정의를 조금만 주의해서 보면 기후위기 대응을 목적으로 각국 정부들이 결성한 국제기구인 IPCC가 기후위기에 어떻게 대응하고자 하는지가 그대로 드러난다. 정의에 나타낸 대로 IPCC의 대책은 '감축이 더 이상 불가능한 배출량에 대해서는 흡수·제거 등을 통해 실질적인 배출량을 0(zero)으로 만들겠다'라는 것이다. 온실가스를 흡수, 제거한다는 것은 그러한 기술을 개발하겠다는 것이고 이는 바로 기술중심주의적 방식이다.

우리는 기후위기를 이겨낼 수 있는 기술로 CCUS(Carbon Capture, Utilization, and Storage), 신재생에너지, 원자력 발전 등을 떠올릴 수 있다. 대륙 간 이동해야 하는 경우 하늘이나 바다를 경유해서 가야 한다. 하늘이나 바다에서 효율적으로 그 먼 거리를 이동하기 위한 에너지를 재생산하는 방법은 매우 어려우며, 그에 따른 설비도 많이 설치되어야 한다. 설비가 많아지면 화물 적재량이 적어지고 운송효율이 감소하게 된다. CCUS는 이산화탄소를 포집하기 위해 28미터가량의 탑을 세워야 하며, 포집에 사용되는 흡수제를 저장할 공간이 필요하다. 신재생에너지는 운송 수단 내에서 필요한 전자기기, 냉난방 등의 활용에는 도움이 될 수 있어도 현재는 효율이 많이 떨어지기에 감당할 수 있는 수준이 아니다. 원자력 발전소는 CCUS와 마찬가지로 당연히 설치하기 어려우며 우라늄과 플루토늄 등의 저장 공간도 없을 것이다. 그렇다고 당장 멈추거나 그대로 두지는 않을 것이다.

선상 운송에서는 신조선 에너지효율 설계지수(Energy Efficiency Design Index, EEDI)를 이야기하며 단계별 목표를 제시하고 있다. 그러나 이 또한 강력한 규제이며 사실상 불가능에 가깝다. 항로나 운전 방식 등 다양한 방법으로 감축할 수는 있겠지만 30%부터는 매우 어려운 일이다. 가장 효과적인 방법은 지역 내에서 생산하여 유통하고 소비하는 이른바 지역순환경제를 실현하는 것이다. 그러나 뒤에서 살펴볼 것처럼 이는 유례없이 강력하게 조직된 글로벌 자본주의 체제에 전면적인 싸움을 거는 것으로 승리를 낙관할 수는 없다.

IPCC는 탄소감축방법으로 온실가스의 환경적 외부효과를 시장 가격에 내부화하는 시장주의적 탄소가격제와 그에 기반한 '탄소상쇄' 정책을 제시하며 이를 통해 탄소중립기술의 개발을 촉진할 수 있다고 한다. 이를테면 A 기업이 공장에서 온실가스를 배출하더라도 다른 곳에서 온실가스를 흡수할 것으로 인정되는 사업에 투자한다면 예상 흡수량만큼 배출량을 절감한 것으로 간주한다. 그리고 배출에 상응하는 상쇄배출권을 탄소시장에서 구매할 경우에도 그 기업의 온실가스 '순 배출'은 감축되었다고 인정해준다.

이러한 정책은 정부와 기업들로 하여금 온실가스를 흡수하는 사업이나 기술에 투자를 촉진한다. 탄소배출권, 탄소상쇄배출권 제도가 도입되면서 최근 기업들의 산림, 습지 보호와 조림 사업에 대한 투자가 확대되고 있으며 이와 연계된 파생 금융상품들도 경쟁적으로 도입되고 있다.

그러나 이에 대한 비판도 만만치 않다. 우선 온실가스를 배출하는 A 기업이 1헥타르 산림 조성에 투자하여 배출량을 삭감받았다고 할 때, 그만큼의 산림이 얼마 동안 얼마만큼의 온실가스를 흡수할 것인지를 측정하기 어렵다. 산불 등으로 인해 산림이 소실될 수도 있으며 나무들의 생장 정도에 따라 달라지는 온실가스 흡수능력을 측정하기란 매우 어려운 문제이기 때문이다. 따라서 산림 조림 사업에 대한 투자의 대가로 기업에게 온실가스 배출량을 추가로 허용하는 것은 불확실한 효과에 매달려 기후위기를 더 악화시킬 가능성이 있다.

이러한 문제 때문에 '지구의 친구들 국제본부'(Friends of the Earth International), '제3세계 네트워크'(Third World Network), '기후정의를 요구하는 글로벌 캠페인'(Global Campaign to Demand Climate Justice) 등 국제 시민사회는 IPCC의 '탄소중립' 대책에 대해 비판적인 입장을 취하고 있다. 이들은 현재의 '탄소중립' 정책이 근본적인 탄소 절감 대책에 집중하기보다는 기업과 정부들에게 새로운 투자처를 제공하는 이른바 '녹색자본주의'를 부추기고 있다고 말한다. 탄소중립마저도 '그린워싱'의 도구가 되고 있다는 것이다.

기술로 지속가능위기를 막을 수 있을까

근대 산업 사회는 '기술 혁명'을 특징으로 한다. 증기기관, 전기 전자기기, 영상, 레이저, 원자력, 철도, 자동차 등 근대 문명의 이기들은 찬탄과 숭배의 대상이 되어 왔다. 그 결과 인류에게 닥친 모든 난제는 결국 '뛰어난 기술'이 해결해 줄 것이라는 신념이 생각보다 널리, 깊이 퍼져있다. 지속가능위기를 해결한다는 명분으로 각국 정부와 기업들은 더욱더 많은 자원과 에너지를 기술개발에 투입하고 있다. 기술지상주의자들이 제시하는 지속가능위기에 대한 처방은 '현재의 물질적 풍요와 성장을 유지하면서 이로 인해 발생하는 온실가스 배출과 같은 부작용은 뛰어난 기술로 처리하는 것'이다. 현재의 물질적 풍요와 성장을 유지한다는 것은 온실가스배출과 환경 파괴는 계속될 것임을 의미한다.

기술지상주의는 작은 사실(이점)들을 내세워 큰 사실(위험)에 대한 눈을 가리는 경향이 있다. 예를 들면 전기자동차를 개발하면 온실가스가 줄어든다는 것은 작은 사실이다. 그리고 큰 사실은 전기자동차를 만들고 유통하는 과정에서 여전히 온실가스가 배출된다는 것이다. 어쩌면 내연기관 자동차보다 전기자동차가 제조과정이나 폐기과정에서 더 많은 온실가스나 유해물질을 배출할 수도 있다. 기업들이 산림 조성에 투자하면 온실가스의 흡수에 도움이 된다는 것은 작은 사실이다. 그러나 큰 사실은 그렇게 해서 사들인 탄소배출권으로 기업들은 탄소배출을 계속할 것이라는 것이다. 원자력이 석유나 석탄보다 더 친환경적이고 고효율 에너지원이라는 것은 작은 사실이다. 그러나 원자력 발전이 10만 년 이상 동안 방사능을 배출하는 폐기물을 양산한다는 것은 큰 사실이다. 이렇듯 기술지상주의자들은 작은 사실과 큰 사실을 혼동하는 경향이 있다.

조금만 더 곰곰이 생각해보면 기술 자체는 결코 인류를 구원하지 못한다. 기술은 인간이 목적을 달성하기 위한 수단에 불과하다. 원자력 기술이 전쟁광에게 사용되면 핵폭탄이 되고 인도주의자에게는 의료 기술이 된다. 지금의 지속가능위기는 기술이 부족해서 생긴 문제가 아니라 기술이 지구 환경을 고려하지 않고 인간의 이익만을 위해서 무분별하게 사용된 결과이다. 따라서 지속가능위기를 해결하기 위해서는 기술을 개발할 것이 아니라 기술을 개발하고 사용하는 경제 시스템 자체를 변혁해야 한다. 이렇게 볼 때 지금 만연하고 있는 기술중심주의는 시스템 변화의 필요성을 감추는 잘못된 이데올로기로 기능하고 있다고 볼 수밖에 없다. 위기 속에서 올바른 대책을 찾으려고 인류가 함께 고민해야 할 중차대한 시기에 기술중심주의는 대중에게 기술을 통한 해결이라는 그릇된 환상을 심어 준다는 점에서 그 폐해가 크다.

미주

1) 이 부분은 Green Development(Adams, 1990, pp.116-201)와 지속가능발전 정책과 거버넌스형 문제해결(김병완 외, 2019, pp.28-34)을 재구성하여 작성하였다.

2) 김병완, 김태호, 민현정, 변장섭, 안병철, 오병철, 윤희철, 전대욱, 조승희, 최인수, 홍성운(2019). 지속가능발전 정책과 거버넌스형 문제해결. 고양시: 대영문화사 p.30.

3) 시장주의는 자원배분에 있어서 시장의 우월성 또는 시장의 효율성을 신뢰하는 인식체계의 총칭이다. 시장주의는 당연히 시장 외적인 요소에 의한 자원배분을 불신하며, 대표적인 외부 요소로 정부의 개입 등이 있다(김홍순, 2008).

4) 김병완, 김태호, 민현정, 변장섭, 안병철, 오병철, 윤희철, 전대욱, 조승희, 최인수, 홍성운(2019), 지속가능발전 정책과 거버넌스형 문제해결. 고양시: 대영문화사. p.30.

5) 김홍순(2008). 환경문제에 대한 시장주의적 접근의 한계: 비판 사회학적 고찰. 공간과 사회, 29, pp.4-31.

6) Adams, W. M. (1990). Green Development. London & New York: Routledge. p.118.

7) Low, N. & Gleeson, B. (1998). Justice, Society and Nature. London & New York: Routledge. p.81.

8) 누구나 접근할 수 있는 자원은 남용되기 쉽다. 따라서, 자원을 효율적으로 관리하기 위해서는 '사유화(Privatization)' 작업이 필요하다고 본다. 시장주의자들은 제3세계의 시장 지향적인 환경정책으로 자원의 '사유화(공유토지의 사유화, 자원의 사유화 등)'에 초점을 맞춘다.

9) 김병완, 김태호, 민현정, 변장섭, 안병철, 오병철, 윤희철, 전대욱, 조승희, 최인수, 홍성운(2019), 지속가능발전 정책과 거버넌스형 문제해결. 고양시: 대영문화사. pp.30-31.

10) 최한주(2013). 생태근대화론에서 본 우리나라 수자원 정책. 물 정책 · 경제. pp.59-70.

11) Mol, A. P. J. (2006). Environment and modernity in transitional China: Frontiers of ecological modernization. Development and Change, 37(1), pp.29-56.

12) 고철환(2008). 생태적 근대화, 지속가능발전, 그리고 우리나라에서의 함의 · 인간 · 환경 · 미래. pp.123-155.

13) 한면희(2008). 생태적 현대화의 길. 열린전북. pp.76-77.

14) 김병완, 김태호, 민현정, 변장섭, 안병철, 오병철, 윤희철, 전대욱, 조승희, 최인수, 홍성운(2019). 지속가능발전 정책과 거버넌스형 문제해결. 고양시: 대

영문화사. p.31.

15) Mol, A. P. J. & Sonnenfeld, D. (2000). Ecological Modernization Around the World: An Introduction. Environmental Politics, 9(1), pp.3-16.

16) Christoff, P. (1996). Ecological modernisation, ecological modernities. Environmental Politics, 5(3), pp.476-500.

17) 김인춘, 최정원(2013). 생태적 근대화 모델과 생태복지국가의 구성. OUGHTOPIA, 28(2), pp.73-108.

18) Orsi, R. (2021). Ecological Modernisation and its Discontents. IFI-SDGs Unit Working Paper No.1, pp.1-17.

19) 김인춘, 최정원(2013)에서 재구성하였다.

20) 주필주, 유기현, 서순탁(2017). 서울시와 도쿄도의 기후변화 대응정책 비교 연구: 생태적 근대화 이론의 관점에서. 환경정책, 25(4), pp.1-37.

21) Gouldson, A. & Murphy, J. (1996). Ecological modernization and the European Union. Geoforum, 27(1), pp.11-21.

22) Christoff, P. (1996). Ecological modernisation, ecological modernities. Environmental Politics, 5(3), pp.476-500.

23) Horlings, I. G. & Marsden, T. K. (2011). Towards the real green revolution? Exploring the conceptual dimensions of a new ecological modernisation of agriculture that could 'feed the world'. Global Environmental Change, 21(2), pp.441-452.

24) 진상현(2008). 생태근대화론에 기반한 한국의 에너지정책에 대한 연구. 환경정책, 16(3), pp.57-86.

25) Jänicke, M. (1988). Ökologische Modernisierung. Optionen und Restriktionen Präventiver Umweltpolitik, in: Somonis, Udo E. (Hrsg.), 1988, Präventive Umweltpolitik, Campus Verlag, Frankfurt & New York, pp.13-26.

26) 문순홍, 정규호(2000). 생태근대화론을 활용한 환경정책의 지속가능성평가 기본모형 연구. 환경정책, 8(1), pp.113-131.

27) 출처: 위키피디아(https://ko.wikipedia.org/wiki/포퓰리즘)

28) Goecker, L. (2019, Sep 26). What Environmental Populism Is, and How it Could Save the Planet. The SWADDLE. https://theswaddle.com/what-environmental-populism-is-and-how-it-could-save-the-planet/ (accessed on Sep. 2022).

29) Hollingsworth, T. (1973). Introduction to Malthus's Essay on the Principle of Population, London: Dent.

30) 이성용(2016). 멜서스이론과 그 파급 효과 - T. R. 맬서스 탄생 250주년. 지식의 지평, 20호, http://www.jipyeong.or.kr/view.php?ho=20&pid=130 (accessed on Sep. 2022).

31) Pepper, D. (1989). 현대환경론(이명우 역). 서울: ㈜ 도서출판 한길사(원본 출판: 1984)

32) 김병완, 김태호, 민현정, 변장섭, 안병철, 오병철, 윤희철, 전대욱, 조승희, 최인수, 홍성운(2019), 지속가능발전 정책과 거버넌스형 문제해결. 고양시: 대영문화사. p.32.

33) 최병두(2008). 신자유주의적 자연에서 생태사회주의로. 환경사회학연구 ECO, 12(1), pp.285-294.

34) 권오범(2011). 생태위기와 기후변화의 정치경제학: 생태사회주의 이론의 이론적 자원 비교검토. 경상대학교 석사학위논문.

35) Naess, A. (1973). The Shallow and the deep, long-range ecology movement. A summary, Inquiry: An interdisciplinary journal of philosophy. 16(1-4), pp.95-100.

36) DesJardins, J. R. (2017). 환경윤리(김명식 & 김완구 역). 고양: 연암서가 (원본 출판: 1993) p.415.

37) 홍은선(2013). 심층생태주의에 대한 비판적 고찰. 제주대학교 석사학위 논문

38) Reed, P. & Rothenberg, D. (1993). (eds) Wisdom in the Open Air: the Norwegian roots of deep ecology, Minneapolis: University of Minnesota Press.

39) 인간 외의 존재가 고유의 가치를 가지고 있는지의 여부를 판단하는 주체가 인간이라는 점에서, 결국 우리는 인간중심주의를 벗어날 수 없다는 문제가 제기되고 있기도 하다 [정선영(2015). 왜 심층생태주의인가: 생태비평의 세 가지 근본주의 생태론 고찰. 인문사회 21, 6(3), pp.377-392]

40) 정현경(1991). 여성과 자연. 한국여성신학, (7), pp.16-18.

41) Shiva, V. (1988). Staying Alive: women, ecology and development, London: Zed Books.

42) 박의경(2010). 근대정치사상에서의 여성과 자연: 정치사상의 탈젠더화와 생태여성주의. OUGHTOPIA, 25(3), pp.155-187.

43) 김용수(2005). 에코아나키즘과 생태공공성: 노장사상의 사유공간을 중심으로. 철학연구, 29, pp.347-387.

44) 조광수(2006). 동아시아 아나키즘의 시론적 비교. 국제정치연구, 9(2), pp.21-41.

45) [김은석(2004). 개인주의적 아나키즘. 서울: 우물이있는집 p.20]을 앞의 김용수(2005)에서 재인용하였다.

46) Clark, J. & Martin, C. (2013). Anarchy, Geography, Modernity: Selected writings of Elisee Reclus. Oakland: PM Press.

47) Startwell, C. (2008). Against the State: An Introduction to Anarchist Political Theory. Albany: State University of New York Press.

48) Clark, J. & Martin, C. (2013). Anarchy, Geography, Modernity: Selected

writings of Elisee Reclus. Oakland: PM Press.

49) 정기섭(2019). 지속가능한 미래를 위한 교육. 강현출판사. p.13.

50) Giddings, B., Hopwood, B., & O'Brien, G. (2002). Environment, economy and society: fitting them together into sustainable development. Sustainable Development, 10(4), pp.187-196.

51) 정기섭. 전게서, p.13.

52) 정기섭. 전게서, pp.37-39.

53) 정기섭. 전게서, pp.39-41.

54) 정기섭. 전게서, pp.39-41.

55) Haughton, G. (1999). Environmental justice and the sustainable city. Journal of planning education and research, 18(3), pp.233-243.

56) 앞의 논문과 동일

57) 여기에서 말하는 토인비의 예는, 영국 어부들이 북해에서 잡은 산 청어를 수조에 넣어 판매장소로 운반할 때 청어를 잡아먹는 메기를 한 마리 같이 집어서 넣으면 청어들이 살기 위해 도망다녀야 하므로 운송 과정 내내 건강하고 싱싱한 상태를 유지한다는 것이다.

V

지속가능발전교육의 개요

01
지속가능발전과 교육

지속가능발전교육(Education for Sustainable Development, ESD)을 본격적으로 다루기에 앞서 지속가능위기와 교육의 관계를 명확히 할 필요가 있다. 지속가능위기 연구자들 사이에서는 자연을 생각하지 않고 영리 추구만을 목적으로 하는 자본주의적 경제시스템이 지속가능위기의 주범이라는 사고가 상당히 설득력을 얻고 있다. 즉, '자본주의적 경제시스템 = 위기의 책임자'라는 입장인 것이다. 그렇다면 교육은 지속가능위기에 대해 책임이 없는가?

교육은 지배 이데올로기를 학습자들에게 가르침으로써 기존 체제를 안정화시키는 역할을 하곤 한다. 우리 사회의 지배 이데올로기인 민주주의, 자본주의, 능력주의는 모두 우리가 학교에서 배운 것이다. 그래서 우리는 당연히 이러한 이데올로기에 따라야 하며 그렇지 않으면 사회에서 이단아로 취급받게 될까 두려워한다. 한편으로 교육은 지속가능위기를 초래한 현 시스템을 정당화하고 유지하는 데 핵심적인 역할을 해왔다고도 볼 수 있다.

하지만 이제 교육은 지속가능발전교육을 통해 위기의 해결자로서 발 벗고 나서고 있다. 교육이 위기 해결에 올바르게 기여하기 위해서는 경제, 환경 등 다른 분야를 비판하는 내용을 교육하기 전에 먼저 교육 스스로가 완전히 바뀌어야 한다. 이것이 교육의 생태적 전환이며 앞으로 논의할 지속가능발전교육과도 관련이 있다.

전환 대상으로서의 교육

현재의 지속가능위기를 불러온 인간중심의 생활방식, 가치관, 세계관은 교육을 통해 확대 재생산되어 왔다. 특히, 교육은 학습자의 성적에 따른 선발 방식을 운영함으로써 개인주의적 능력주의 이데올로기를 내면화하는 데에 지대한 기여를 해오고 있다. 개인주의적 능력주의는 개인의 능력을 지나치게 강조하여 관계 중심, 전체-부분의 통일성 중심의 생태적 가치관과 공동체 연대성을 파괴하는 역할을 한다(이 부분에 대해서는 '6장: 3. 공정과 경쟁'에서 상세히 논의하기로 한다).

따라서 교육이 생태전환을 논하기에 앞서 '현재의 위기가 교육을 통해 확대 재생산되고 있다'라는 반성을 기반으로, 우선 교육계와 교육자를 생태적 전환의 주체가 아닌 대상으로 인식할 필요가 있다. 교육계와 교육자가 생태적 전환을 하지 않고서는 교육의 생태적 전환은 불가능하다. 왜냐하면 앞에서 보았듯이 생태주의는 기존의 인간-자연 이원주의와 완전히 결별하는 사고이기 때문이다. 유신론적 사고를 가진 교사가 무신론을 정당화하는 내용을 학습자에게 가르친다고 한들 진정성 없는 수업에서 교육적 효과를 기대하기는 어렵다. 마찬가지로 인간-자연 이원론 사고 체제를 기반으로 하는 교육계와 교육자가 겉으로만 생태주의를 교육한다면 온전한 성과를 이루어내지 못할 것이다.

교육의 생태적 전환

전환이란 부분의 변화가 아니라 시스템 전체의 변화를 의미한다. "변화(change)는 기초골격을 유지하면서 주변부만 바뀌는 것이다.

변화는 이전으로 상황으로 되돌릴 수도 있지만 전환(transition)은 판이 완전히 바뀌는 것이다."[1]

그러므로 생각할 수 있는 교육의 생태적 전환은 두 가지가 있다. 첫째는 제한적 전환으로 기존의 교육체계와 과정을 유지하면서 생태환경교육을 확대, 확산하는 방식이다. 그다음은 전면적 전환으로 생태주의에 입각하여 기존 교육체계를 구조적으로 전환하는 것이다. 전면적 전환은 교육계가 스스로를 변화의 대상이라고 받아들이는 데서 출발하는 것으로 대안학교와 같은 다양한 실험들을 포함한다.

문제는 생태전환교육이 이 두 방식 중 어느 것을 선택하는가이다. 원칙적으로는 전면적 전환이 보다 확실한 방법으로 보이나 기존의 교육체계를 완전히 바꾼다는 것은 구성원의 인식 변화가 전제되어야 하므로 현재로서는 가능하지 않다. 그렇다고 해서 기존 구조를 그대로 둔 채 생태환경교육을 확대하는 제한적 전환을 택할 경우 이것이 생태적 전환의 취지와 본질에 부합하는지 의문이 든다.

> "생활, 생태, 생명은 서로 보이지 않게 연결되어 있어서 생태계 보존을 위해서 탄소 소비적인 삶의 무의식적 배치를 바꾸어야 하고, 다른 생각과 다른 삶의 방식을 만들어나가야 한다는 것을 의미한다. 이제까지의 세상을 바꾼다는 것은 삶의 미시적인 영역에서의 변화로부터 출발해야 한다."[2]

> "생태주의는 (산업문명이 초래한) 생태위기를 넘어선 새로운 사회로서 생태사회를 추구하는 저항 이데올로기라고 할 수 있다. (...) 기존의 사회체계에서 벗어나는 것은 어려운 일이다. '낭비의 욕망'을 '절제의 욕망'으로 바꾸어 놓으려고 하고, 따라서 기존의 사회체계를 말 그대로 완전히 바꾸어 놓으려 하는 생태주의를 실현하는 것은 더욱 더 어려운 일이다."[3]

지속가능발전교육으로의 전환은 교육내용의 생태적 전환, 교육기관의 생태적 운영, 교육 체제의 생태적 전환이라는 3가지 측면에서 각각 검토될 수 있다. 교육내용의 생태적 전환은 학교 교육과 평생학습의 전 교육과정에 지속가능발전 관련 내용이 더 많이, 그리고 충실히 반영되어야 함을 의미한다. 교육 기관의 생태적 운영이란 학교와 같은 교육 기관이 생태발자국을 최소화하는 방식으로 운영되어야 한다는 것이다. 마지막으로 교육 체제의 생태적 전환이란 교육이 지역사회와 유리, 고립된 상태에서 수행되는 것이 아니라 지역 교육생태계 속의 교육으로 전환을 의미한다. 교육생태계란 다양한 교수-학습 활동이 일어나고 있는 환경과 그 안에 속하여 상호작용하는 개체와 구조 등을 총칭하는 개념이다.[4] 교육생태계의 관점에서 지속가능발전교육은 학교의 회복뿐만 아니라 지역사회의 다양한 기관들이 상호간에 유기적 관계를 형성할 때 비로소 가능하다.[5]

교육생태계 속의 교육은 교육 현장을 둘러싼 환경의 사회문화적 요소들에 영향을 받고 학교 등 각 구성원이 각 체계와 서로 의존하며 상호작용을 한다. 교육생태계 관점에서 볼 때 마을학교든 형식적 학교든 교육 현장은 교육생태계의 일부이며, 교육은 학교 안팎에 상관없이 지역사회와 함께 삶의 맥락 속에서 이루어지게 된다. 그러기 위해서는 교육기관이 하나의 교육공동체가 되고 나아가 지역사회를 기반으로 하는 공동체로 확대되어야 한다.[6]

교육생태계 속의 교육은 생명을 중시하고 서로를 존중하는 공동체적 인간을 육성하는 데 목적을 둔다. 즉, 경쟁보다는 협력, 소통, 상생의 가치가 교육 이념이 되며 학교 구성원뿐만 아니라 공동체 구성원 모두의 성장을 도모하게 된다.[7] 이를 위해서 교육생태계 속의 학교는 생태학적 가치관, 생태학적 교육 방법, 생태학적 문제해결 접근 방법, 생태학적 환경을 구성하여 교육해야 한다.[8]

따라서 지속가능발전교육은 현재의 관료적, 수직적, 고립적 교육 체제를 그대로 둔 채 지속가능발전 관련 내용만을 추가하는 방식보다는 지역사회의 교육생태계 조성을 위한 교육 체제 혁신을 기반으로 추구되어야 한다.

02 지속가능발전교육의 개념

앞에서 우리는 환경위기 및 사회위기의 실상, 위기의 원인 그리고 위기 극복을 위한 움직임을 살펴보았다. 다양한 환경 및 사회 위기로 인해 나타나는 문제를 극복하고자 하는 움직임 중 가장 중요한 것은 교육적인 측면이다. 지속가능발전교육은 앞서 언급한 지속가능발전에서 출발한 개념이다. 1987년 UN 세계환경개발위원회(WCED)에서 처음 등장한 지속가능발전은 '미래세대의 욕구를 충족시킬 수 있는 능력을 저해하지 않으면서 현재 세대의 욕구를 충족시키는 발전'으로 정의할 수 있다. 이는 한정적인 자원으로 조건 없는 경제성장은 불가능함을 인정하고 현재와 미래 세대가 서로의 욕구를 조화롭게 충족하고 지속적으로 살아갈 수 있도록 발전의 방향을 재정립하는 것을 의미한다.

이처럼 지속가능발전에서 출발한 지속가능발전교육은 '모든 사람들이 질 높은 교육의 혜택을 받을 수 있으며, 이를 통해 지속가능한 미래와 사회 변혁을 위해 필요한 가치, 행동, 삶의 방식을 배울 수 있는 사회를 지향하는 교육'이라고 정의된다.[9] 따라서 지속가능발전교육을 통해 학습자들의 미래핵심역량을 기를 수 있을 뿐만 아니라 미래 지향적이며, 인지적·기능적·정의적 영역이 동시에 강조되고 이들 목표의 통합적 달성을 기대할 수 있다.

지속가능발전교육은 환경적·경제적·사회적으로 균형을 이루는 미래에 대한 패러다임을 추구하며 어느 한 영역의 문제만 다루는 것이 아니라 환경, 경제 그리고 사회 전반에 걸친 문제들의 상호 관련성을 파악하고, 이를 해결하고자 노력해야 하므로 범국가적 긴밀한 협조가 필요하다. 이는 개인과 사회, 나아가 국가의 가치 및 철학의 변화를 전제로 하므로 교육의 차원에서 접근할 수밖에 없다.[10)]

이와 같이 지속가능발전교육은 환경문제를 해결하기 위한 대안을 모색하는 것과 직접적으로 관련이 있어 생명에 대한 배려뿐만 아니라 전 지구적 환경문제에 대한 창의적 문제해결력, 의사소통능력, 정보처리능력, 기초학습능력, 시민의식, 국제사회문화 이해 등 다양한 역량이 요구된다.

지속가능발전교육의 현황

전 세계 지속가능발전교육은 국제 운영 체계인 지속가능발전교육 10년(Decade of Education for Sustainable Development, DESD), ESD 국제실천 프로그램(Global Action Programme, GAP), 지속가능발전교육 2030(ESD for 2030) 이라는 큰 이정표에 따라 이행되고 있다.

유엔은 2002년 제57차 유엔총회에서 2005~2014년을 지속가능발전교육 10년으로 채택하였고, 이에 유네스코는 2004년 지속가능발전교육을 각국에서 성공적으로 수행할 수 있도록 체계적인 국제실천계획초안인 지속가능발전교육 10년 사업을 발표하였다. 2005년 지속가능발전교육의 확립과 구체적 실행을 위해 국제 실행계획 초안을 만들었고 효율적인 지속가능발전교육을 위하여 종합적 이론을 제시하고 기본적 교육전략지침을 세웠다. 이 기간에 추진될 주요 사업 목표로 교육 확대 및 질적 강화, 다양한 교육 프로그램에 지속가능성

반영, 지속가능발전을 위한 공공인식 제고, 지속가능발전 실무 교육 제공을 설정한 바 있다. 유네스코한국위원회 보고서[11]에 따르면 10년 동안의 우리나라 지속가능발전교육은 세 시기로 구분할 수 있다.

첫 번째 시기는 2005년부터 2008년으로 국제적으로 시작한 지속가능발전교육 10년에 따라 대통령자문지속가능발전위원회(PCSD)를 중심으로 지속가능발전교육을 강조하였다. 구체적으로 2005년에 유엔 지속가능발전교육 10년 추진 전략이 개발되었으며, 2006년 지속가능발전교육 10년 이행 계획이 발표되었다. 지속가능발전기본법은 2007년 8월 개정·공포되어 2008년 2월부터 시행되었다. 그리고 환경교육진흥법은 2008년 8월 제정되어 같은 해 9월부터 시행되었다. 이 시기는 지속가능발전교육을 위한 기반이 마련된 시기이다.

두 번째 시기는 2008년 말부터 2010년으로 정부의 국가 전략인 '저탄소 녹생성장'을 이행·증진하기 위해 녹색성장교육(Green Growth Education, GGE)이 진행되었다. 정책적으로 2009년 7월 저탄소 녹색성장을 위한 국가 전략이 발표되고, 같은 해 12월 저탄소 녹색성장기본법이 국회를 통과하여 시행되게 되었다. 또한 2008년에는 '환경교육진흥법'에 이어 2009년 제주도, 서울특별시, 경상남도에서 환경교육진흥조례를 제정 및 시행하였다. 2010년 환경부에서는 지속가능한 미래를 지향하는 환경교육종합계획을 발표하였다.

세 번째 시기인 2011년부터 2013년에는 정부 교체로 녹색성장교육 대신 지속가능발전교육의 이름으로 많은 정책과 사업이 수행되었다. 교육부와 한국과학창의재단의 지원으로 초·중등 교사가 대상인 지속가능발전교육 연구, 지속가능발전교육 관리자 대상 연수, 지속가능발전교육 수업모델 개발, 지속가능발전교육 수업 공모, 지속가능발전교육 연구회 지원, 지속가능발전교육 교실 환경 개발 및 지원, 지속가능발전교육 리더스쿨 지원 등 다양한 사업이 수행되었다.

2011년 이후 다른 지방자치단체에서도 환경교육진흥조례가 제정 및 시행되어 지속가능발전교육이 활성화되는 기반이 마련되었다.

'ESD 국제실천프로그램(Global Action Programme, GAP, 2015-2019)'은 지속가능발전교육 10년의 정책과 실천 사이의 연계를 강조하며 지속가능발전교육의 프로그램 생성과 확장으로 지속가능발전교육을 위한 가속화에 목표를 두고 있다. 국제실천프로그램은 '모든 사람들이 지속가능한 미래와 긍정적인 사회 변혁을 위해 필요한 가치, 행동, 생활습관을 배우고 교육으로부터 이익을 얻을 수 있는 기회를 갖는 세계'라는 UN의 비전을 달성하기 위해 '지속가능발전을 향한 진보를 가속화하기 위한 교육 및 학습의 모든 수준과 영역에서 활동을 생성하고 규모를 확장하는 것'을 가장 중요한 목표로 설정하였다. 이를 위해 지속가능발전을 교육에 통합하고, 교육을 지속가능발전으로 통합하는 두 가지 접근법을 도입하였다. 이 프로그램은 다음의 두 가지 목표를 가지고 있다. 첫 번째 목표는 교육과 학습의 방향을 바꾸어 모든 사람들이 지속가능발전에 기여할 수 있는 지식, 가치 및 태도를 함양할 수 있는 기회를 가질 수 있도록 하는 것이다. 두 번째는 지속가능발전을 촉진하는 모든 의제, 프로그램 및 활동에서의 교육 및 학습 강화이다.

'ESD 국제실천프로그램'의 후속조치로 206차 유네스코 집행 이사회와 40차 유네스코 총회에서 채택되었고, 2019년 제74차 유엔 총회에서 승인된 '지속가능발전교육 2030(ESD for 2030)'은 지속가능발전목표 달성을 위해 2020년부터 2030년까지의 지속가능발전교육을 이행하는 새로운 실천 프로그램이다. 지속가능발전교육 2030은 지속가능발전교육을 강화하고 17개 SDGs 달성에 기여함으로써 보다 정의롭고 지속가능한 세계를 만드는 것을 목적으로 하며, 정책, 학습 환경, 교육자의 역량 강화, 청년의 권한부여와 참여, 지역 차원의 실천에 지속가능발전교육과 17개 SDGs를 완전히 통합시키는 것을 목표로 하고 있다.

지속가능발전교육이 추구하는 목표

지속가능발전교육이 교육의 전반적인 재구조화를 추구하며, 사회의 변화를 목표로 하는 만큼 기존 교육과는 다른 몇 가지 특성을 가지고 있다. 이는 '상황의존성, 창의적 문제해결력, 간학문적 접근, 체계적 사고, 평생학습, 실천역량, 다문화적 시각, 협력'이다.

지속가능발전교육에서 '상황의존성'은 학습자를 둘러싸고 있는 맥락을 고려하는 것이고, '창의적 문제해결력'은 지속가능발전교육을 통해 현실의 문제를 창의적인 방법으로 해결해 간다는 것을 뜻한다. '간학문적 접근'은 다양한 학문들의 연계를 의미하며, '체계적 사고'는 원인과 결과로 이어지는 선형적 사고가 아닌 종합적 사고 방식을 의미한다.

또 '평생학습'은 지속가능발전교육이 생애 전 과정의 교육이어야 한다는 것이고, '실천역량'은 단순한 지식 습득이 아니라 현실 문제를 해결할 수 있는 역량을 길러주어야 한다는 것이다. '다문화적 시각'은 지구적 관점으로 다양한 시각에서 현상을 바라봐야 한다는 것을, '협력'은 다양한 주체들이 서로 연계할 수 있는 능력을 기르는 것을 뜻한다.

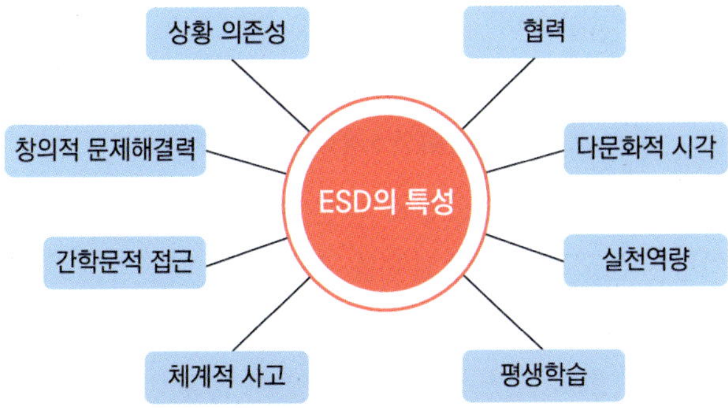

[그림 V-1] 지속가능발전교육의 특성

환경교육과 지속가능발전교육의 관계

환경교육과 지속가능발전교육은 서로 유사한 점이 많으며 지금도 통합되고 있다고 볼 수 있다. 환경교육이라는 용어는 1948년 IUCN(국제자연보존연맹) 회의에서 처음 등장하였다. 이후 1960년대 영국과 미국에서 대기 및 수질오염, 인구 증가, 천연자원의 지속적인 고갈 및 환경 파괴에 대응하는 환경 운동의 차원으로 등장했다. 당시 환경교육의 목표는 생물적 환경 및 관련 문제에 대한 지식을 가지고 환경문제를 해결하는 방법을 인식하며 이를 위한 동기를 부여하는 시민을 육성하는 것이었다. 미국 환경교육은 존 듀이(John Dewey)의 진보주의적 교육 철학에 그 뿌리를 둔다는 의견이 있다.

이후 환경교육은 전 세계적으로 전개되면서 다양한 형태를 가지게 되었고 이에 따라 여러 명칭으로 불리기 시작했다. 1970-80년대만 해도 환경교육은 청결교육을 의미했으며 매년 교실 환경미화에 시달렸다. 이외에도 현장 답사, 야외 연구, 보전교육, 도시 연구, 오염교육, 생태교육, 생태체험 등이 환경교육의 여러 형태들이다.

지속가능발전교육이 본격적으로 환경교육의 다양한 측면을 흡수, 반영하게 된 것은 2005년 UN 지속가능발전교육 10년 프로젝트가 시작되면서부터이다. UN의 17개 지속가능발전목표가 환경, 사회, 정치, 경제 등 삶의 질과 관련된 모든 분야를 다루다 보니 자연스럽게 지속가능발전교육이 환경교육을 끌어안게 되었다. 그러나 우리나라만 봐도 환경운동과 환경교육은 약 50년의 역사를 가지고 있으므로 그 저변과 사회적 조직이 지속가능발전 교육계보다 훨씬 크다. 이러한 이유로 여전히 환경교육과 지속가능발전교육은 완전히 합쳐지지는 못하고 서로 협력하는 관계로 남아있다.

현재 미국환경교육협회(NAAEE)는 환경교육을 '개인, 지역사회와 조직이 환경에 대해 더 많이 배우고, 환경을 조사하는 기능을 발달시키고, 이를 관리하는 방법에 대해 현명하고 정보에 근거한 결정을 내리는 데 도움을 주는 과정'으로 설명한다.

환경교육의 목적은 크게 2가지 다른 접근 방식으로 구분하여 볼 수 있다. 하나는 환경교육의 목적을 '외재적'으로 접근하여 인간의 인식과 태도 및 행동을 바꿈으로써 바람직한 환경을 만들어가는 것이다. 다른 하나는 환경교육의 목적을 '내재적'으로 접근하는 방식이다. 내재적 목적은 환경교육 또는 환경학습 행위가 그 자체로 의미를 갖는다고 보는 관점이다. 환경교육 활동을 통해 학습자가 환경적 관점을 넓혀가고, 자기를 실현해 가도록 돕는 것이 환경교육의 목적이라고 보는 것이다. 환경교육이 시작된 이후 주로 외재적인 목적이 강조되어 왔으나, 최근 들어서는 외재적인 목적과 함께 내재적인 목적도 함께 강조해야 한다는 주장이 커지고 있다.

환경교육의 목적과 목표는 다양하게 정의되어 왔다. 전통적인 환경교육의 목적과 목표는 1975년에 베오그라드에서 개최된 '국제환경교육 워크숍'에서 채택된 베오그라드 헌장에 명시된 것으로 다음과 같은 목적과 목표가 제시되었다.

> "모든 국가는 각각의 문화에 기초하여 총체적 환경이라는 문명 가운데서 '생활의 질', '인간의 행복' 등의 기본적인 개념의 의미를 명백하게 할 것이며, 그리하여 자국의 영역을 넘어서서 타국의 문화에 대한 분명한 이해와 올바른 평가에 이르기까지 확대해 가야 한다. 어떠한 행동이 인간의 가능성을 보전하고 발전을 확보할 수 있으며 자연적 및 인공적 환경과 조화되어 사회적·개인적인 행복을 증진할 수 있을까에 대한 공통 이해를 명확히 해야 한다(베오그라드 헌장, 1975)."

이와 같은 베오그라드 헌장에 환경교육 목표가 제시된 이후 트빌리시 선언(1997), 리우 선언(1992) 등의 국제회의에서 환경교육의 목적과 목표가 수정·보완되었다.

우리나라의 제6차 교육과정(1992~1997)에서는 환경과목이 독립적으로 운영되어 현재까지 운영되고 있다. 2015 개정 환경교육과정에서 고등학교 '환경'교과의 목표는 다음과 같다. 학습자가 행복과 자아실현을 추구하는 개인으로서 환경과 타인을 배려하는 범위 안에서 지속가능한 방식의 삶을 살아가도록 하며 동시에 책임 있는 시민으로서 환경적, 경제적, 사회적으로 지속가능한 사회 체계를 이해하고 이를 추구하는 데 필요한 의지와 역량을 갖추도록 하는 데 있다.

환경교육과 지속가능발전교육의 관계는 4가지의 유형으로 구분된다.[12] 첫 번째 유형은 환경교육이 지속가능발전교육 속에 포함되는 것이다. 두 번째 유형은 첫 번째 유형과 반대로 지속가능발전교육이 환경교육의 일부분인 유형이다. 세 번째로는 지속가능발전교육과 환경교육이 각기 다른 분야이나 일부분에서 겹치는 영역이 존재하는 유형이다. 마지막, 네 번째 유형은 환경교육이 진화하여 지속가능발전교육으로 발전하는 유형이다.

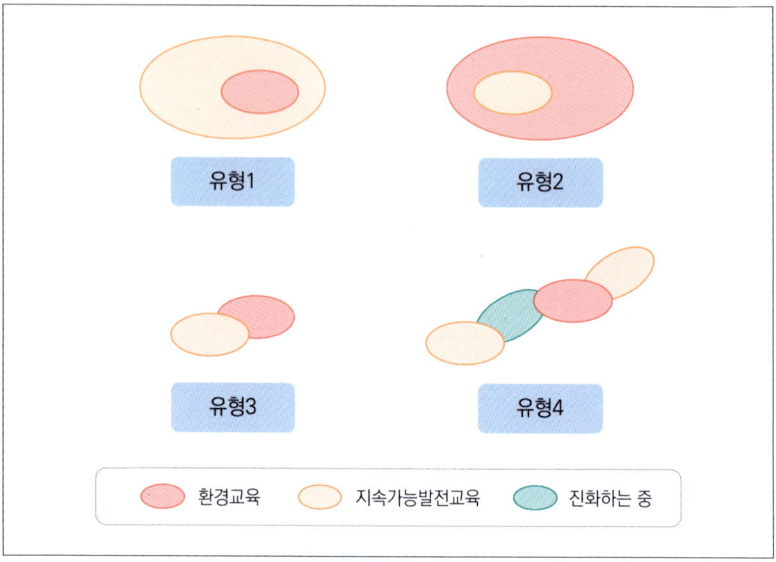

[그림 V-2] 4가지 형태의 환경교육과 지속가능발전교육 관계[13)]

이와 같이 환경교육과 지속가능발전교육의 관계에 대해 다양한 견해가 있는 것은 환경교육과 지속가능발전교육의 중복된 영역이 많기 때문이다. 지속가능발전교육과 환경교육 모두 UN이 제안한 필수 주제인 환경과 지속가능성이 기반이 되고, 기후변화 · 종 다양성 · 에너지 · 환경문제 등이 주제로 다뤄진다.

이에 따라 각 교육의 관계를 명확히 설정하는 것은 어렵다. 이는 교육을 진행하는 교육자가 어느 가치를 우선으로 두고 교육을 진행하느냐에 따라 두 교육의 관계가 결정될 수 있기 때문이다. 그러나 지속가능발전교육은 '환경 · 경제 · 사회'의 세 영역을 모두 포함하기 때문에 환경교육보다 더 넓은 범주로 받아들여지는 경향이 있다.

환경교육의 세 가지 관점[14)]

1984년에 출판된 데이비드 페퍼(David Pepper)의 '현대 환경주의의 뿌리(the roots of modern environmentalism)'는 환경주의의 역사적, 철학적, 그리고 이념적 배경을 제공한다. 데이비드 페퍼는 인간의 자연에 대한 착취는 결과적으로 인간에 대한 착취구조와 관련이 있다고 본다. 따라서 환경문제의 해결 방향은 인류의 불평등한 사회구조와 유기적으로 맞물려 있다는 것이다. 이러한 관점에서 페퍼는 허클(Huckle)의 환경교육 관점을 통해 현재의 환경교육을 비판하고 있다. 여기서는 그가 소개한 허클의 환경교육에 대한 관점을 다시 한번 간략하게 재정리하여 교육의 중요성을 되새겨 보자.

허클은 사람들의 삶의 방식에 따라 규정되는 자연과 다시 상호작용함으로써, 어떻게 사람들이 환경과 관련되는지를 이해하도록 돕는 교육이 되어야 한다고 주장한다. 이에 환경교육 자체를 다음과 같이 세 가지로 구분해서 설명한다.

- 환경에 대한 교육(education about environment)
- 환경으로부터의 교육(education from environment)
- 환경을 위하는 교육(education for environment)

허클은 '환경에 대한 교육'과 '환경으로부터의 교육'만 강조한다면, 환경의 질적 저하를 유지하는 원인이 되고, 그 결과 바람직하지 못한 사회적, 정치적 그리고 환경적 현상이 지속될 수 있다고 본다. 그러나 '환경을 위하는 교육'은 환경을 개선할 수 있는 이론과 실제를 제공해 줄 수 있다고 주장한다. 왜 그러한지 좀 더 자세히 들여다보자.

먼저 허클은 자연환경을 어떤 방식으로 개발하고 관리할지를 경제학 원리에 적용하는 측면이 강조된 '환경에 대한 교육'을 환경위기에 대한 기술지향적 대응방법으로 간주한다.[15] 또한 오리오단(O'Riordan)은 환경교육의 일반적인 형태가 '환경에 대한 교육'이고, 이러한 교육에서의 환경문제에 대한 해결책은 새로운 정치적·경제적 대안을 거의 포함하지 않는다고 본다.[16]

둘째는 '환경으로부터의 교육'이다. 이 교육은 도덕적·윤리적 교육으로 가치문제를 중시한다.[17] "들로 산으로 돌아다니면서 진행하는 연구가 환경에 대한 정확한 인식기술을 제공할 뿐만 아니라, 자연과의 접촉을 통해서 자아의 성숙과 도덕성의 발전도 제공한다"고 주장하는 환경교육을 허클은 종종 자연에 대한 순진한 존경을 강조하는 이야깃거리 위주의 교육이라며 비난한다. 여기서 말하는 도덕적·윤리적 교육은 기술적 업적을 어떻게 수행할 것인가 뿐만 아니라 무엇이 반드시 행해지고 행해져서는 안 되는가도 교육한다. 즉, 자연에 대한 생물 윤리적 경외감과 결합되어 생태적 실용주의에 기초한 새로운 도덕성을 주장하는 생태지향주의적 교육이다. 허클의 주장에 따르면, 이러한 교육은 환경문제를 해결하라고만 강조하고 정치적인 문제를 도외시한다. 즉, 보편적 위협에 직면한 현 상황을 해결하기 위한 전체적 합의를 강조하지만, 사회·정치적 요인들은 경시하는 경향을 보인다는 것이다.

마지막으로 허클이 주장하는 환경교육은 '환경을 위하는 교육'이다. 이 교육은 첫째, 전통적인 가치관이 특정한 생산 관계의 틀 위에서 지속하는 것에 대한 비판적 인식을 길러줄 것이다. 둘째, 새로운 형태의 사회와 가치관에 관한 진보적인 탐구도 촉진할 것이다. 셋째, 운명론적·결정론적 사관과 인간행위에 대해서도 의문을 제기할 것이다. 마지막으로, 학습자들이 스스로 결정을 내릴 수 있다는 자신의 능력에 대한 믿음을 갖도록 격려하는 교육이 될 것이다.

허클은 이와 같은 일들이 학습자들 스스로 교육환경을 결정하며 생태적·사회적으로 정의롭고 건전한 공동체를 만들도록 보살펴줌으로써 실현될 수 있다고 주장한다. 즉, 환경교육은 지식에만 몰두하지 않고 실천도 강조해야 한다는 것이다. 어떤 교육자라도 교육을 통해 배운 것과 실제 사회에서 일어나는 것들 간에 밀접한 관계가 있다는 사실을 무시하라고 할 수는 없다. 교육자들은 상부 구조적(정치적·제도적·문화적) 수준의 교육을 주로 하지만 반드시 사회의 물질적인(경제적) 토대와의 관계를 고려해야만 하는 것이다. 우리가 이 관계를 인식한다면 교육 그 자체만으로는 사회를 변화시킬 수 없음을 인정해야 한다. 다시 말해, 교육 자체만으로는 근본적으로 성숙한 사회의식 및 가치관을 위한 변화가 이루어지지 않는다는 말이다. 해리스는 많은 사람이 교육을 통해 더 좋은 세계가 나타나리라고 생각했다. 그러나 교육만으로 사회 질서 그 자체를 변화시킬 수 있다고 생각하는 것은 너무나도 순진한 일이라고 말한다. 결국 교육개혁이 사회·경제적 개혁으로 뒷받침되지 않는다면, 급진적인 성격의 어떤 교육적 변화도 일어날 수 없다는 것이다. 이러한 내용과 관련하여, 현재 환경교육의 범주를 '환경에 대한 교육(환경교육의 내용적 측면을 강조하는 교육)', '환경 안에서의 교육(환경교육의 방법적 측면을 강조하는 교육)', '환경을 위한 교육(환경교육의 목표적 측면을 강조하는 교육)'으로 구분하기도 한다.

03

지속가능발전교육 관련 역량

일반적으로 역량은 업무 수행에 효과적이고 탁월한 성과를 얻을 수 있는 지식, 기능(능력), 태도(행동)을 의미한다. 교육에서는 다양한 현상이나 문제를 효율적 혹은 합리적으로 해결하기 위해 학습자에게 요구되는 지식, 기능, 태도, 실천과 관련된 모든 것을 말한다.[18] 이를 근거로 지속가능발전교육적 역량은 사회·문화, 경제, 환경영역에서 지역사회와 세계가 직면하고 있는 다부분적이고 다층적인 문제를 지속가능한 미래를 위해 효율적으로 혹은 합리적으로 해결하는데 필요한 지식, 기능, 태도 및 실천의 모든 것을 말한다.

유네스코독일위원회에서 2005년 발표한 지속가능발전교육 역량은 크게 3가지 범주로 구분할 수 있다. 매체와 도구를 사용하는 역량, 집단 내 상호작용, 개인 스스로의 자율적 영역에서 필요한 역량을 이야기하였다. 구체적인 역량은 <표 V-1>과 같다.

표 V-1 유네스코독일위원회의 ESD 역량[19)]

구분	세부 능력	역량
매체와 방법(도구)의 교호적 사용	• 언어, 상징, 텍스트를 교호적으로 사용하는 능력 • 지식과 정보를 교호적으로 사용하는 능력 • 기술을 교호적으로 사용하는 능력	• 세계에 대해 열린 자세로 지식을 수집하고 새로운 관점으로 통합하기 • 전망적으로 사고하는 태도로 생각하고 행동하기 • 간학문적 태도로 지식을 습득하고 행동하기
사회적 이질 집단 내에서의 상호작용	• 타인과 지속적으로 좋은 관계를 유지하는 능력 • 협동하는 능력 • 문제를 극복하고 해결하는 능력	• 위험, 실마리, 불확실성을 확인하고 반성하는 능력 • 타인과 함께 계획하고 행동하는 능력 • 행동 전략과 목적 갈등을 반성하는 능력 • 의사결정 과정에 참여하는 능력 • 자신과 타인이 적극적으로 참여하도록 동기화하는 능력
자율적 행동	• 더 넓은 맥락에서 행동하는 능력 • 생애 계획과 개인적 프로젝트를 기획하고 실행하는 능력 • 권리, 이해관계, 경계, 요건의 자각	• 자신의 원칙과 타인의 원칙을 반성하는 능력 • 공평함에 대해 의심을 갖고 반성하고 그것을 의사결정을 위해 사용할 줄 아는 능력 • 자율적으로 계획하고 행동하는 능력 • 불이익을 받고 있는 사람에게 감정이입하고 연대하는 능력

OECD는 ESD 역량을 주제, 방법, 사회, 개인의 범주 등 4가지로 분류하고 있다<표 V-2>.

표 V-2 OECD(2002)의 ESD 역량[20]

역량	정의
주제 역량	지식, 사실, 정의, 개념 등에 대한 이해 등
방법 역량	기술, 분석, 사실규명, 문제해결력 등
사회 역량	타인과 상호작용하는데 필요한 소통 기능, 팀워크, 시민의식 등
개인 역량	한 사람이 지닌 가치, 태도, 윤리 등

한국과학창의재단에서 개발한 '사회문제해결형 지속가능발전교육 수업 모델 개발 연구'에서 활용한 지속가능발전교육 역량은 <표 V-3>과 같다.

표 V-3 **사회문제해결형 ESD 수업모델에 적용된 ESD 핵심 역량 요소[21]**

역량	ESD 역량 요소	ESD 역량별 의미
인지/기능 측면	창의적 사고	고정된 사고방식에서 벗어나 새로운 시각으로 문제를 보고 새로운 결과를 도출할 수 있는 능력
	논리적 사고력	연역적인 방법이나 귀납적인 방법을 통해 사고할 수 있는 능력
	비판적 사고력	합리적인 기준이나 근거를 가지고 현상을 분석하고 평가할 수 있는 능력
	시스템적 사고	어떤 문제에 대해서 시스템 전체의 입장에서 생각하고 그것에 영향을 주는 요소들 간의 상호작용을 이해할 수 있는 능력

역량	ESD 역량 요소		ESD 역량별 의미
인지/기능 측면	문제 해결력	문제인식	해결해야 할 문제를 정확히 확인하고 기술할 수 있는 능력
		해결방안의 탐색	문제 해결을 위한 다양한 아이디어를 생각해내고, 가장 적합한 해결방안을 선택할 수 있는 능력
		해결방안의 실행과 평가	선택한 해결 방안을 적용하여 문제를 해결하고 평가할 수 있는 능력
	의사소통능력		자신의 생각을 논리적으로 표현하고, 다른 사람의 의견을 경청하는 과정을 통해 무리 없이 서로의 의견을 교환할 수 있는 능력
	정보처리능력		필요한 자료를 선별하여 수집하고, 그 정보를 비교·분석하여 효율적으로 활용할 수 있는 능력
	진로개발능력		자신의 미래를 위해 관심 있는 직업에 대해 이해하고, 자신의 진로에 대한 계획을 구체적으로 세울 수 있는 능력
태도 측면	자아 성찰적 태도	반성적 태도	자신이 가지고 있는 가치관을 지속적으로 생각하면서 자신의 생각과 행동을 되돌아보는 태도
		자아 효능감	평소에 자신이 어떤 일을 성공시킬 수 있는 능력이 있다고 믿고 있고, 내 자신을 소중하게 생각하는 태도
	타자 지향적 태도	관계 형성	다른 사람들의 말에 귀를 기울이고, 다른 사람들과 좋은 관계를 형성하고 유지하려는 태도
		갈등 관리	다른 사람들과 갈등이 생기지 않도록 노력하고, 갈등이 생길 경우, 서로 다른 요구를 고려하면서 적합한 해결 방안을 찾고자 하는 태도
		협동	공동의 목적을 위해서 다른 사람들과 원만하게 상호작용을 하고 협력할 수 있는 태도
		공감	다른 사람이 느끼는 감정을 자신의 것처럼 느끼고, 다른 사람의 감정을 공유하려고 노력하는 태도
		신뢰	나와 관계가 있는 사람들이나 사회에 대해 긍정적인 믿음을 갖는 태도
		감수성	자연이나 주변 사람들의 아름다움이나 고통을 민감하게 받아들이고 느낄 수 있는 태도

<table>
<tr><th>역량</th><th colspan="2">ESD 역량 요소</th><th>ESD 역량별 의미</th></tr>
<tr><td rowspan="6"></td><td rowspan="4">민주
시민적
태도</td><td>책임감</td><td>사회 구성원으로서 사회적 역할과 의무를 수행하고자 하는 태도</td></tr>
<tr><td>리더십</td><td>함께 하는 사람들의 공동의 목표를 이끌 수 있고, 의사결정의 과정을 주도적으로 수행할 수 있는 태도</td></tr>
<tr><td>도덕성</td><td>옳고 그른 것을 분별할 수 있고, 옳은 것을 행하려는 태도</td></tr>
<tr><td>개방성</td><td>다른 사람들의 생각이나 의견에 대해 열린 마음을 가지려는 태도</td></tr>
<tr><td rowspan="2">국제
문화적
태도</td><td>다양성</td><td>다른 문화에 대한 가치를 인정하고 다양성을 존중하고 공감하려는 태도</td></tr>
<tr><td>글로벌
공동체
의식</td><td>세계적으로 나타나는 문제들을 해결하기 위하여 서로 협력해야 할 필요성을 인식하고 이에 대한 관심을 갖는 태도</td></tr>
</table>

위에서 살펴본 바와 같이 지속가능발전교육은 인지적·기능적·정의적 영역이 동시에 강조되는 특성이 있다. 환경문제를 해결하기 위한 역량을 갖추기 위해서는 지식, 정서, 행동을 모두 필요로 하기 때문이다. 따라서 지속가능발전교육의 특징을 그림으로 나타내면 그림 V-3과 같다.

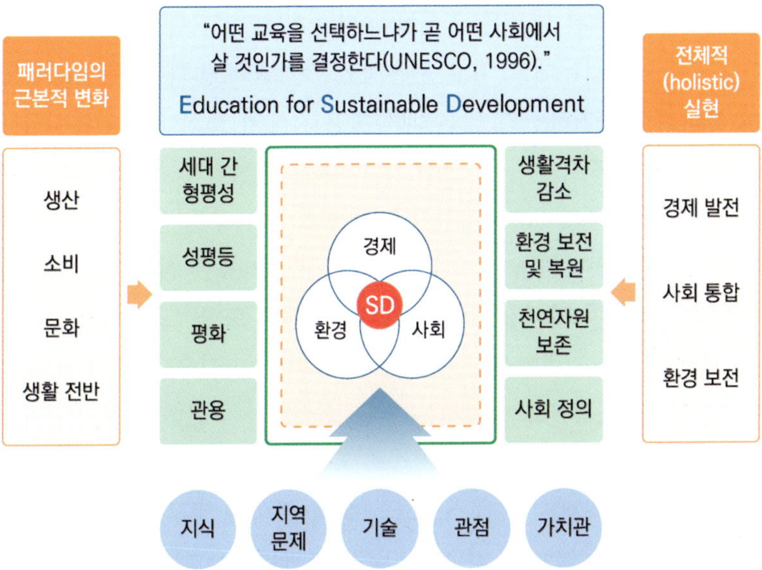

[그림 Ⅴ-3] 지속가능발전교육의 전체적인 구조[22)]

지속가능발전교육의 개념이 이렇게 포괄적이다 보니 다른 인성교육인 민주시민교육, 세계시민성교육, 환경교육, 평화교육, 인권교육, 소비자교육, 보건교육, 생물다양성교육, 다문화교육의 주제들과 밀접한 관련이 있다.

우리나라 국가교육과정은 지속가능발전을 범교과학습 주제의 하나로 제시하고 있으며, 관련 교과목에서도 지속가능발전 관련 내용이나 주제를 다루고 있다. 이 말은 학교에서 가르치는 여러 주제 교육(통일, 기후, 성평등, 환경보전, 민주시민 등)의 내용은 실질적으로는 지속가능발전교육 관련 내용을 다루면서도 각각 별도의 주제 명칭으로 다루어지고 있다는 의미이다.

지속가능발전교육이 전 사회적으로 확산되고 강조되는 추세에 비례하여 내실을 갖추고 있는지에 대해서는 상당한 비판도 제기되고 있다. 비판의 주된 내용은 교육계가 지속가능발전교육 프로그램을 피상적으로 제공하는데 그치고 근본적인 가치관의 변화에는 이르고 있지 못하며 지속가능하지 않은 교육체계 자체의 혁신에는 무관심하다는 것이다. 대표적으로 오브라이언(O'Brien)은 지속가능발전교육의 본질을 정확히 알고 있는 교사를 찾아보기 어려우며 지속가능발전에 대한 정보를 많이 제공하는 것만으로는 지속가능한 삶과 일상생활을 촉진하는 데까지 나아갈 수 없다고 지적한다. 또한, '교육계가 초·중등 교과과정에 지속가능발전 내용을 포함하는 것으로 위기 극복을 위한 임무를 다했다고 생각하는 것은 스스로를 기만하는 것이다'라고 비판한다.[23]

비슷한 맥락에서 유네스코도 교육계에 대해 점잖은 비판을 던진다. 유네스코는 '교육은 지속가능발전과 관련하여 문제인식의 한 부분으로 결론지을 수 있다. 교육이 해결의 일부가 되려면 더 깊은 비판과 미래에 대한 더 광범위한 비전을 필요로 한다'라고 지적한다.[24]

서울특별시교육청은 지속가능발전교육은 교육 대상자들이 '생태적으로 건강하고 의미 있는 삶을 살도록 도와주며 그로부터 진정한 삶의 행복을 찾도록 도와주는 교육'으로 정의하여 지속가능발전교육의 목표를 '진정한 삶의 행복'으로 정하고 있다.[25] 이는 올바른 방향 설정으로 보인다. 그러나 교육 내용을 일부 바꾼다고 해결될 일이 아니며 앞에서 말한 대로 교육 내용과 체제의 전환, 교육 기관의 생태적 운영을 동시에 이루어야 가능하다. 현재 교육내용의 일부 생태적 전환이 일어나고 있으나 학교와 교육청의 생태적 운영이나 교육 관료 체제의 생태적 전환에 진전이 있다고 생각하는 사람은 많지 않을 것이다. 이처럼 진정한 지속가능발전교육을 향한 길은 교육 주체의 전면적 성찰과 혁신이 요구되며, 이를 위한 노력 중의 하나로 마을교육공동체를 생각해 볼 수 있다.

04
지속가능발전교육의 주제와 내용[26)]

지속가능발전교육을 위해 17개 UN 지속가능발전목표에 포함된 169개 세부목표를 모두 다루는 것은 너무 광범위하므로, 이와 관련된 내용을 중심으로 교육에 접목하기 위한 지속가능발전교육의 쟁점들을 이해하는 것은 의미가 있다.

지속가능한 미래를 위한 문화

'문화와 발전에 관한 국제위원회(World Commission on Culture and Development, WCCD)'는 문화를 '함께 사는 방식'으로 정의하였으며, 지속가능발전교육의 핵심 요소로 포함시켰다. 문화 다양성은 인간이 가지는 중요한 권리이며, 시민의식의 초석이 될 수 있다. 그럼에도 불구하고 그동안의 역사적 위기와 편협된 정치 경향으로 문화적 자치권과 일부 시민들의 다양한 표현을 제한해 왔다. 그 결과 많은 소수민족들은 자국의 발전과정에서 소외되는 경우가 많았다. 이러한 현상은 소외된 집단과 힘을 더 가지고 있는 집단 모두의 지속가능발전을 저해할 수 있다.

"다양한 모습으로 자신을 표현할 수 있는 제도적 공간이 필요하다. 발전에 대해 문화적으로 민감하게 접근하는 것은 지구 전체가 직면한 사회적·경제적·환경적 문제를 해결하는 열쇠이다. 문화와 문화적 상황 사이의 역동적인 상호작용을 강조하는 문화 다양성은 지속가능하고 총체적인 발전을 책임지기 위해 중요한 요소이다."[27)]

문화는 사회경제적 발달 과정에서 매우 중요하다. 사회적인 측면에서는 개인과 집단의 정체성 형성에 중요한 삶의 방식을 제공한다. 음악, 춤, 문학, 스포츠, 연극과 같은 다양한 형태의 문화적 표현은 사람들에게 즐거움을 주는 동시에 경제적인 측면에서 일자리도 제공하게 된다. 이러한 일자리는 교육과 관광에 중요한 문화 유적지를 복원 또는 보전하는 과정에서도 생겨나며, 지속적으로 수입을 가져올 수 있다.

문화와 발전에 대한 논의는 지속가능발전의 사회적·경제적·정치적·생태적 측면과 연계되어 다음과 같은 몇 가지 핵심 쟁점을 통해 이루어질 수 있다.

- 문화와 경제 발전
- 문화적 권리와 토착민
- 문화와 지속가능성
- 문화와 민주주의
- 문화, 자유, 자주
- 지구적 창조성과 예술
- 문화 다양성, 충돌과 다원성
- 세계화와 문화 다양성
- 문화와 가난
- 문화유산의 경제학
- 유산의 보존과 가치
- 문화와 발전의 지표

토착지식과 지속가능성

토착지식은 특정한 사회와 문화에서만 나타나는 독특한 지식을 말한다. '지역지식, 민속지식, 지역민의 지식, 전통지혜, 전통과학'이라는 이름으로 토착지식을 표현하기도 한다. 이러한 지식들은 문화적 의식과 이야기를 통해 대대로 전수되어 왔으며, 전 세계 곳곳에서 농업, 식량, 건강, 교육, 보존, 사회 유지에 필요한 다양한 활동들의 기반이 되었다.

토착민은 지속가능한 삶을 살아가는 방법에 대해 폭넓은 지식을 가지고 있다. 그러나 형식적 교육제도는 토착지식을 학문적인 지식과 방법으로 대체하는 과정을 통해 토착지식과 토착지식 습득 방법이 가지고 있는 일상적이고 실용적인 삶의 측면들을 훼손해왔다. 그 결과 오늘날 많은 토착지식이 사라질 위험에 처해 있으며, 이로 인해 지속가능한 삶의 방식에 대한 소중한 전통지식도 소실될 위기에 처해 있다.

토착지식은 문화를 통해, 세대를 통해, 지역과 교실 밖에서도 배울 수 있다.

- **문화를 통해서 배우기**: 토착지식은 전통, 관습, 민간, 설화, 민요, 전설, 속담, 신화 등과 같은 다양한 형태로 문화 속에 축적되어 있다. 학교에서 이러한 문화 요소들을 활용한다면 학습자들이 살아 있는 토착지식을 배우는 데 효과적일 수 있다.
- **세대를 통해 배우기**: 지속가능발전을 위한 잠재적인 측면에서 볼 때, 미래세대가 가지는 혜택을 위해서는 토착지식을 보존할 필요가 있다. 토착지식을 보존하는 가장 좋은 방법은 학교 교육과정에 통합시키는 일이다. 이를 통해 부모, 조부모, 그리고

지역 내 다른 어른들에게 토착지식을 배우도록 학습자들을 격려하며, 그들의 지식에 감사하고 존경하는 마음을 갖게 할 수 있다. 토착지식을 학교 교육과정에 통합시키는 것은 학교가 사회·문화를 한 세대에서 다음 세대로 연결하는 중개자 역할을 할 수 있게 한다.

- **지역에서 시작하기**: 학습자들은 친숙한 지역에 대한 지식에서 시작해 점차 더 큰 지역, 국가, 지구환경에 대한 지식을 접하는 것이 바람직하다. 대부분의 사회에서 수세기 동안 토착민들은 환경과 직접적으로 상호 작용함으로써 그 지역의 토양, 기후, 물, 산림, 야생, 광물 등에 관한 막대한 양의 지식을 축적해 왔다. 이러한 토착민들이 가진 지식은 학교 교육에 유용하게 활용될 수 있다.
- **교실 밖에서 배우기**: 학습자들은 지역 내 야외학습을 통해 많은 것을 배울 수 있다. 야외학습을 위해서는 사전 지식과 이해가 필요하다. 예를 들면 토착민, 토양, 식물 간의 관계를 이해하기 위해서 학습자들은 지역의 식물과 토양의 형태를 확인할 필요가 있다. 토착민들은 특정 장소에서 공예품과 축제 의식 등을 보여줄 수 있으며 그것의 중요성을 설명할 수도 있다.

여성과 지속가능성

여성의 건강은 환경의 변화에 매우 민감하다. 지속가능하지 않는 발전은 특히 임신한 여성의 건강에 심각한 위험을 초래하게 된다. 다음은 국제적으로 여성들이 가지고 있는 위험에 대한 예를 제시한 것이다.[28]

- 우즈베키스탄에서 수질오염으로 선천적 기형과 임신 합병증 증가
- 중부 수단에서 살충제 노출로 병원 사산율 증가
- 우크라이나에서 대기 오염으로 여성과 어린이에게 질병 감염률 증가
- 미국에서 여성 암 발병률 증가
- 러시아의 첼리야빈스크 방사능 오염으로 암 발병률 증가, 선천적 기형 증가, 가임여성의 불임 증가
- 과테말라에서 모유에 남아있는 살충제가 허용치의 250배 검출
- 중국의 많은 어린이가 모유로부터 국제 허용치의 10배 높은 DDT 섭취

여성을 위한 교육과 여성의 건강은 그들의 사회적·경제적 상황과 관련이 많다. 교육받은 부모들은 대체적으로 자녀를 좀 더 건강하게 양육하려고 한다. 여성은 사회에서 최고의 건강관리자이며 모든 건강관리의 75%는 가정에서 이루어진다. 개발도상국 25개국을 조사한 연구보고서에 의하면, 어머니에게 몇 년간 건강교육을 시키면, 어린이 사망률은 15%까지 줄일 수 있다는 결과가 나왔다. 반면 아버지를 똑같은 수준으로 교육시킬 때에는 어린이 사망률을 6% 정도로만 줄일 수 있었다.

유엔은 여성을 위한 국제회의를 지속적으로 개최하고 있다. 대표적으로 1995년 베이징에서 '여성을 위한 행동 강령' 채택을 위한 회의가 개최되었는데, 12가지 행동 강령은 다음의 쟁점을 포함하였다.

- 지속적으로 증가하고 있는 빈곤 여성에 대한 부담
- 교육과 훈련에 있어서 불평등, 부적절성, 불충분한 기회

- 보건 관련 서비스에 대한 불평등, 부적절성, 불충분한 기회
- 여성에 대한 폭력
- 분쟁과 갈등이 여성에게 미치는 영향
- 경제구조, 정책, 생산과정에 여성 참여와 접근의 불평등
- 권력 및 의사 결정 분배에서 남녀의 불평등
- 여성 지위 향상을 위한 지역 및 정부 기구의 부족
- 여성의 인권에 대한 인식 결여
- 여성에 대한 고정관념, 여성 인권에 대한 불평등
- 천연자원의 관리 및 환경보존에서 성적 불평등
- 여아 권리에 대한 지속적인 차별대우와 침해

1995년에 열렸던 베이징 회의에 이어서 5년마다 베이징 +5, +10, +15 회의가 지속적으로 개최되었다. '베이징 +15 회의'는 2010년 3월에 열렸는데, 여기서 향후 5년 동안 관심을 가지고 해결해야 하는 우선순위 7가지를 다음과 같이 제시하였다.

- 여성의 HIV/AIDS 문제해결
- 무장 충돌 이후 인질로 잡히는 여성과 아이들의 해방
- 팔레스타인 여성 상황의 분석과 지원
- 여성의 경제 능력 향상
- 여성의 산모 사망률 저하

• 남녀평등과 여성의 능력 향상 지원 강화

• 여성 할례 의식 폐지

세계 기아 현상의 이해

건강하고 활동적으로 생활하기 위해서는 필수 영양소를 섭취하여야 하며, 그러기 위해서는 다양한 음식을 먹어야 한다. 충분한 영양 없이 아이들은 자신의 잠재력을 최대로 발휘할 수 없고, 그 잠재력을 지속시키거나 확장시키는 데 어려움이 있을 수 있다.

오늘날 약 8억 명의 인구가 만성 영양실조에 시달리고 있고, 이들은 살아가기 위해 최소한의 에너지를 얻을 수 있는 음식을 섭취하는 것조차 어려운 상황이다. 또한 2억 명의 5세 미만의 아동들이 심각한 만성 영양실조를 겪고 있다. 한 조사에 따르면, 5세 미만 아동들 1,300만여 명이 매년 홍역, 설사, 말라리아, 폐렴과 같은 질병에 감염되거나 합병증에 걸려 죽어가는데, 이러한 근본적인 원인은 영양실조인 것으로 나타났다.

영양실조에 걸린 대부분의 사람들은 아시아와 태평양 지역에 살고 있다. 이 지역에는 개발도상국 인구의 70%가, 전 세계 영양실조 인구의 약 3분의 2가 거주한다. 아프리카 사하라 이남 지역은 전 세계 영양실조 인구의 4분의 1이 거주해 영양실조 인구 비율이 가장 높은 지역이다. 이는 특히 아프리카 중부와 동남부에서 심각한데, 이 지역은 총인구의 44%가 영양실조 상태에 있다.

유엔식량농업기구(Food and Agriculture Organization, FAO)는 식량안보를 보장하기 위해 다음의 10가지 전략을 제안하였다.[29)]

- **공정무역**: 국제무역은 대부분 선진국에게 유리하다. 개발도상국은 직물과 옷의 관세로 연간 530억 달러의 무역 손실을 입는데, 이는 선진국이 개발도상국에 원조하는 총액과 같다. 개발도상국은 지속되는 가난으로 인해 선진국들이 개발도상국에 공급하기를 원하는 제품들을 거의 살 수가 없다. 이러한 상황에서 힘써야 할 것은 시장 환경을 공평하게 만드는 것이다.

- **환경보존**: 목재, 가구, 종이와 같은 상업 물품 생산이나 대규모 농장 작물, 가축을 기르기 위한 숲의 개간은 단기적인 안목에서 비롯된 개발도상국과 선진국의 자연에 대한 상업적 착취이다. 미래세대를 위한 환경보존은 우선시되어야 하기 때문에, 환경을 생각하는 상품 생산을 권장하고, 우리 자신의 소비생활에 대해 질문해 볼 필요가 있다.

- **적정농업**: 많은 국가에서 농업은 보조금으로 연명하고 있고, 오염물질은 계속 배출되며 살충제에 저항하는 해충이 생겨나고, 수확량은 감소하고 있다. 그러나 토지의 효율적인 경작과 해충에 대한 생물학적 대처, 비옥한 토양을 위한 다양한 작물 재배, 최상의 환경에서 종자를 저장하는 등 현실적인 해결책은 있다. 이러한 작업을 농부들이 주체적으로 해결해 나갈 수 있도록 도와주어야 한다.

- **여성을 위한 평등한 권리**: 대부분의 국가에서 농업을 위해 여성이 남성보다 더 많은 시간을 노동을 하고 있다. 그러나 여전히 전 세계의 가난한 성인의 70%는 여성이다. 또한 여성들은 세계 식량의 절반을 생산하지만, 단지 전체의 1%의 땅만을 여성들이 소유하고 있다. 기아를 해결하는 또 다른 방법은 교육이다. 교육은 여성들의 능력과 건강, 생활수준에 대한 권리를 향상시킬 수 있다.

- **토지개혁**: 개발도상국에 사는 약 10억 명의 사람들은 그들 소유의 땅이 없다. 그들 중 약 2/3는 인도와 방글라데시에 있으며, 과테말라와 페루의 시골 노동자들 중 약 85% 또한 그들 소유의 땅이 없다. 토지 소유가 불공평했던 나라마다 토지개혁운동이 있었는데, 토지를 소유한 지도층과 정치세력으로 인해 성공하지 못하였다.

- **평화**: 전쟁은 기아의 원인이다. 피난민은 전쟁으로 집과 생계를 잃어 식량을 재배할 토지가 없으며, 토지를 살 돈을 벌 수도 없다. 세계 국방 예산 총액은 세계 인구 약 45% 극빈층의 전체 수입보다 많다. 장기적인 안정은 가난한 국가들이 군비를 감축할 수 있는 기회를 제공한다.

- **부의 분배**: 지구의 약 10억 명 이상의 사람들은 하루에 1달러 이하를 가지고 살아간다. 세계 인구 20%의 최고 부유층은 부의 약 86%를 차지하는 반면, 20%의 극빈층은 부의 약 1.4%만을 차지한다. 기존의 시장과 무역 구조로는 가난한 사람들을 위한 경제적 기회를 창출하기 어렵다. 개발도상국의 경제적 안정은 일자리 창출보다는 오히려 무역의 증가와 관련이 있고, 부의 적합한 분배를 통한 사회 안정을 보장할 수 있다.

- **공동체 건설**: 불평등은 단지 경제뿐만 아니라 도덕적인 선택과도 연관된다. 사람들은 타인과 다른 인종, 그리고 환경과의 상호 관련성을 이해하면 얻을 수 있는 것들이 많다. 예컨대, 페루와 볼리비아에 있는 가난한 여성들이 공동의 조리장에서 일하거나, 라틴아메리카 농부들이 서로의 지식을 공유하는 프로그램에 참여하는 것 등이 있다.

- **전통 식량의 재발견**: 식량 부족을 해결하는 다른 방법은 식량 자원에 대한 조상들의 지혜와 지역적으로 활용 가능한 지식을

이용하는 것이다. 전통적으로 페루와 멕시코에서 길러지고 있는 두 작물, 아마란스와 퀴노아가 그 예이다. 두 곡물은 지역의 토양과 기후 조건에서 잘 자라고, 쌀, 밀, 옥수수와 같은 상업적 곡식보다 더 높은 단백질을 제공한다.

- **푸른 혁명**: 세계는 '푸른 혁명'을 필요로 하고 있다. 유엔은 앞으로 약 40억 명의 인구가 2050년까지 물 부족으로 영향을 받을 것으로 예상하고 있다. 정부와 사회는 1인당 물 사용량을 줄이고, 저수지와 강을 보호하기 위한 정책을 추진하여야 한다.

지속가능한 농업

자연과 사회·경제적 시스템 간의 연결은 농업에도 영향을 준다. 농업시스템의 지속가능성을 개선하는 데는 국가와 지역에 따라 다양한 방법이 있다. 농부들은 좀 더 지속가능한 접근을 위해 다음과 같은 다양한 노력을 기울이고 있고, 이런 노력들이 장기간의 농장 수익, 농촌 삶의 질 향상에도 기여하고 있다.

- **통합적 해충 관리**: 농약에 의해 병해충을 완전하게 박멸하거나 정기적인 살포를 하는 방제법이 아닌, 주변 환경 상황과 해충의 속성을 고려하여서 문화적, 생물학적, 화학적, 물리적 방제법을 적절히 조합하여 해충을 관리하는 것이다. 이는 건강이나 경제적·환경적 위험을 최소화할 수 있는 이점이 있다.
- **순환 방목**: 관리 집약적 방목시스템을 통해 인력과 사료비, 배설물 처리비를 절감하는 것은 물론 소들이 어리고 연한 풀을 먹을 수 있어 단백질과 비타민, 무기물 등의 영양소를 골고루

섭취하는 것이 가능하다.

- **토양 보전**: 경작하는 작물과 목초를 띠로 하여 교대로 배치하는 대상재배, 경운기와 트랙터를 이용하여 토양 갈이를 하지 않아 토양환경이 안정화되는 무경운 농업 등 다양한 토양 보전 방법은 바람과 물에 의한 토양 침식을 줄인다.
- **수질 관리/습지 보전**: 물을 보호하는 것은 지속가능한 농업의 중요한 부분이다. 많은 노력을 통해 음용수와 지표수의 수질을 향상시키고 습지를 보호할 필요가 있다. 습지는 일 년의 일정 기간 이상 물에 잠겨 있거나 젖어 있는 지역으로 많은 수생식물이 자랄 수 있는 여건을 제공하고 절지동물, 양서류, 파충류에게 서식지를 제공하여 지역의 생태계 평형에 큰 역할을 한다. 그리고 과다한 영양분과 농약을 여과하는 중요한 역할을 한다.
- **덮개작물**: 수확이 끝난 뒤에 맨땅을 그대로 두지 않고 호밀이나 클로버 등의 덮개작물을 심으면 잡초를 관리할 수 있고, 토양의 침식을 줄이며, 토양의 양분과 토질을 향상시키는 이점이 있다.
- **작물/경관 다양성**: 농장에 다양한 작물을 재배하는 것은 기후 변화, 시장의 상황, 병충해 등에 대한 위험을 감소시켜 준다. 또한 토양보전의 효과가 있으며, 야생동물의 서식지와 유익한 곤충의 수를 증가시켜 생물 다양성을 유지하는 데 기여한다.
- **양분 관리**: 식물이 자라는 데 필요한 영양소로는 질소, 인산, 칼륨 등의 양분 관리를 통해 토양의 질을 향상시키고 환경을 보호한다. 거름을 쓰거나 콩과 식물을 덮개작물로 이용하면 농장의 양분자원 이용을 증대시켜 화학적 비료 사용을 줄일 수 있다.

- **농림업**: 농림업은 농장에 나무를 활용하는 여러 방법을 포함하는데, 작물과 목초지 사이에 나무를 심는 것, 조림지를 더 잘 관리하는 것, 그리고 강기슭의 완충지에 나무와 관목을 심는 방법 등이 있다.
- **마케팅**: 농부들은 이익을 증대하기 위해 판매 개선 방법을 찾고 있다. 농부가 직접 운영하는 직거래 가게, 온라인 판매, 지역 사회 후원 농업 등과 같은 소비자와의 직거래는 앞으로 더욱 일반화될 것으로 예상된다.

지속가능한 관광

관광은 가장 빠르게 성장하는 산업 중 하나이며, 많은 나라의 주요 수입원이다. 관광은 사람을 필요로 하는 산업이기 때문에 많은 일자리를 제공함으로써, 지역 경제에 활력을 준다. 그러나 다른 개발과 마찬가지로 관광 산업은 사회 혼란, 문화유산 손실, 경제적 자립 약화, 생태 환경 악화 등과 같은 문제를 야기할 수 있다.

관광의 동기가 무엇이든 모든 관광 활동은 지속가능할 필요가 있다. 지속가능한 관광은 지역 주민과 여행자, 문화유산과 환경 모두를 존중하는 관광을 말한다. 이는 관광지의 사람들에게도 이익을 주는 동시에 여행객들에게 흥미롭고 교육적인 여행을 제공하는 것을 말한다.

일반적으로 여행객을 대중 관광객, 엘리트 관광객, 탐험가 관광객, 대안 관광객과 같은 4가지 유형으로 나눌 수 있다.

표 V-4 관광객의 4가지 유형

대중 관광객	엘리트 관광객
• 패키지 투어, 수입과 고용 효과 • 서구식 시설, 식품, 서비스 요구 • 지역 기념품과 놀이 시설 요구	• 색다른 곳에 개인적 맞춤 관광 • 소수지만 많은 소비가 이루어짐 • 호화로운 숙박과 식품으로 자원 낭비 또는 환경 파괴
탐험가 관광객	**대안 관광객**
• 모험과 발견을 위해 지역 주민과의 관계 추구 • 지역 환경에 교감하고 생활양식 수용 • 새로운 곳을 탐험하려는 경향으로 가능한 같은 곳을 방문하지 않음	• 탐험가들과 많은 점이 비슷 • 환경에 보다 관심을 가짐 • 지역 문화에 대한 관심이 큼 • 관광객 수가 적당하고, 대중 관광객보다 소비를 줄이려고 노력함

여행할 때, 다른 지역 및 국가의 사람들과 만나고 문화를 보고 느끼는 '관계'의 관점보다는, 관광지를 구경하고 쇼핑을 하는 '소비'의 관점으로 여행을 하는 경우가 많다. 이러한 '소비' 지향의 여행 문화를 가장 잘 보여주는 것이 패키지여행이다.

여행을 떠나면 교통비, 숙박비, 식비 및 각종 입장료까지 많은 비용이 든다. 그 비용 덕분에 지역 사람들이 경제적 이득을 얻을 것으로 생각하기 쉽지만, 우리가 제3세계를 여행할 때 쓰는 비용 중, 70~80%는 지역주민들이 아닌 외지인 소유의 호텔이나 여행사, 항공사들에 의해 빠져나가고 현지 공동체에게 돌아가는 것은 단지 1~2%뿐인 경우가 많다.

그리고 우리가 여행을 하면서 사용하는 휴지, 일회용품 등은 쓰레기로 배출되고, 특히 사람들이 많이 찾는 유명 관광지에서는 그로 인한 폐해가 더욱 심각하다. 투어리즘 우려(Tourism Concern) 자료에 의하면 인도 고아(Goa)의 한 유명호텔이 소비하는 물의 양은 인근 지역

5개 마을에서 소비하는 양과 맞먹는다. 이 호텔에서 머무르는 투숙객이 소비하는 전기의 양은 지역 주민들이 사용하는 양의 약 28배이다. 여행을 하기 위해 비행기를 타는 순간, 호텔에서 물과 전기를 낭비하는 순간, 편리하기 때문에 일회용품을 쓰는 순간, 우리는 나도 모르게 여행지의 환경과 지역 주민의 삶에 큰 영향을 주고 있는 것이다.

여행 가는 사람들과 여행지의 사람들, 자연환경 모두가 행복해지기 위해 이제는 조금 다른 여행을 할 때이다. 여행지에서 만나는 이들의 삶과 문화를 존중하며, 그 지역에 보탬이 되고 자연환경의 아름다움을 즐기면서, 자연을 보존하는 여행, 이러한 대안적인 여행을 '공정여행'이라고 부른다.

한 지역의 역사적·문화적·환경적 유산을 보존하는 데 저해되지 않는 의식 있는 여행자가 되기 위한 6가지 일반 원리는 다음과 같다.

- **사전준비**: 방문할 곳의 문화, 역사, 관습 등을 사전에 배우면서 여행을 준비한다. 여행할 지역의 간단한 언어는 익히도록 노력한다.
- **올바른 여행 운영자 선택**: 지역 사람들과 함께 머무를 수 있는 간소한 숙박시설을 찾아본다. 여행 운영자가 환경적으로 건전한 거래를 하여 지역공동체에 이익이 될 수 있는 여행상품을 선택한다.
- **지역의 관습, 문화, 생활양식 존중**: 지역 주민들을 존중하고, 그들에게 맞추기 위해 노력한다. 그들의 모습과 사는 곳을 촬영할 때에는 주의하며, 인격적으로 존중하고 살아가는 방식이 다름을 인정한다. 특히 종교적이나 신성한 곳에서 지역 주민의 신념을 거스르는 태도와 행동은 하지 않는다.
- **자신의 존재로 인한 영향에 대한 생각**: 소비의 결과가 여행지

에 돌아가도록 지역음식을 주로 먹는다. 관광버스보다는 걷거나 자전거 혹은 지역의 교통수단을 이용한다. 토양이나 자연환경에 피해를 줄 수 있는 여행은 피하고 쓰레기를 많이 버리지 않는다. 지역의 빈곤이나 판매자의 상황을 악용하지 않도록 한다. 또한 보호종으로 만든 물건을 사는 것은 피하며, 나무와 물과 같은 한정된 자원을 보존하기 위해 노력한다.

- **지역 사람들과의 의사소통**: 자국의 사회적 · 환경적 · 경제적 현실에 대한 정보를 지역 사람들과 공유하며 지역 사람들과 관광객을 보는 관점에 대해 서로 이야기를 나눈다.
- **여행 후 지속적 경험**: 여행 이후 자국에서 환경단체 또는 인권단체에서 활동하거나 단체 활동을 지원한다. 자신이 여행했던 지역 사람들의 일상을 다른 사람들에게 이야기하고, 지속적인 관심을 갖는다.

지속가능한 공동체

여러분의 공동체는 어떠한가? 도시 한가운데 위치하고 있는가? 아니면 멀리 떨어진 농촌지역인가? 지역 환경의 질은 어떠한가? 대중교통, 학교, 병원, 공원 등 기반시설은 잘 갖추어져 있는가? 사람들은 만족해하며 즐겁게 일을 하는가? 종교적 · 민족적 융합이 이루어지고 있는가? 사람들은 자신의 목소리를 정책적 의사결정자들이 듣고 있다고 느끼고 있는가?

지속가능한 공동체는 자연적 · 경제적 · 사회적 · 정치적 지속가능성을 유지하기 위해 통찰력, 상호 보살핌, 공동체 가치 공유, 유연한 관계 형성 등의 전제 조건을 갖추려는 노력을 기울여야 한다.

"지속가능한 공동체란 세대 간의 번영이 계속되는 공동체를 말한다. 이렇게 정의한 이유는 삶의 질을 유지하는 기능들이 지속적으로 발현되어야 인간을 비롯한 다양한 종들을 위한 자원들을 제공해 줄 수 있는 건강한 생태계 유지가 가능하기 때문이다. 또한 모든 공동체 구성원들이 건강을 유지하고 문화적 다양성을 존중하며, 미래 세대의 필요를 고려한 사회적 기반을 갖출 수 있다. 지속가능한 공동체는 변화에 적응하고, 주민들에게 안전을 제공하며, 사회적·생태적 한계를 인정하는 건강하고 다양한 경제적 특징을 가질 수 있다."[30]

미국의 지속가능한 공동체 의회에서 제시한 '지속가능한 공동체의 13가지 지표'는 다음과 같다.[31]

- **자연환경**: 지속가능한 공동체 내의 모든 생명체들의 상호연관성을 인정하고, 특정 이익보다 생태계와 인간의 공존을 우위에 두며, 건강하고 지속가능한 환경에 대해 인식한다.
- **인구**: 지속가능한 공동체 내에서 인구는 안정적이며 땅, 물, 공기의 수용 한계 내에서 유지된다.
- **물 소비**: 지속가능한 공동체 내에서는 자연적으로 보충되는 것보다 더 빠르게 물을 소비하지 않는다. 이것은 지속가능한 물 소비가 물의 최대 생산량 내에 있어야 함을 의미한다.
- **식량 생산**: 지속가능한 공동체 내에서 경작지는 지역 식량 생산을 위해 보존되며, 농부와 일하는 사람들은 생계비를 벌 수 있고, 무독성 물질을 활용함으로써 미래 세대를 위해 토양과 물을 보호한다.

- **천연자원의 이용**: 지속가능한 공동체 내에서는 자원을 효율적으로 사용하고, 재사용과 재가공이 될 수 없거나 지구에 재흡수 될 수 없는 쓰레기는 되도록 만들지 않는다.
- **교통**: 지속가능한 공동체는 걷거나 자전거 혹은 대중교통을 이용해 대부분의 필수품을 구입할 수 있고, 대중교통과 개인차량들은 청정 연료를 사용한다.
- **주택**: 지속가능한 공동체에서는 인간의 필요를 충족시키면서 동시에 사회적·환경적 건강을 돕는 방식으로 주택의 구조를 설계하고 짓는다. 이러한 주택은 안전하고 가격이 적당하며, 에너지 및 자원 효율이 높고 모든 사람이 이용할 수 있다.
- **경제**: 지속가능한 공동체는 자원과 에너지의 효율적 사용이 이루어지는 것과 더불어 지역 경제 내에서 생산적인 일을 통해 기본적인 필요를 충족해줄 수 있다.
- **사회평등과 정의**: 지속가능한 공동체는 사람과 사람 사이의 관계와 사람과 자연 사이의 관계 속에서 높은 수준의 평등과 정의를 유지하면서 공동체 전체의 복지를 존중하고 지지한다.
- **거버넌스와 참여**: 지속가능한 공동체는 다양한 구성원이 공동체 일에 참여하며, 모든 거버넌스에서 높은 수준의 협력 및 합의 과정을 갖는다.
- **교육**: 지속가능한 공동체는 개인과 사회 및 환경의 건강을 돕는 방식으로 살기 위한 자신감을 갖고 지식, 기술, 지혜들을 공유하면서 평생학습에 참여한다.
- **건강**: 지속가능한 공동체는 개인의 행복을 위해 책임을 지고, 사회와 환경의 건강을 증진시키기 위해서 상호 협동한다.

- **정서**: 지속가능한 공동체 내에서는 변화와 성장을 위한 잠재력을 인식하고, 새로운 생각과 행동의 변화를 가져온다. 이는 그들이 진정 믿고 있는 바와 가치관이 무엇인지를 행동으로 보여주는 것을 의미한다. 안전하고 서로 배려하는 공동체는 정당한 노동, 활발한 상호작용 및 의사소통을 통해 실현될 수 있다.

세계화

세계화의 의미

기후위기가 자연계에서 지속가능발전에 영향을 미치는 가장 중요한 요인이라면, 세계화는 인간계에서의 가장 핵심적인 요인이라고 할 수 있다. 세계화는 지속가능발전을 위한 기회이자 장애물이 될 수 있다. 현재에도 세계화는 계속 진행되고 있으며, 이웃, 지역, 도시, 그리고 국가들을 이전보다 더 가깝게 연결해 준다. 세계화는 먹는 음식, 입는 옷, 듣는 음악, 얻는 정보, 갖는 생각 등의 공유를 통해서 세계의 모든 사람들과 연결된 삶을 가능하게 한다.

일반적으로 국제화의 다양한 측면을 고려한 세계화의 의미를 이해하는 것이 필요한데, 일반적으로 다음의 4가지 측면을 강조한다.

- **경제적 세계화**: 국제무역, 자본거래, 수송, 그리고 증가하는 국제투자와 다국적기업의 중요한 역할을 통한 경제적 활동의 국제 간 교류
- **환경적 세계화**: 증대되고 있는 인류에 대한 국제적 환경변화의 영향 및 환경에 대한 인류 활동의 국제적 영향

- **문화적 세계화**: 북아메리카와 유럽 언어의 확산을 통한 생활양식 및 언어의 세계적 동질성
- **정치적 세계화**: 정부와 국제기구의 협력 및 인권, 민주주의, 노동자의 권리, 환경기준에 관한 폭넓은 수용

우리는 매일 세계 각지의 생산물 그리고 다양한 세계적 변화들과 연결되어 있다. 다음에 제시되어 있는 어느 학습자의 아침 일상을 다룬 '세계야 안녕'이라는 글을 보며, 우리는 한 개인의 일상적인 생활이 세계와 어떤 연결 고리가 있는지 살펴보며 세계화의 의미를 다시 생각해 볼 수 있다.

> "나는 일어나서, 시트와 담요를 걷어내고 침대를 나와 슬리퍼를 신는다. 나는 비누와 물로 세수를 하기 위해 화장실로 간다. 그 후 침대로 와서 입었던 잠옷을 벗고 학교에 갈 옷과 신발을 신는다. 밖을 보니 오늘 날씨가 춥고 비가 올 것같이 보인다. 그래서 나는 보온 재킷을 입기로 한다. 나는 시리얼 한 그릇을 먹고 뉴스를 보면서, 커피를 한 잔 마신다. 시계를 보니 늦어서 나는 양치를 빨리하고, 책가방에 책을 넣고, 재킷과 모자를 쓰고 통학버스에 오른다."[32]

위의 이야기는 여러 국가의 학습자들과도 동일하게 관련이 되는 이야기이다. 이러한 문화적·경제적·환경적 세계화 관점은 사람들이 세계화를 생각할 때, 종종 가장 핵심적인 요소로 간주되며, 지속가능발전과 관련된 인식에도 많은 영향을 미친다. 이러한 과정 속에서 전 지구적 문화라는 개념을 떠올릴 수 있을 것이다.

그런데 세계화에 대해 지지하는 사람들과 비판하는 사람들의 견해가 다를 수 있다. 세계화 지지자들은 세계화를 통해 전 세계 사람들의 삶의 기준이 많이 향상된다는 점에 초점을 둔다. 그 예는 다음과 같다.

- 민주주의는 거의 모든 나라가 선거권이 없었던 1900년에 비해, 2000년대에는 전 세계 사람들의 약 62.5%가 선거권을 가질 정도로 극적으로 확대되어 왔다.
- 세계에서 1인당 하루 식량 공급량이 2,198cal 미만인 인구 비율이 1960년 중반의 약 56%에서부터 1990년대 약 10% 미만까지 감소되어 왔다.
- 1950년과 1999년 사이에 세계 문해력은 약 52%에서 약 81%로 향상되었다. 여성들이 그 대부분을 채웠는데, 남성의 문해력만큼 여성의 문해력은 1970년대 약 59%에서 2000년대 약 80%로 향상되었다.

그러나 세계화를 비판하는 사람들은 이러한 몇 가지 긍정적인 측면이 세계화가 아니라 교육에 대한 국가 정책과 토지개혁 때문일지 모른다고 주장한다. 세계화의 부정적인 사회적 영향에 대한 다음의 주요 질문들을 생각해보자.

세계화는 여성에게 어떤 영향을 미치는가?

세계화는 왜 빈곤을 유발하는가?

왜 많은 사람들이 세계화에 반대하는가?

세계화는 왜 문화적 다양성을 감소시키는가?

기후변화

지구는 인간의 무분별한 행동으로 인해 기후 재앙에 직면해 있다. 화석연료의 연소와 또 다른 인간 활동들로 오염물질이 대기 중에 축적되어 있고, 이것이 방사열을 차단해 온도를 높이고 있다. 온난화의 정도와 정확한 시기, 그리고 그것이 가져올 영향에 대해서는 불확실한 측면도 있다. 그렇기 때문에 우리가 인간으로서 과학적 불확실성과 같은 문제에 어떻게 대응하는가에 대한 어려움도 함께 있다.

온난화로 인해, 온도 상승, 강우량과 계절의 변화, 홍수, 가뭄, 허리케인과 같은 극단적인 날씨 변화, 극지방의 빙하가 녹아 해수면이 상승하는 것 등의 심각한 결과가 이미 나타나고 있다.

이러한 변화가 생태계에 미치는 영향으로는 사막화, 열대림과 산호초의 파괴, 농업 생산성 감소, 종의 멸종, 물 부족, 자연재해에 의한 사망자 증가, 열대 질병 확산 등이 있다.

이러한 영향의 규모가 단지 환경의 질과 사회적 행복의 감소를 가져올지, 진정으로 기아, 대규모 이주, 자원 전쟁과 같은 파멸적인 붕괴를 가져올지는 앞으로의 인간의 행동과 온도상승, 온실가스 축적 등의 대응에 달려있다.

기후변화에 대한 불확실성 때문에 모든 것을 교사가 제시해 주는 것은 쉽지 않다. 다음의 질문에 대해 학습자들과 함께 조사하고 토의해 보는 시간을 갖는 것이 필요하다.

- 지구의 기후를 결정하는 요인은 무엇인가?
- 기후변화와 날씨와의 관계는 무엇인가?
- 온실효과는 무엇인가?

- 인간의 활동은 어떻게 기후변화에 영향을 주며, 자연적 영향과 어떤 차이점이 있는가?
- 지구의 온도는 어떻게 변화되고 있는가?
- 강수량의 변화는 어떠한가?
- 현재의 기후변화는 지구 역사상 초기의 기후변화와 어떤 차이가 있는가?
- 산업화가 진행되는 동안 어떤 인간 활동을 통해 이산화탄소 및 다른 온실가스가 증가되었는가?
- 20세기의 온난화는 자연 변화로 설명될 수 있는가?
- 무더위, 가뭄, 홍수 등과 관련하여, 지구의 기후변화 근거로 생각할 수 있는 극단적인 사건은 무엇인가?
- 온실가스의 배출을 줄이고자 할 때, 얼마나 빨리 대기 중의 온실가스의 농도를 감축할 수 있는가?

기후변화의 영향은 여러분의 지역 및 국가에 어떤 심각한 영향을 미치는가? 많은 사례에서 기후변화의 영향과 관련해 2가지 측면으로 탐구를 하는 것이 필요하다. 첫 번째 측면은 물리적 환경 내에서 다음과 같은 온도상승의 영향을 포함하고 있다.

- 빙하가 예상보다 더 빨리 녹는다.
- 그린란드 빙하의 이동이 지난 10년간 2배 이상 진행되었다.
- 북극 만년설이 너무나 빠르게 녹아서 최근 여름에는 북미와 러시아 사이에 해로가 형성되었다.

- 저지대의 삼각주나 섬나라에서 전 세계적으로 해수면 상승이 일어나고 있다.
- 규모 4-5의 허리케인 수가 지난 30년간 두 배 늘었다.
- 300여 종의 동식물들이 극지방에서 사라졌다.
- 장기간에 걸쳐 무더위가 이어지는 열파가 더 자주, 더 강렬하게 발생한다.
- 가뭄과 산불이 더 자주 일어나고 있다.

물, 식품, 옷, 주거, 제품, 교통, 에너지, 직업, 여가 등 우리가 필요로 하는 모든 자원은 물리적 환경에 의존하기 때문에, 이러한 1차적인 영향은 우리가 다음과 같이 필요로 하는 자원에 영향을 줌으로써 2차적인 영향을 일으킨다.

- **물**: 가뭄, 물의 질, 물의 공급 관련 문제
- **식품**: 가축 및 수확물 관련 문제
- **생태계**: 국가 보유, 종 다양성, 자연과 농장 숲 관련 문제
- **해안**: 수산, 해양 생물, 연안 인프라 관련 문제
- **보건**: 열 스트레스, 매개 질병 관련 문제
- **마을**: 인프라, 지방정부, 계획, 교통, 에너지, 응급 서비스

기후변화에 대한 대응은 잠재적 피해를 완화하고 결과에 대처하며 기회를 활용하기 위해 기후변화를 조정하는 시스템을 말한다. 기

후변화에 대한 대응 전략의 예는 다음과 같다.

- **물**: 빗물 재사용, 물 저장 및 보존, 물 재사용, 담수화, 물 사용과 물을 끌어오는 관개에 있어서의 효율성을 높인다.
- **농업**: 농작물을 심는 시기와 작물 종류를 바꾸고, 작물을 재배하는 토양의 질을 향상시킨다(예: 나무를 심어서 토양 부식을 막고 토양을 보호한다).
- **사회기반시설**: 방파제와 해일 방파제를 세우고, 사구를 보강하고, 습지를 만들면, 이러한 것들이 완충제가 되어 해수면이 상승하고 홍수가 나는 것을 막을 수 있다.
- **인간 건강**: 매우 뜨거운 극열에 대비한 실행계획을 세우고, 응급의료지원, 기후변화에 민감한 질병 관리 및 통제, 수질보호 및 위생시설을 개선한다.
- **관광사업**: 관광명소와 관광수입원을 다양화한다.
- **운송**: 기후 온난화에 대비하고 배수가 잘 될 수 있도록 물길을 변경하고, 길, 철도 등 여러 운송 시설을 재정비한다.
- **에너지**: 전선로를 사용해 송전하는 가공 송전을 보강하고, 유통망을 보강하며, 케이블 지하 배선을 확대하고, 에너지 효율과 재생 에너지 사용을 지원하고, 단일 에너지원 의존을 줄인다.

미주

1) 홍성국(2018). 수축사회: 성장신화를 버려야 미래가 보인다. 메디치. p.21.
2) 신승철(2013). 녹색은 적색의 미래다: 생태적 지혜를 위한 철학 산책, 알렙. p.212.
3) 홍성태(2004). 생태사회를 위하여, 문화과학사. p.21.
4) 김홍주, 양승실, 김순남, 박승재, 이쌍철, 이성회, 김갑성, 유성창(2016). 미래지향적 교육생태계 조성을 위한 교육체제 재구조화 연구. 서울: 한국교육개발원.
5) 강영택(2018). 마을을 품은 학교공동체. 서울: 도서출판 민들레.
6) 나현주, 강지나, 김용련, 김은정, 이성, 홍섭근(2019). 경기혁신교육생태계 강화 방안 연구. 경기: 경기도교육연구원.
7) 김용련(2019). 마을교육공동체: 생태적 의미와 실천. 서울: 살림터.
8) 김홍주, 양승실, 김순남, 박승재, 이쌍철, 이성회, 김갑성, 유성창(2016). 미래지향적 교육생태계 조성을 위한 교육체제 재구조화 연구. 서울: 한국교육개발원.
9) UNESCO (2004). United Nations Decade of Education for Sustainable Development 2005-1014: Draft International Implementation Scheme. Paris: UNESCO.
10) 손연아(2016). 사회적 책임을 접목하기 위한 과학교육의 구조 및 지속가능발전교육과의 통합교육 전략 제안. 교육문화연구, 22(6), pp.279-312.
11) 이선경, 김남수, 김찬국, 주형선, 황세영, 김이성, 백승현, 이재영, 장미정, 정수정, 정원영, 조우진(2014). 한국의 유엔지속가능발전교육 10년. 유네스코한국위원회.
12) Hesselink, F., Kempen, P. P., & Wals, A. (2000). ESDebate: International Debate on Education for Sustainable Development. IUCN.
13) Hesselink, F., Kempen, P. P., & Wals, A. (2000). ESDebate: International Debate on Education for Sustainable Development. IUCN.
14) 이 부분은 '현대환경론: 환경문제에 대한 환경철학적·민중론적 이해(1989)' 내용 중 8장에 기재된 내용 중 일부를 발췌 및 수정하여 작성하였다(David Pepper 지음, 이명우 외 옮김, 1989-1997, 12쇄, 한길사). 이 단행본은 1984년에 처음 'The Roots of Modern Environmentalism' 제목으로 출판된 이후로 2021년 현재 Routledge에서 재출판하였다.
15) Huckle, J. (1983). Geographical Education: Reflection and Action, Oxford Studies in Education.
16) O'Riordan, T. (1981). Environmentalism and education, Journal of Geography

in Higher Education, 5(1), pp.3-18.

17) Schumacher, F. (1973). Small is Beautiful: Economics as if People Really Mattered, London: Abacus.

18) 이광우, 전제철, 허경철, 홍원표, 김문숙 (2008). 미래 한국인의 핵심 역량 증진을 위한 초·중등학교 교육과정 비전 연구: 핵심 역량 영역별 하위 요소 설정을 중심으로. 한국교육과정평가원 연구보고서.

19) UNESCO (2005). Guidelines and Recommendations for Reorienting Teacher Education to Address Sustainability. UNESCO.

20) OECD (2002). Definition and Selection of Competencies: Theoretical and Conceptual Foundations-Strategy Paper. OECE Press. / 모경환, 김웅, 박현화, 이한나, 임정수(2008). 지속가능발전교육 역량 개발 프로젝트: 중학교 ESD 수업 모듈. 유네스코한국위원회.

21) 손연아, 남상준, 김영순, 방담이, 서미숙, 이영희, 이인숙, 김강석, 최소영, 남윤희, 김병주, 이동엽, 이경미, 정소민, 조수진, 박인범, 권혜인, 신혜영, 서강선, 한희경, 이태규, 김병연, 김영준, 김용남, 이은주, 윤길복(2014). 2014년 지속가능발전교육(ESD) 사회문제해결형 수업모델 개발연구 연구개발과제 최종보고서. 서울: 교육부·한국과학창의재단.

22) 손연아(2016). 사회적 책임을 접목하기 위한 과학교육의 구조 및 지속가능발전교육과의 통합교육 전략 제안. 교육문화연구, 22(6), pp.279-312.

23) O'Brien, C. (2005). Planning for sustainable happiness: Harmonizing our internal and external landscapes. Paper prepared for the 2nd International Conference on Gross National Happiness, Nova Scotia, Canada.

24) UNESCO (2005). Guidelines and Recommendations for Reorienting Teacher Education to Address Sustainability. UNESCO.

25) 서울특별시교육청(2020). 생태전환교육 길라잡이. 서울특별시교육청.

26) 이 절의 내용은 최돈형 외(2011)의 '교사가 실천하는 지속가능발전교육 미래세대와 동행하기(2010년 UNESCO에서 개발한 TLSF 프로그램을 번역, 여기에 한국의 사례를 추가하여 발행)'에 포함된 '제3부. 현시대의 쟁점들'에서 발췌하여 수정·보완하였다.

27) UNESCO (2009). UNESCO World Report 2: Investing in Cultural Diversity and Intercultural Dialogue. UNESCO Publishing.

28) Women's Environmental and Development Organization (1999). A Gender Agenda for the World Trade Organization. WEDO.

29) Feeding Minds, Fighting Hunger: A World Free From Hunger. http://www.feedingminds.org (accessed on 20 Sep. 2022).

30) 최돈형, 조성화, 안재정, 홍현진, 정국초(2011). 교사가 실천하는 지속가능발전교육: 미래 세대와 동행하기. 유네스코한국위원회, pp.278-279.

31) 최돈형, 조성화, 안재정, 홍현진, 정국초(2011). 교사가 실천하는 지속가능발전교육: 미래 세대와 동행하기. 유네스코한국위원회, pp.279-280.

32) 최돈형, 조성화, 안재정, 홍현진, 정국초(2011). 교사가 실천하는 지속가능발전교육: 미래 세대와 동행하기. 유네스코한국위원회, p.292.

Ⅵ

지속가능발전교육의 방향

01
생태주의

생태주의란 무엇인가

생태주의(ecologism)는 전통적인 환경주의보다 더 근본적이고 급진적인 방법으로 환경문제를 바라보는 사고이다.[1] 생태주의에 대치되는 개념은 전통적 환경주의이다. 환경주의는 현재의 지속가능위기를 기술적 전문성의 적용으로도 해결할 수 있는 것으로 여긴다. 반면에 생태주의는 사회의 근본적 문제의 전환이 없이는 해결할 수 없다고 본다. 사람 몸의 치료에 비유하자면 환경주의는 내·외과 수술로 지구 환경을 살릴 수 있다고 본다. 그러나 생태주의는 그 사람이 사는 방식(음식 섭취 습관, 운동 습관, 사고 습관 등)을 근본적으로 고쳐야 살 수 있다고 주장한다. 생태주의적 관점에서 볼 때 환경문제는 사회적, 경제적, 정치적 질서들에 대한 문제의 표면적 증상일 뿐이다. 탈모라는 표면적 증상(이상기후, 생물 멸종 등)을 치료하기 위해서는 근본 원인인 영양부족(사회·경제·정치적 시스템의 문제들)을 바로 잡아야 한다는 것이다.

생태주의에도 여러 갈래가 있다. 박성복에 의하면 생태주의는 1970년대에 출현한 이래 생태낭만주의와 생태합리주의의 두 가지 갈래로 분류된다.[2] 생태낭만주의(ecological romanticism)는 18세기 낭만주의 사조가 활기를 띠면서 환경위기 극복의 대안으로 나타난 사상이다. 이 사상은 사회제도의 개선이나 변혁보다는 자연에 대한 인간의 감성을 제고시키고, 개인의 가치관 변화를 촉진하여 그에 따른 실천적 행보의 변화를 이끌어내는 방식으로 환경문제를 해결하고자 하는 입장이다.

생태낭만주의는 다시 심층생태주의와 문화적 생태여성주의로 구분된다. 심층생태주의는 서양 세계관의 인간 우월주의와 이원론적 분리주의 대신에 인간이든 자연물이든 모든 존재가 평등하다는 만물평등주의와 자아를 타인, 동식물종, 지구로 확장하여야 한다는 자아 확장론을 주장한다. 최근 지속가능위기 극복을 위한 대안적 사상으로 많이 거론되고 있다. 한편, 문화적 생태여성주의는 남성 중심주의 사회에서 간과되어 온 여성적 가치를 통해 환경문제를 해결하고자 하는 입장이다. 자연을 여성과 동일시하여 자연을 구하는 데 여성적 세계관이 더 적합하다는 것이다.

생태합리주의(ecological rationalism)는 낭만주의와 달리 계몽주의의 가치를 선택적으로 수용하여 인간의 이성으로 새로운 생태사회를 조성함으로써 환경문제를 해결할 수 있다고 주장한다. 생태합리주의도 다시 사회생태주의와 사회적 생태여성주의로 나누어진다.

사회생태주의는 인간 사회의 서열화 의식, 계급, 차별이 자연의 영역에도 영향을 미쳐 자연 차별이 발생했다는 논리이다. 사회생태주의는 사회의 서열화를 청산함으로써 환경문제를 해결할 수 있다고 보기 때문에 생태무정부주의로 불리기도 한다. 이에 비해 사회적 생태여성주의는 문화적 생태여성주의가 주장하는 여성적 가치의 우월론은 본원적인 해결책이 될 수 없다고 본다. 대신 여성이든 남성이든 인간은 사회적 존재이면서도 자연적 존재이므로 양자의 균형 속에서 문제를 풀어야 한다고 주장한다. 문화적 생태여성주의는 자연과의 영성적 결속을 중시하는 데 비해, 사회적 생태여성주의는 환경문제와 관련한 사회정치적인 사안에 관심을 갖는다는 특징이 있다.[3)]

생태전환을 위한 교육

이제 생태전환을 위한 교육(Education for Ecological Transition)을 논의해야 할 차례다. 생태전환을 위한 교육은 현재의 방식으로는 인류 전체의 삶이 지속가능하지 않으므로 개인적, 지역적, 전지구적 수준에서 근본적인 '변화'가 필요함을 인식하고 함께 변화를 만들어내기 위한 교육을 말한다. 이 교육은 '현재의 위기가 교육을 통해 확대 재생산되고 있다'라는 반성에 기초해야 한다. 그리고 교육계가 남을 변화시키기에 앞서 스스로를 핵심적인 변화의 대상으로 인정해야 한다.

그런데 생태전환교육은 단순히 기후위기나 생태의 중요성 등을 교육하자는 것이 아니다. 생태전환교육은 문명 패러다임의 전환으로 나아가야 한다고 주장한다.[4)] 패러다임이란 쉽게 말하면 '한 시대의 사람들이 세상을 바라보는 인식의 틀'이다. 고대에는 신화적 패러다임이, 중세에는 기독교적 패러다임이 있었다. 조선시대의 대표적인 패러다임은 성리학적 패러다임이다. 현대의 가장 강력한 패러다임은 자본주의 패러다임이 아닐까?

문명 패러다임을 전환해야 한다는 것은 우리가 세상을 바라보는 방법, 지식을 얻으며 실천하는 방법, 더 나아가 우리가 살아가는 세상을 새롭게 구축해야 한다는 것이다. 그러므로 생태전환교육은 가치관이나 세계관의 문제를 포함하지 않을 수 없다.[5)]

서울시교육청은 생태전환교육의 목적을 '지속가능하고 좋은 삶'

으로 본다.[6] 교육의 목적은 학습자가 좋은 삶을 살도록 돕는 것이며, 그것은 '모두'에게, '언제나', '지금, 이 순간에도' 적용되어야 하는 것이지, '미래'의 행복과 좋은 삶을 위해 '준비'하게 하는 것이 아니다. 사람은 '지금' 행복해야 하며 그 행복은 '지속가능한' 미래로 이어져야 한다. 그러므로 '지속가능하고 좋은 삶'은 다음의 조건을 충족해야 한다고 본다.

- 지속적인 행복은 다른 사람, 환경, 미래 세대를 착취하지 않으면서 개인, 공동체, 그리고 지구적 복지(well-being)에 기여하는 행복이다.
- 나만 행복해서는 안 되고 그럴 수도 없다. 나뿐만 아니라 다른 사람들도 그래야 한다.
- 지금, 이 순간만 행복해서는 안 되고 미래에도 쭉 그래야 한다.
- 다른 사람이나 자연을 착취해서는 좋은 삶을 얻을 수도 없고 지속할 수도 없다.

생태전환을 위한 교육의 목표는 생태인을 육성하는 것이라는 견해도 있는데 이 역시 세계관, 가치관의 전환을 주장한다.

> "생태사회를 욕망하는 새로운 주체는 이를테면 '생태인'이라고 부를 수 있다. 이에 비해 기존의 주체는 '경제인'이라고 부를 수 있다. ... 경제인과 생태인의 차이는 단순히 자연의 이용방식에 국한되는 것이 아니라 궁극적으로 자연관, 인간관에 대한 차이로 이어지지 않을 수 없다."[7]

생태인은 생태적 시민성을 갖춘 사람이다. 생태인은 자연을 단순히 이용대상으로 보지 않으며 우리 자신도 자연적 존재라고 생각한다. 그리고 생태인은 자연의 한계를 강조한다. '생태시민'은 살아있는 유기체로서 지구의 탄생과 성장의 유기적 과정을 깨닫는 시민이다.[8)] 또한 '생태적으로 깨어 있는(ecologically aware) 시민'이란 자신이 살고 있는 장소에 대해 책임감을 가지고, 공통의 문제를 해결하기 위한 집합적 결정의 중요성을 이해하고 공공선에 기여하고자 하는 시민이라고 보고 있다.[9)] 따라서 생태시민은 민주시민과 많은 부분을 공유한다고 할 수 있다.

02

공동체주의[10)]

공동체주의란 무엇인가

여러분은 다음 2개의 주장 중 어느 것에 더 끌리는가?

- **주장1**: 인간은 공동체에 속한 존재이다. 인간은 공동체에 속할 때 비로소 인간으로서 의미가 있다.
- **주장2**: 인간은 독립된 개체이다. 인간은 공동체에 소속된 존재이기 전에 독립적인 개체로서 존중받아야 한다.

<주장 1>에 더 끌린다면 공동체주의자일 가능성이 높고, <주장 2>를 선택한 사람은 자유주의자일 가능성이 높다.

이 문제가 왜 중요한가? 바로 지속가능위기는 인류 공동체의 위기이며 지속가능위기에 개인주의적, 자유주의적 세계관이 책임이 있다고 비난받고 있기 때문이다. 현재 세계 자본주의 질서를 지배하고 있는 세계관은 신자유주의로 그 족보를 따지자면 공동체주의보다는 자유주의에 더 가깝다.

공동체주의는 인간은 외부와 구별되는 소속감, 연대감을 가지고 공동선과 공동의 이익을 추구하는 공동체에 연결됨으로써 비로소 의미 있는 존재가 될 수 있다는 사고이다. 이 사상은 '인간은 다른 사람으로부터 방해받지 않고 완전히 독립적으로 살며, 각자가 자신의 삶의 유일한 개척자'라고 주장하는 자유주의와 대립한다.

흔히 생각하는 것과 달리 공동체주의는 자유주의보다 더 현대적인 개념이다. 왜냐하면 전 근대사회에서는 개인의 정체성은 그가 속한 사회적 집단, 계층, 신분 등에 의해 규정되었으며 공동체를 벗어난 개인은 상상하기 어려웠다. 그래서 구태여 공동체나 공동체주의라는 개념이 따로 필요하지 않았다. 당연히 사람이라면 공동체에 속해야 하는 것이었다. 공동체의 제약을 벗어나 자유롭게 사고하거나 행동하는 경우에는 비난, 처벌, 따돌림과 같은 제재가 뒤따랐음은 중세 기독교 사회나 조선시대의 유교 사회의 사례 등을 통해 쉽게 알 수 있다.

그러나 근대사회에 들어오면서 공동체보다는 개인이 강조되었다. 근대사회의 특징은 무엇보다도 공동체로부터 '개인의 해방'이었다. 공동체에 매몰된 인간이 아닌 사고의 주체로서의 개인이 등장한 것이다. 과학의 발달과 그에 따른 인간 이성에 대한 믿음, 자본주의의 확산에 따른 산업화, 도시화는 전통적 공동체의 속박에서 자유로운 개인을 이념적으로, 그리고 사회경제적으로 전면에 등장시켰다.

근대의 도시화, 산업화는 가족, 마을, 교회 등과 같은 공동체의 기반을 침식하여 사람들의 소외와 고독이 불가피해졌다. 강력한 권력을 가진 근대국가가 공동체의 역할을 대신하고자 하였으나 실제로 나타난 것은 파시스트 독재, 사회주의 독재에 의한 자유의 억압과 시장 자본주의에 의한 개인의 상품화, 도구화뿐이었다.

소외, 고독, 국가 독재에 지친 사람들은 다시 옛날의 공동체를 그리워하게 되어 공동체주의가 근대의 자본주의, 개인주의에 대한 대안으로서 등장하게 되었다. 근대 자본주의의 발달 과정은 공동체 파괴 과정이기도 하다. 19세기에 나타난 공동체에 대한 관심은 공동체 파괴에 대한 반응으로서 공동체 의식의 회복을 목표로 하였다.[11)]

현대의 공동체주의

19세기에 자본주의를 비판하면서 공동체주의가 대두된 것처럼 현대에 와서도 공동체주의는 자유주의를 비판하면서 발전하였다. 현대의 공동체주의는 1982년 마이클 샌델(Michael Sandel)이 '자유주의와 정의의 한계(Liberalism and the Limits of Justice)'를 출판하면서 급부상하였다.[12)]

샌델은 원자화된 개인의 권리가 공공선에 우선한다는 자유주의자 롤스의 주장을 공동체적 인간 본질의 관점에서 비판하였다. 그에 의하면 롤스와 같은 자유주의자들은 특정한 목적이나 상황과는 독립된 무연고적 자아를 설정하고 이를 목적에 우선시키고 있다. 그러나 샌델의 주장은 인간은 본래 온전한 존재가 아니라 결함 있는 존재이며, 인간의 자아는 공동체에 의해 구성되는 '연고적(緣故的) 자아'이다. 그러므로 인간에게서 공동체의 공공선과 목적을 배제하는 순간 더이상 인간(human being)이 아니며 단지 생각하는 '호모사피엔스'에 불과하게 된다. 샌델 주장의 궁극적인 요지는 인간은 공동체의 공공선과 목적을 추구함으로써 혼자서는 달성할 수 없는 인간의 선을 이룰 수 있다는 것이다.[13)]

쉽게 말해 인간의 자아는 공동체에 의해 구성되므로 인간에게서 공동체를 빼버리면 인간은 존재하지 않는 거나 마찬가지라는 것이다.

반면에 롤스(Rawls)와 같은 자유주의자들이 주장하는 인간의 자아는 공동체 없이도 성립이 가능한 '무연고적 자아'라는 것이다. 샌델은 바로 이 '인간의 무연고적 자아'라는 개념은 말이 안 된다고 비판한다.

자유주의는 '무연고적 자아' 개념에 기반하여 사회도 개인의 자발적인 선택과 계약의 결과로 형성된다고 본다. 그러나 샌델의 공동체주의는 사회가 개인의 합리적 선택 외에도 본능적 선택(가족)과, 공동체의 목적이나 공공선을 추구(인위적 공동체)하는 인간의 본질적 성향에 의해서도 구성된다고 본다.

샌델은 공동적 의무와 시민적 연대를 강조하는 전통적 공동체가 2차 대전 이후 경쟁과 시장을 강조하는 자유주의적 경향에 의해 파괴되었으므로 공동체 부활의 차원에서 과거 공화주의를 부활시켜야 한다고 주장한다.[14] 샌델 외에도 현대 공동체주의는 매킨타이어(Alasdair MacIntyre), 셀즈닉(Philip Selznick), 왈쩌(Michael Walzer), 에치오니(Amitai Etzioni), 갤스튼(William A. Galston), 테일러(Charles Taylor) 등에 의해 발전되었다. 이들의 공통점은 서구 국가의 사회적 무질서와 부의 불평등의 원인으로 개인주의적 자유주의를 지목한다는 것이다.

샌델을 중심으로 한 미국의 공동체주의자들은 과도한 신자유주의가 초래한 병폐를 치유하기 위한 보완책으로서 공동체의 긍정적 기능을 역설한다. 하지만 유럽의 포스트모더니즘 철학은 공동체를 억압적이며 전체적인 개념으로 보고 배척하는 경향이 있다. 현대 유럽 지성계의 이러한 공동체에 대한 반감은 히틀러의 나치즘과 소련 및 동유럽 국가의 사회주의가 보여준 폭력과 야만성에 그 뿌리를 두고 있다.

지속가능위기와 공동체

현대에 와서는 지속가능위기에 대응하기 위한 유력한 방안으로 풀뿌리 공동체를 제시하는 사상가들이 나타났다. 앤서니 기든스(Anthony Giddens)는 현대 사회를 위기 사회로 진단하면서 현대의 위기가 전통적 위기와는 다른 원인과 모습을 가진다고 보았다.

우선 기든스는 근대사회를 합리적, 이성적 전망이 불가능한 예측 불가능 사회라고 규정한다. 근대화가 전통적 근대화 이론가들이 주장한 것처럼 보편적, 진화론적으로 진행되지 않았으며 불연속적이고 다원적인 방식으로 전개되었기 때문이다. 그럼에도 근대의 인간들은 불확실한 지식과 이성에 의존하여 사회적 삶의 조건과 자연에 대한 인위적 개입을 강화해왔다. 그 결과 중의 하나가 전통사회에서는 볼 수 없었던 기후위기와 같은 위험들의 창출이다. 그런데 이러한 위험들은 인간의 이성적 개입이 증가할수록 인위적 불확실성(manufactured uncertainty)이 증가한다. 근대의 위험은 비합리적 근대성에 대한 '제도화된 무지'와 그로부터 초래되는 위험에 대한 '조직화된 무책임성'에 의해 더욱 악화되는 경향을 보인다는 것이다.

이 같은 진단은 기든스 외에도 벡, 하버마스와 같은 사회철학자들의 주장에서도 거의 유사하게 발견된다. 기든스와 벡은 근대의 비합리성으로 인한 위험사회의 도래를 방지하기 위한 방안으로 성찰적 근대화를 제안한다. 성찰적 근대화는 이른바 풀뿌리 시민공동체를 육성하여 모든 사회 영역에서 민주성과 합리성을 강화하고 시민의 활발한 정치 참여를 확산하는 전략이다. 이는 필연적으로 기존 제도정치에서 벗어난 풀뿌리 정치를 강조하게 되는데 벡의 '하위정치(sub-politics)', 기든스의 '생활 정치(life politics)'가 그에 해당한다.

기든스는 생활 정치를 확산하기 위한 방안으로 대화민주주의

(dialogic democracy)를 통한 사회적 연대 복원을 주장하였다. 이때 기든스가 말하는 사회적 연대는 다양한 삶의 영역에서 공동체성을 회복하는 것이다. 이상과 같이 공동체주의는 지속가능위기를 극복하기 위한 사회철학으로 평가되고 있다.

03

공정과 평등

우리에게 너무도 당연한 능력주의

다음 질문에 긍정적인 답변을 한다면 당신은 능력주의자다.

- 자신의 재능과 노력으로 경쟁에서 이겨 한정된 기회나 재원을 차지하는 것은 정당하고 사회적으로 인정받아 마땅하다.
- 사람이 가난하고 실패자가 되는 것은 운보다는 재능과 노력이 부족한 것이 가장 큰 원인이다.
- 각자의 처지에 상관없이 도전할 기회가 균등히 주어지고 공정한 규칙이 적용된다면 그 사회는 공정한 사회다.
- 인천국제공항공단이 과거에 시험을 치르지 않고 입사한 1,900명의 비정규직 보안요원 전부를 무조건 정규직 청원경찰로 채용한 것은 기존에 시험을 치르고 입사한 정규직 보안요원들이 들인 노력을 감안할 때 불공정한 처사이다.

올바른 교육은 인간이 가진 잠재력을 최대한 발휘하도록 도와주고자 한다. 아이들의 잠재력이 실현된다는 것은 모든 아이들이 사회 각 분야와 자신의 삶에서 타고나거나 길러진 능력을 최대한 발휘할 수 있게 됨을 뜻한다.

그러나 오늘의 우리 교육은 과연 그러할까? 유치원에서부터 고등학교 졸업까지 교육이 잠재력 실현을 도와주는가? 대학 입시와 경연대회 같은 경쟁에서 합법적으로 이기는 방법을 알려주고 연습시키는 것을 주목적으로 하는 것은 아닌가?

학교가 경쟁에서 이기는 방법을 가르치는 것을 교육의 목표로 삼게 되면 필연적으로 아이들에게 능력주의 세계관을 심어줄 수밖에 없다. 능력주의란 각자가 가진 자질과 자원을 활용하여 경쟁의 규칙을 지키면서 획득한 성과는 정당하다는 사고이다. 능력주의를 찬양하는 사람들은 마치 우리 사회에서의 경쟁이 운동장 내에서 벌어지는 육상 경기와 같이 모든 사람이 동등한 조건과 공정한 규칙 아래에서 경쟁하고 있다는 식의 환상을 조장한다. 그러나 빈부의 격차가 존재하는 사회에서의 경쟁은 육상 경기와 전혀 다르다는 사실을 능력주의자들은 은폐하고 있다.

귀족국가와 능력주의 국가 중 어디가 더 공정한가

마이클 샌델은 저서 '공정하다는 착각(The Tyranny of Merit: What's Become of the Common Good?)'을 통해 능력주의의 신화와 허구를 강하게 비판한다. 우선 샌델은 현대의 신자유주의 사회가 능력주의를 공정의 시금석으로 삼고 있음에도 부의 양극화가 가속화되고 있다고 지적한다. 또한 능력주의하에서 가난한 자에 대한 부자의 태도를 날카롭게 폭로한다. 샌델의 결론부터 말하면 능력주의 사회에서 가난한 자를 이류 시민, 혹은 열등한 사람으로 낙인 찍는 것이 심각한 문제다.

귀족주의 국가와 능력주의 국가가 있다고 가정해보자. 두 나라 모두 부의 불평등이 심각한 수준이다. 귀족주의 국가에서의 부는 지위와 세습에 의해 얻어진 것이며 능력주의 국가에서의 부는 각자의 노력과 재능에 의한 것이라고 간주된다. 어느 것이 더 정의로운가? 대부분의 사람은 당연히 능력주의 국가라고 답할 것이다.

그런데 우리가 살펴보아야 할 문제는 두 나라에서 부자와 가난한 자를 대하는 사회적 태도의 차이이다. 귀족주의 국가에서 귀족으로 태어난 사람은 자신이 운이 좋다고 생각할 것이며 가난한 자에 대해서는 운이 안 좋은 사람으로 간주할 것이다. 조선 시대의 표현대로 양반으로 태어날지, 노비로 태어날지는 다 '팔자소관'으로 보아야 하기 때문이다.

반면에 능력주의 국가에서는 어떤가? 부자는 자기의 재능과 노력으로 지금의 부를 획득하였다고 생각할 것이다. 그리고 가난한 자가 가난한 이유는 재능과 노력이 부족하였기 때문이라고 자연스럽게 결론 내릴 것이다. 당신이 만일 가난한 자라면 귀족주의 국가와 능력주의 국가 중 어디를 선택하겠는가?

귀족주의 국가의 가난한 자는 자신의 빈곤을 불운으로 돌릴지언정 자기 자신을 탓할 필요는 없다. 그러나 능력주의 국가의 가난한 자는 가난의 책임이 자기 자신에게밖에 없는 더 비참한 처지에 내몰리게 된다.

능력주의에서 살아남고 이기는 법을 가르치는 교육은 낙오자를 '재능이 없고 노력도 안 하는 게으름뱅이'로 더 확실히 낙인찍는다. 국가가 학교 교육을 통해 학습자들 모두에게 공부할 기회를 제공하였음에도 낙오자가 된 것은 순전히 그들의 게으름 때문이라는 것이다.[15)]

능력주의는 어떻게 지속가능한 미래를 파괴하는가

능력주의는 우선 사실관계와도 맞지 않는다. 재능은 태어날 때 가지고 나는 것으로 그것을 자기 노력의 결과라고 할 수는 없으며 노력도 가정적, 사회적 여건이 받쳐 주어야 가능하다. 재능과 노력을 사용할 수 있다는 것은 사회적 맥락과 밀접하게 연관된다.

비인기 종목인 핸드볼 선수가 인기 축구선수 손흥민보다 재능과 노력이 부족하다고 말할 수 없다. 특정 재능이 사회적으로 꽃을 피울 수 있는 것은 사회적 뒷받침이 존재하기 때문이며 당대 사회의 선호도에 따른 보상의 차이는 우연적이다.[16)]

능력주의 교육의 문제점은 능력에 따른 차별을 당연시하는 이데올로기의 확산으로 구성원들이 서로 의존하며 살아가야 하는 사회 생태계를 해체하고 미래를 파괴한다는 점이다.

우선 능력주의는 사람으로 하여금 자신이 성취한 것이 사회적 맥락과 지원에 의한 것이 아니라 자신의 재능과 노력 덕분으로 믿게 만들어 자신의 지위를 특권화하고 이를 합리화하도록 한다. 한창 공정과 정의에 민감한 20대 청년들은 2020년 인천국제공항공사가 보안검색 직원 1900여 명을 청원경찰 신분으로 직접 고용한다고 발표하자 이에 반대하는 청원을 청와대 게시판에 올리고 동의 대열에 합류했다. '공기업 비정규직의 정규직화 그만해 달라'는 제목의 청와대 국민청원은 청원 하루 만에 청와대 답변 기준인 20만 명을 넘길 정도로 반응이 폭발적이었다. 과거부터 진보주의 입장에서 사회적 약자를 위해 길거리에 나서기를 서슴지 않았던 젊은이들이 도대체 왜 사회적 약자인 비정규직의 정규직화 반대를 부르짖고 나선 것일까?

그 이유에는 바로 능력주의 이데올로기가 자리하고 있다고 볼 수 있다. 청년들은 비정규직 보안요원들이 노력도 하지 않고 정규직을 차지하는 불공정한 혜택을 받는다고 인식했다. 우리 사회에서 정규직이라는 지위를 얻으려면 재능과 노력을 통해야 한다는 의식에서 비롯된 것이다. 청년들은 사회 전체적으로 정규직을 늘리는 것보다는 개인 간의 능력 경쟁을 통해서 한정된 정규직에 들어가는 것이 더 공정하다고 생각한다는 점을 보여준 사례이다. 이렇게 능력주의는 모든 문제를 개인의 능력 문제로 간주하도록 하여 공동체 구성원 간의 연대를 파괴한다.

능력주의를 선호하는 청년들은 '동일 노동, 동일 임금'의 원칙에 위배되는 정규직-비정규직 차별에 문제를 제기하기보다는 이를 능력 차이의 결과로 당연하게 여긴다. 그러므로 비정규직을 정규직과 동등하게 대우해달라는 요구는 비정규직이 가진 능력에 비추어보아 부당한 요구라고 판단한 것이다.

이러한 능력주의 사고를 가진 사람이 우리 사회에서 선택하는 삶은 다른 구성원들과 연대하고자 애쓰는 삶이 아니라 타인과의 경쟁에서 이기기 위해 자기 계발에 전력투구하는 삶이 될 것이며 이에 따라 공동체의 연대는 약화될 것이다.

능력주의가 끼치는 부정적 영향은 사회적 유대의 약화에 그치지 않는다. 능력주의는 타인에 대한 공감 능력을 떨어트림으로써 공동체의 미래를 암울하게 만든다. 사람이 가난하고 불우하게 사는 것을 재능과 노력의 부족 탓으로 돌리는 사고 속에 타인의 불행에 대한 공감이 들어설 자리는 없다. 모든 게 '자기 못난 탓'이므로 슬픔을 느끼고 세상을 탓할 자격도 없다는 차가운 시선만 보낼 뿐이다. 공감이 사라진 자리에 슬그머니 비집고 들어와 완고하게 똬리를 트는 것은 바로 편견이다. 가난한 사람은 못나고 게으르다는 편견, 어느 나라, 어느 지역 사람들은 게으르고 부정직하다는 편견 같은 것 말이다. 공감을 하지 못하니 귀와 마음이 열리지 않고, 귀와 마음이 열리지 않으니 자신의 편견을 교정받을 기회도 줄어든다.

능력에 따른 보상이 이루어지고 있다고 평가하는 사람들은 불평등을 감소시킬 수 있는 재분배 정책을 덜 선호한다는 연구 결과가 있다.[17] 능력주의가 주요 가치 체계로 작동할 때, 개인들은 불평등 '문제'에 둔감해지며 이러한 상황은 불평등이 재분배의 요구로 이어지는 것을 막게 된다. 결국, 능력주의 가치관은 재분배 정책에 대한 반대를 증가시킴으로써 공존 가능한 미래를 파괴한다.

능력주의에 대한 대안은 모든 사람의 능력을 소중히 여기며 능력의 사회적 효용성에만 초점을 두고 보상하는 것은 불공정하다고 인식하는 것이다. 센델은 사회 내 다양한 직종들이 상호적 관계를 이루어 하나의 사회가 작동하고 있다는 것을 인정하여야 한다고 주장한다. 직업 생태적 관점에서 사회의 모든 영역과 다양한 일들이 그에 적합한 존중을 받는다면, 이는 좋은 민주주의가 작동할 수 있는 기틀을 마련해 줄 것이라는 것이다.

결론적으로 승자에게는 오만함을 가져다주고 패자에게는 게으른 무능력자라는 낙인을 찍는 능력주의 이데올로기는 절대 공정하지도 않고 지속가능한 미래에 도움이 되지도 않는다.

04

지역교육공동체

교육과 지역사회

원래 마을은 아이를 키워내던 교육 기능을 담당하였다. 아프리카 속담에 '아이 하나를 키우려면 온 마을이 필요하다'라는 말이 있을 정도로 마을은 어린 세대에게 문화와 규범, 제도, 삶의 기술 등을 전수하는 교육 기능을 담당하였다. 조선시대의 서당, 향교도 마을의 유식자가 마을 아이들에게 글자를 가르치고 학문을 전수하던 마을 학교였다.

공공교육이 시작된 근대 이후에도 마을은 여전히 비공식적인 교육 역할을 담당하였다. 마을의 어른들은 잘못된 행동을 하는 아이들을 자기 자식처럼 타일렀으며 심지어 그릇된 행동을 하는 성인 주민이 있으면 마을 원로들이 엄하게 질책하여 바로잡는 것이 관행이었다. 또한 농사 기술 등 직업교육도 마을에서 비공식적이고 개인적으로 이루어졌다.

그러나 마을이라는 공동체가 산업화, 도시화로 축소화 혹은 파괴됨에 따라 마을이 담당하던 교육 기능은 학교라는 공공기관에서 전담하게 되었다. 교육 기능이 학교로 들어가면서 교육은 관료 체계의 특성을 그대로 흡수하게 되었다.

막스 웨버(Max Weber)에 의해서 최초로 창안된 개념인 관료제(bureaucracy)란 원래 천주교회나 로마군단과 같은 거대 기구의 운영 방안으로 사용되었다. 이는 많은 인력이 유사한 일을 수행할 경우 통일성, 효율성을 추구하기 위해 만들어진 제도이다. 관료제의 특징인 업무의 수직적·수평적 계층화, 명령 통일화, 경력 지향화, 기록 보존화, 업무의 비개인화 그리고 라인 업무와 스태프 업무의 분화 등이 교육에 적용되면서 인간 개개인의 잠재적 능력의 최대한 발달이라는 교육의 목적은 사라지고 교육조직의 통일적·효율적 운영이라는 수단적 가치가 교육 전반을 지배하게 된다.

이 같은 교육의 관료화는 특정한 커리큘럼에 의한 지식 전수에는 효과적일지 모르나 교육 내용과 방식의 통일성을 강조한 나머지 사회문제 해결을 위한 기초 인프라로서의 학교의 역할과 기능을 현저히 저하하는 결과를 가져왔다.

근래에 자본주의의 세계화로 인하여 지역의 고유성과 자립성이 침식당하고 지역사회가 소멸의 위기를 겪고 있음에도 학교를 중심으로 한 지역 자체의 해결방안이 모색되지 못하고 있다. 이는 학교가 체제 가치와 지식의 재생산 외에 사회문제 해결에 어떠한 역할도 못하고 있음을 보여준다. 그리고 현재 인류가 직면하고 있는 환경위기, 기후위기, 사회경제적 지속가능발전의 위기도 사람의 인식 전환과 실천을 통해 해결해야 한다고 볼 때 주요한 교육 주체로서의 학교가 지역사회 차원에서 일정한 역할을 수행해야 한다는 요구는 높아지고 있다.

지역사회에서의 지속가능발전교육은 바로 이러한 배경에서 근래에 활발히 논의, 실험되고 있으며 특히 환경교육, 지속가능발전교육, 민주시민교육의 효과적 수행을 위한 최선의 방안으로 평가되고 있다.

존 듀이(John Dewey)의 학교공동체

미국 교육학의 아버지 존 듀이는 학교의 책무는 전체 사회의 복지를 증진시키는 것이라고 보았으며 특히 민주사회를 재건하는 임무를 가장 중대한 윤리적 책임으로 간주하였다. 이러한 역할을 담당할 수 있는 학교란 당연히 민주적 교육관으로 무장된 학교를 의미하는 것이었다.

듀이는 민주주의를 정부의 형태를 지칭하는 용어가 아니라 구성원 간의 의사소통을 통해 구축되는 사회생활이나 공동체 생활의 양식을 가리키는 의미로 사용하였다. 듀이는 정치제도로서의 민주주의는 근대화, 산업화 과정 속에서 개인의 경제적 이익을 국가의 권력으로부터 보호하는 장치 정도로 보고 큰 의미를 부여하지 않았다.

대신 듀이는 민주주의를 사회적 이념으로서 사회가 지향해야 할 기본 가치이자 원리이며 사회공동체의 현실적 규범으로 보았으며, 따라서 민주주의 사회는 '자유로운 의사소통'과 '사회적 공론[18] 형성과 공론 전파의 자유'라는 두 가지 조건을 충족해야 한다고 주장하였다.

자유로운 의사소통이란 구성원 간에 어떠한 제약이 없는 개방된 의견교환으로 하버마스의 공론장에서 벌어지는 의사소통행위이다. 그리고 사회적 공론의 형성이란 구성원들의 자유로운 의견교환을 통해 공동의 문제에 대한 해결책(정책)을 결정하고 이를 시행한 결과를 공개하는 것이다. 즉, 듀이는 구성원 간 의견교환-정책결정-정책시행-결과의 공개-공론 형성으로 이어지는 선순환적 공론정치를 민주주의로 본 것이다.

이러한 공론정치가 가능하기 위해서는 이에 참여하는 시민이 일정 수준의 능력이 있어야 하는데 듀이는 이를 지력(intelligence)이라고 지칭하였다. '지력'을 가진 주체는 변화에 능동적으로 참여하는 능력

을 가진 것으로 이해된다.[19)]

따라서 듀이의 민주주의 사회란 '지력을 보유한 개개인들이 자유로운 의사소통을 통해 사회적 공론을 형성하고 공동의 목적을 추구하는 사회'를 말한다. 그러나 하버마스의 의사소통행위 이론에 가해지는 비판이 듀이에게도 그대로 적용되었다. 즉, 실제 사회에서 지력이 있는 개인들이 모인다고 하더라도 완전히 제약 없는 의견교환과 합의가 가능한가의 문제이다. 권력과 사회적 연결망에서 완전히 자유로운 개인은 없다고 보기 때문이다.

듀이는 이러한 관점에 기초하여 학교는 민주사회를 형성하고 유지하는 역할을 담당하여야 한다는 논리로 나아간다. 듀이가 살던 19세기 말, 20세기 초의 가장 중요한 사회적 변화는 산업화였다. 듀이는 산업화가 인간해방이라는 긍정적 효과를 가져왔지만, 한편으로는 아동들을 교육하던 지역공동체 붕괴라는 어두운 면을 초래하였다고 지적한다.

지역공동체 붕괴에 대응하여 듀이는 학교가 결속력과 유대를 특징으로 하는 '공동체'로 재조직되어야 한다고 주장한다. 이 학교 '공동체' 안에서 아동들은 폭넓은 인간관계를 경험하고 학교 내 공동 작업을 통해 분업, 역할모방, 상호모방을 배움으로써 민주시민이 되기 위한 '지력'인 '반성적 사고'를 함양할 수 있다.

그러나 듀이는 이후 자본주의가 물질만능, 승자독식류의 불평등을 조장, 강화한다는 속성을 뼈저리게 깨닫고 자본주의가 사회의 지배 이데올로기로 존재하는 한 민주사회 건설을 위한 학교의 역할은 제한될 수밖에 없다고 생각하게 된다. 듀이의 학교 공동체 이론이 주는 시사점은 자본주의 사회에서 학교가 민주시민이나 세계시민을 길러내는 역할을 담당하기 위해서는 학교가 자본주의 논리가 아닌 지속가능발전의 가치와 세계관으로 무장되어 있어야 한다는 것이다.

지역사회 중심으로서의 학교

지역사회 중심으로서의 학교는 지역 자원을 적극 활용하고, 주민에게 학교 자원을 개방하며, 지역주민이 교육의 주체가 되고, 지역 문제해결을 교육내용으로 하는 학교이다.[20] 이 경우 학교는 지역사회에 대하여 협력적, 봉사적 성격을 가지게 된다. 지역사회 학교는 보통 다음과 같은 특성을 갖는다.[21]

- 학교는 하나의 사회로서 미래생활교육을 위한 준비교육을 하는 곳이 아니라 당장 생활해 나가는 장소이다.
- 지역사회학교는 지역사회의 여러 시설과 자원을 사용한다.
- 학교는 일반 주민의 생활개선에 이바지할 때 교육의 빛이 난다.
- 학교의 교육과정은 지역사회계발을 위하여 개편될 수 있다.
- 학교는 지역사회를 위해 학교시설을 제공하고 주민들을 위한 특별한 교육 프로그램을 가지고 있어야 한다.

지역사회학교의 특성을 다음과 같이 제시하기도 한다.[22]

- 지역사회중심의 교육계획을 수립 · 운영한다.
- 지역사회의 요구와 필요를 고려한다.
- 협동적 과정과 과학적 방법을 사용한다.
- 지역사회 자원을 활용하여야 한다.
- 학습의 장으로서의 지역사회를 적극 활용한다.

• 교육문화센터로서 학교 시설을 적극 개방해야 한다.

• 지역사회 주민의 학교 참여를 활성화시킨다.

• 지역 주민의 성인교육 계획을 수립한다.

• 사회봉사활동을 적극 장려한다.

• 지역사회의 협조와 교사의 지도성이 강조된다.

지역사회 중심으로서의 학교는 미국, 영국의 커뮤니티 스쿨이 전형적인 사례이다. 영미의 커뮤니티 스쿨은 교육적 기능 외에도 사회적 기능을 수행한다. 이는 학교가 지역주민에게 예술이나 취미활동을 제공하거나 정치적 토론의 장을 마련하여 공동체 의식을 재정립하는 지역사회의 센터로서의 역할을 수행하는 것을 말한다.[23] 이것은 곧 학교의 기능이 지역사회로 확장되는 것이라 할 수 있다.

교육생태계 안의 학교

교육생태계란 다양한 교수-학습 활동이 일어나고 있는 환경과 그 안에 속하여 상호작용하는 개체와 구조 등을 총칭하는 개념이다.[24]

교육생태계 속의 학교는 학교를 둘러싼 환경의 사회문화적 요소들에 영향을 받으며 구성원이 각 체계와 서로 의존성을 가지고 상호작용을 하게 된다. 그러므로 이는 생명을 중시하고 서로를 존중하는 공동체적 인간을 육성하는 데 목적을 둔다. 즉, 경쟁보다는 협력, 소통, 상생의 가치가 교육 이념이 되며 학교 구성원뿐만 아니라 공동체 구성원 모두의 성장을 도모하게 된다.[25] 이를 위해 교육생태계 속의 학교는 생태학적 가치관, 생태학적 교육 방법, 생태학적 문제해결 접근방법, 생태학적 환경을 구성하여 교육해야 한다.[26]

이 관점에서 볼 때 학교는 교육생태계 일부이며, 교육은 학교의 안팎에 상관없이 지역사회와 함께 삶의 맥락 속에서 이루어지게 된다. 그러기 위해서는 학교가 하나의 교육공동체가 되고 나아가 지역사회를 기반으로 하는 방향으로 확대되어야 한다.[27] 교육생태계의 관점에서는 교육의 회복은 학교의 회복으로만 이루어지지 않으며 지역사회의 다양한 기관들이 상호 간에 유기적 관계를 형성할 때만 가능하다.[28]

05

마을교육공동체

마을교육공동체란 무엇인가

앞에서 우리는 지역사회와 학교 간의 관계에 대해 살펴보았다. 마을교육공동체는 '교육생태계 안의 학교'를 지역사회에서 구현하는 공동체이다. 다시 말해 지역사회와 학교가 하나의 교육공동체를 이루어 서로 협력하는 지역교육공동체를 마을교육공동체라 한다. 여기서 마을이라 하면 좁은 범위의 지역으로 들릴 수 있지만, 용인시나 가평군과 같이 시·군 단위로 잡아도 상관없다.

마을교육공동체는 통상 교육협력 거버넌스의 관점에서 다양하게 정의된다. 먼저 마을교육공동체를 '마을을 기반으로 학교와 마을의 구성원, 교육공동체들이 협력적 네트워크를 형성하여 형식교육, 무형식교육 그리고 비형식 교육으로 연대함으로써 마을의 공동체적 자치와 행복을 추구하는 교육'으로 정의한다.[29] 이와 유사하게 다른 연구에서는 '학교와 지역사회 간 연계·협력에 기반하여 조성된 평생학습사회와 교육자치·행정자치·주민자치적 거버넌스를 통해 학교 및 지역 교육력을 제고함으로써 지역사회 전체의 성장과 발전을 도모하는 사회 유기체적 공동체'로 마을교육공동체를 정의한다.[30]

한편 '청소년들이 마을 속에서 마을에 대해 배우며, 마을을 위해서 활동하고, 학교·교육청·지자체·지역사회 주민·지역사회 단체 등이 네트워크를 형성하여 청소년들을 함께 교육하는 협력적 교육거버넌스'로 제시하기도 한다.31) 이외에도 '학교와 마을의 주체인, 학습자와 교사, 학부모와 마을주민, 마을의 결사체들이 공동의 정체성을 가지고 교육 목표, 교육 내용, 교육 방법을 모색하여 만들어 가는 마을공동체'로 정의하고 있기도 하다.32) 마을교육공동체에 대한 다른 연구의 정의들도 대체로 '주체 간 협력'이라는 전략과 '지역 문제의 해결과 지역발전'이라는 목표를 중심으로 서술되고 있다.33)

마을교육공동체의 유형을 나누는 기준은 주도하는 주체이며, 누가 주도하느냐는 해당 지역의 교육 인프라 등 여건에 따라 달라질 것이다. 또한 주도 주체의 성격에 따라 마을교육공동체의 운영 방식도 차이를 보이게 될 것이다.34) 다음 <표 VI-1>은 기존 연구에서 제시된 마을공동체의 유형을 분류한 것이다.

표 VI-1 마을공동체에 대한 기존 연구의 분류35)

연구자(연도)	준거	유형
서용선 외(2016)	실천주체	학교주도형, 마을주도형, 센터주도형
강영택(2017)	주도적 역할	학교주도협력모형, 지역사회주도 협력모형, 상호융합모형
이상철·강석봉(2018)	추진주체와 방법	학교주도형, 마을주도형, 센터(교육플랫폼)주도형, 학교협동조합형
홍영란 외(2018)	참여주체	초중등학교주도형, 대학주도형, 지역주민주도형, 공공기관주도형, 산업주도형
김용련(2019)	마을교육공동체 형성	풀뿌리형, 정책주도형

마을교육공동체의 운영 원리와 한계

마을교육공동체의 모형은 구성 주체 간의 관계 구조와 역할 분담을 나타내는데, 지역사회 기반의 마을교육공동체 구성 주체를 학교 공동체, 사회적 배움공동체, 교육자치 공동체의 3가지로 제시하였다.[36)]

학교, 지역사회, 교육청·지자체의 각자 공식 역할에 따른 '지역사회 협력적 교육거버넌스 모델'[37)]은 학교-지역사회-교육청 및 지자체 3자 간의 원활한 협력이 이루어진다면 지역교육공동체가 활성화될 것으로 본다. 그리고 3자 간 협력이 원활히 이루어지기 위한 조건으로 리더의 역할, 사회적 자본, 제도의 개선 등 다양한 정책적 방안을 제시하고 있다[그림 VI-1].

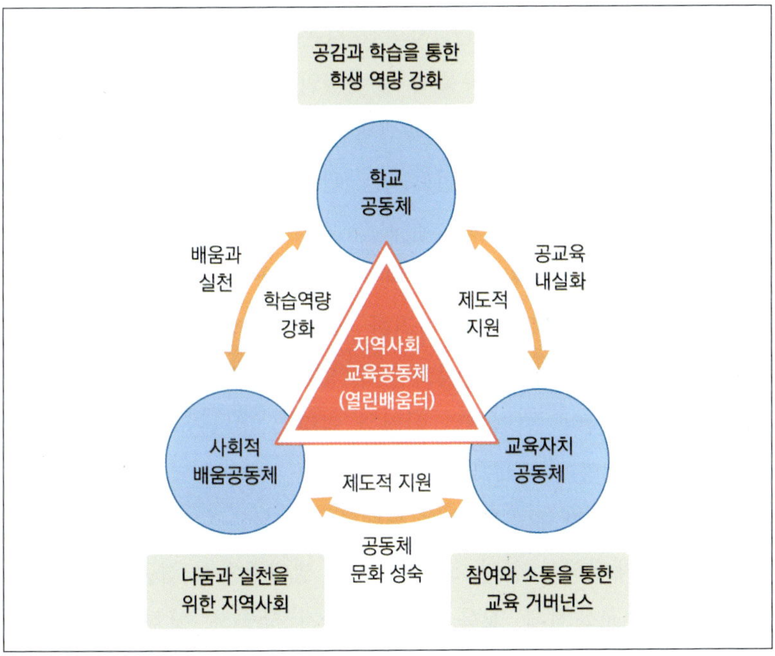

[그림 VI-1] 지역사회 기반 마을교육공동체 모형[38)]

그러나 기존에 제시된 마을교육공동체 모형은 다음 두 가지 주요 한계를 갖는다. 첫째, 마을교육공동체를 둘러싼 환경과의 상호작용이 모형에서 빠져있다. 예컨대 기후위기 등 지속가능발전의 위기감이 팽배한 환경에서 교육은 생태 전환적 혁신을 요구받고 있으며 이는 교육공동체 주체들의 구조적 변화 요구로 이어진다. 그러나 기존 모형들은 이를 전혀 고려하지 못하고 있다. 둘째, 마을교육공동체 모형은 주체를 학교, 지역사회, (교육)지자체에만 한정하고, 교육혁신에 필요한 지식을 생산하고 공급하는 대학은 고려하지 않고 있다. 특히 지속가능위기 시대에 교육은 새로운 지식의 생산과 확산이 필요하므로 대학이 제외된 것은 치명적 약점으로 지적된다.

마을교육공동체의 운영원리는 마을교육공동체의 모형을 작동하는 원리로서 마을교육공동체가 현장에서 실천되기 위한 기반이라 할 수 있다.[39] 생태주의적 접근, 사회적 자본 및 마을교육자본, 교육 거버넌스와 자치, 마을교육공동체 플랫폼의 구축이 마을교육공동체의 운영원리로서 작용한다.[40] 교육생태학, 사회적 자본, 교육 거버넌스[41], 주민의 참여, 임파워먼트, 민·관·학 거버넌스를 운영원리로 보기도 한다.[42] 이상에서 제시된 운영 원리 중 사회적 자본, 마을교육자본, 주민참여, 임파워먼트 등은 마을교육공동체를 통해 강화해야 하는 목표 역량이기도 하다. 이러한 역량들이 갖추어져 있다면 마을교육공동체가 보다 쉽게 활성화될 수 있지만, 현실에서는 그렇지 못한 경우가 더 많다. 그러므로 이러한 역량이 없다면 마을교육공동체를 시작하기에 있어 문제가 제기될 수 있다. 따라서 교육 주체는 마을교육공동체의 운영 원리로 우선 생태주의적 접근(교육생태학)과 교육 거버넌스를 채택해야 한다. 교육에 대한 생태주의적 접근은 교육내용뿐만 아니라 교육체제, 교육의 운영에까지 상생적, 상호의존적, 공동체적, 생명 존중적 가치와 원리가 적용되는 것을 의미하므로 마을교육공동체 운영의 가장 근간이 되는 원리라 할 수 있다. 생태주의적 접근이 교육 이념, 교육운영, 그리고 교육 내용에 관한 원리라면 교육거버넌스는 지역교육 주체 간 협력에 관한 원리라고 할 수 있다.

교육 거버넌스는 '교육활동이 전개되는 다양한 장면에서 누가 어떤 수단과 방법을 동원하여 무슨 과정을 거쳐 교육을 통제하는지에 관한 의사결정을 내리고 정책을 개발하는 과정'으로 정의된다.[43] 거버넌스의 핵심 이슈는 민·관 간 권한과 책임 배분 문제이다. 교육 거버넌스가 발달할수록 민관 협력 수준은 자원교환과 자원 동원을 위한 협력 관계에서 권력과 책임을 공유하는 협력적 거버넌스 단계로 나아간다.[44]

교육 거버넌스 구축과 관련한 기존 연구의 정책 제안들을 살펴보면 상생성, 파트너십, 네트워크, 합리성,[45] 지역성, 상호존중, 자생성, 집단지성[46] 등이 제시되고 있다. 결국, 지역의 교육 주체 간 협력 관계를 위한 규범이 교육 거버넌스의 구축원리로 여겨지는데 이는 비단 교육 거버넌스뿐만 아니라 다른 거버넌스들과 다른 수평적 협력 관계에도 동일하게 해당하는 덕목으로 큰 시사점을 가지기 어렵다.

마을교육공동체의 협력적 교육거버넌스 모형[47]

마을교육공동체는 어느 한 주체가 끌고 가는 것이 아니라 주민, 시민단체, 교육청, 학교, 지자체, 전문가 등 여러 주체가 같이 협력하여 자원을 동원하고 방향을 설정하면서 운영하는 것이 원칙이다. 이러한 집단적 협업을 흔히 협력적 거버넌스라 하며 마을교육공동체에도 이 거버넌스가 적용되어야 한다.

지역교육의 협력적 거버넌스 시스템을 잘 구축하고 운영하는 것이 마을교육공동체의 성공을 가름하는 전부라 해도 과언이 아니다. 따라서 여기서는 협력적 거버넌스 모형을 통해 마을교육공동체가 성공하기 위한 조건을 알아보도록 하자.[48]

이 모형은 크게 초기 조건(starting conditions), 협력적 과정(collaborative process), 제도적 설계(institutional design), 촉진적 리더십(facilitative leadership), 그리고 결과(outcome)로 구성되어 있다.[49]

초기 조건은 협력의 시작 단계에 작용하는 조건으로 참여자 간 협력을 촉진하거나 억제하는 역할을 수행한다. 참여자들이 보유한 권력과 자원 사이에 심각한 불균형이 있는 경우에는 대등하고 정상적인 협력이 어렵다. 이 경우 약하고 불리한 여건의 참여자의 역량을 강화하기 위한 노력이 필요하다. 마을교육공동체를 구축하고자 할 경우 거버넌스 참여자들을 식별한 후에 각각의 역량을 진단하여 역량 불균형이 심각할 경우에 그에 맞는 대책을 세워야 한다(거버넌스의 최대 역량은 가장 약한 참여자의 역량과 동일하다!).

그리고 당사자들 간에 갈등의 역사가 있는 경우 이들 사이의 신뢰 수준은 낮을 수밖에 없으며 이로 인해 과정에의 충실도 역시 낮아져 부정직한 소통이 발생하게 된다. 반대로 과거에 성공적인 협력이 이루어진 경우에는 사회자본이 창출되며, 신뢰의 수준은 상승하고 협력에의 선순환이 이루어진다. 이는 마을교육공동체의 구축 이전에 참여자들 간 상대에 대한 긍정적 인식과 경험의 여부를 조사할 필요가 있음을 시사한다.

그리고 참여자들이 목적 달성을 위해 상호의존적이라는 것을 인식할 경우에 참여의 유인이 증가한다. 당사자들 간 갈등의 역사가 있다고 하더라도 그들이 서로 상호의존성이 높다는 것을 인지하고 있다면 이 역시 협력적인 과정으로의 유도 가능성을 높일 수 있다. 반대로 당사자들 간에 신뢰가 구축되어 있고 공유하는 가치가 있다고 하더라도 상호의존성이 낮다면 단독으로 목표를 성취하고자 하므로 협력이 부진할 수 있다. 따라서 참여자들의 상호의존성에 대한 인식을 조사할 필요가 있다.

촉진적 리더십은 당사자들이 스스로 협력할 수 없을 때 그들을 협상테이블로 나오게 하는 역할을 한다. 특히, 참여자 간 권력과 자원의 불균형이 심할 경우에 매우 중요하다. 상대적으로 대등한 참여자들인 경우에는 정직하고 신뢰할 만한 조정자가 요구되며 불균형한 참여자들일 경우에는 존경과 신뢰를 받는 자생적 리더십이 필요하다. 따라서 리더 역할을 할 키맨을 발굴, 육성하는 것 역시 중요한 문제이다.

제도적 설계는 협력을 하기 위한 기본적인 규칙, 프로토콜을 의미한다. 협력적 거버넌스에는 광범위한 참여자가 포함되어야 하며 중요한 이해관계자가 배제되면 실패할 가능성이 커진다. 그리고 명확한 기본 규칙이 투명한 제정과정을 거쳐 만들어져야 하며 필요한 경우 기한도 구체적으로 정해져야 한다. 특히 참여 범위의 확대는 협력적 거버넌스의 개방적이고 협조적인 정신을 반영한다. 또한 당사자들이 다른 사람들과 숙의할 기회를 제공하며 그 결과로 나타난 정책의 성과가 광범위한 동의에 기반하였다는 정당화 근거를 마련해 준다. 그러므로 시간이 걸리더라도 가급적 모든 이해관계자들이 규칙제정부터 참여하는 것이 중요하다.

협력적 거버넌스 모형의 핵심을 차지하는 협력적 과정은 신뢰구축, 과정에의 충실, 이해(understanding)의 공유, 중간성과, 면대면 대화로 이루어진다. 이들 요소들은 병렬적으로 나열된 것이 아니라 순환적이고 반복적인 과정을 거친다. 면대면 대화를 통해 서로에 대한 이해가 증진되고 신뢰가 형성되면서 과정이 충실해진다. 과정이 충실하면 참여자들은 서로 협력의 목적과 사업의 수행방식에 대한 이해를 더 깊게 공유하게 되고 그로 인해 중간성과 혹은 작은 성과(small wins)들이 나타나게 된다. 중간성과는 다시 면대면 대화를 통해 신뢰를 높이는 역할을 하게 된다. 이러한 협력과정은 초기조건, 촉진적 리더십, 제도설계의 영향을 받는다. 그러므로 적대적인 과거가 존재하는 경우 신뢰구축을 위해서 시간을 할애해야 한다. 그리고 협력이 의무적인 경우에도 자발적인 동의와 지원을 이끌어내는 것이 여전히 중요하다.

과거의 적대감이 높고 신뢰 구축에 긴 시간이 필요하다면 중간성과를 창출하는 것이 특별히 중요하다. 이러한 협력 과정은 지역교육공동체의 활동 원칙과 규범으로 구체화되어야 한다.

작은 마을교육공동체의 사례50)

여기서 소개하는 마을교육공동체는 아파트 단지라는 작은 규모의 지역공동체에서 일어난 사례이다. 마을교육공동체의 지역적 범위는, 크게는 시·군 단위에서 작게는 부락, 아파트 단지 수준이 될 수도 있다.

울산광역시 울주군의 H 아파트는 1,800가구의 대규모 아파트 단지임에도 도서관이 없었다. 제일 가까운 도서관은 차량으로 30분을 가야 했다. 입주 가구의 절반이 초등학교 이하의 아이들을 두고 있음에도 주민들은 울산 도심에서 30킬로미터 떨어진 외진 곳이기 때문이라는 생각에 이러한 불편을 7년간 감수하였다. 그러다 2014년 초 울주군 생활협동조합의 마을 모임에서 만난 입주민 아이 엄마들이 수다 끝에 우리 아파트에도 작은 도서관을 만들어보자는 의견이 모였다. 엄마들은 즉각 생협 조합원과 도서관에 관심 있는 입주민 12명으로 도서관 준비팀을 구성하여 활동을 시작했다. 군청에 전화해보니 '작은 도서관 지원조례'와 '공동주택 지원조례'가 제정되어 있어 도서관을 만들 공간만 마련하면 군에서 리모델링 비용과 도서 및 집기 구입을 지원할 수 있다는 답변이 돌아왔다. 군청의 긍정적 답변에 사기가 충전된 엄마들은 관리소장과 입주자대표를 만나 '공간'을 할애해 줄 것을 요청했다. 그러나 아파트 측의 답변은 냉담했다. 공간도 없을뿐더러 도서관 운영비도 문제라는 것이었다. 문제는 고령자 중심으로 구성된 입주자대표들이 어린아이들을 둔 엄마들의 절실한 요구를 이해하지 못하는 데 있었다. 입주자대표회의에 참석하여 동대표들에게 설명해도 반응은 마찬가지였다.

엄마들은 도서관 설립을 목표로 여러 가지 사업을 기획하고 개최하기 시작했다. 어린이 벼룩시장, 쌍용 책잔치, 월례 기획강좌, 마을 영화제를 개최하고 도서관 설치를 위한 주민 서명도 받았다. 젊은 엄마들의 추진력으로 아파트에 행사가 개최되고 주민들의 참여율이 높아지자, 동대표들의 인식도 긍정적으로 선회하기 시작하였다. 결국 도서관 이야기가 나온 지 반년 만에 입주자대표회의에서 도서관 설립 안건이 통과되었다. 도서관 공간은 아파트 관리소 3층 경로당 공간의 일부를 양보하여 사용하기로 결정하였다.

이 과정에서 엄마들은 군의원에게 협조요청을 하여 의원이 입주자대표에게 협의를 하도록 하였으며 공사 도중에 창문 설치를 못 해주겠다는 울주군청 공무원에게도 의원이 도움을 요청하는 등 그야말로 생활 정치까지 실천해 보는 경험을 얻었다. 도서관은 울주군의 예산 배정과 리모델링 공사를 거쳐 1년 뒤인 2015년 말에 문을 열었다. 엄마들은 이제 생활 자치에 자신감과 재미가 붙어 다음에는 마을 카페를 만들 계획을 꾸리고 있다. 위 사례는 주민 주도로 마을교육공동체가 커가는 모습을 보여준다. 우선 생활협동조합이라는 소통의 장이 있었던 것이 젊은 엄마들의 생활상의 관심사를 도서관으로 모으는 계기가 되었다. 그리고 엄마들은 '도서관 준비팀'이라는 주민 조직을 만들었다. 팀 내에 홍보팀, 조직팀, 운영팀으로 역할 분담 체계도 만들었으며 단체 카톡방을 만들어 의견을 교환했다. 도서관 설립이 아파트 측의 반대에 부딪히자 각종 행사를 기획, 개최하면서 업무 추진 역량과 상호 신뢰를 키워나갔으며 군의원과 연대도 추진했다. 그리고 도서관의 리모델링 공사에도 깊이 관여하면서 행정 예산의 배정, 시설 공사 등에 관한 절차와 노하우도 익힐 수 있었다. 이를 통해 얻은 경험과 지식들을 가지고 엄마들은 이제 마을 카페든 무엇이든 시도할 수 있으며 그럴수록 H 아파트 주민들의 공동체 역량은 계속 성장할 것이다.

06

트리플힐릭스 모형[51)]

마을교육공동체는 혁신의 장이다

앞 장에서 우리는 지속가능발전교육을 지역사회에서 효과적으로 수행하기 위해서는 마을교육공동체 운동과 결합하는 것이 필요하다고 논의했다. 실제 경기도와 서울시를 시작으로 현재는 대부분의 일반자치단체와 교육자치단체들이 마을교육공동체 정책을 시행하고 있다. 그런데 마을교육공동체가 자체적으로 혁신적인 구조를 가지고 있는지에 대해서는 최근 적지 않은 비판을 받고 있다.[52)]

우선 혁신교육지구사업이 외형적으로는 확대되었으나 교육 내용과 운영 면에서 내실이 부족하며 참여 주체들 간 교육의 비전, 가치, 그리고 목표의 공유가 미흡하다는 지적이 있다.[53)] 그리고 지역공동체 교육의 여러 측면 중에서 교육 프로그램의 직접적 운영이 대부분을 차지한다는 비판도 존재한다.[54)]

지속가능발전교육은 앞에서 누누이 이야기해왔듯이 지금껏 인류가 가져온 세계관, 가치관, 삶의 방식, 행복관에 대한 전면적인 전환을 목표로 한다. 이는 마을교육공동체가 교육 이념, 교육 운영, 교육 내용 등 모든 측면에서 지속적으로 혁신되어야 함을 의미한다.

마을교육공동체에 부족한 혁신적 요소는 대학이 적극적인 역할을 할 때 보완될 수 있다. 지속가능발전교육과 같이 새로운 가치와 지식을 필요로 하는 분야에서는 지식생산과 확산을 담당하는 대학의 역할이 중요하다. 그렇지만 마을교육공동체 분야에서 대학이 주도적인 역할을 한 사례를 찾아보기는 사실상 어렵다. 지식기반사회에서 지역교육혁신의 거점으로 대학을 배제할 이유는 없으며 오히려 대학이 혁신의 주도적 역할을 하도록 촉진할 필요가 있다.

이 절에서 소개하는 트리플힐릭스 모형(Triple Helix Model)은 원래 대학 주도의 지역혁신모형으로 1990년대에 제안되어 이후 지역혁신 분야의 주목을 끌어왔다. 우리나라에도 트리플힐릭스 학회가 있을 정도로 활발한 연구가 행해지고 있다. 이제 트리플힐릭스 모형을 마을교육공동체에 적용하는 방안을 논의해보고자 한다.

대학주도의 트리플힐릭스 혁신모형

트리플힐릭스는 삼중나선으로 번역될 수 있는데 바로 대학, 산업, 정부의 세 주체가 상호작용하면서 지식기반의 혁신을 불러일으키는 협력 체제를 의미한다. 이 모형은 에츠코비츠(Etzkowitz)와 레이도스도르프(Leydesdorff)에 의해 1990년대에 처음 창안되었으며 과거 산업-정부 중심의 양자 협력에 의한 선형적 혁신 경로 대신에 대학-산업-정부 3자 협력과 의사소통에 의한 나선형적 혁신 경로를 제시한다.

트리플힐릭스 모형은 신제도주의와 신진화론의 관점에서 연구, 발전되어 왔다고 할 수 있다. 우선 신제도주의자들은 시대의 변화에 따라 혁신 주체로서 대학의 역할이 증대되는 추세에 관심을 두고 있다. 기존 신제도주의적 연구들은 연구의 영리적 활용 및 사회문제 해결 참여라는 대학의 '제3의 역할'에 대해 분석하고 있다.

대학 연구 결과의 영리적 활용 및 사회 참여와 관련한 형태, 이해관계자, 동기, 장애물, 혜택 및 영향, 대학의 기술 이전 및 기업가 정신, 지역 개발에 대한 기여, 산·학연계 강화를 목적으로 하는 정부 정책 등이 신제도주의자들의 연구 대상이 되어 왔다.

신제도주의자들은 산업, 대학, 정부의 상대적 위치에 따라 트리플힐릭스의 형태를 국가주의적 형태(statist configuration), 자유방임적 형태(laissez-faire configuration), 균형적 형태(balanced configuration)의 3가지 유형으로 구분한다. 먼저 국가주의적 형태는 정부가 학계와 산업을 주도하는 역할을 하면서도 혁신적인 변화를 시작하고 개발하는 능력을 통제하는 구성으로 러시아, 중국 및 일부 라틴 아메리카 및 동유럽 국가의 혁신 형태이다. 둘째, 자유방임적 형태는 경제에 대한 국가의 제한적 간섭을 특징으로 하는 구성으로 미국 및 일부 서유럽 국가가 이에 해당한다. 이 구성에서는 산업을 추진력으로 하고 다른 두 영역이 경제에서 제한된 역할을 하는 보조 지원 구조로 작동하는 특징이 있다. 혁신 과정에서 대학은 주로 숙련된 인적 자본의 제공자 역할을 하고 정부는 주로 사회 및 경제 메커니즘의 규제자 역할을 하게 된다.

마지막으로 균형적 형태는 대학 및 기타 지식 기관이 산업 및 정부와 협력하여 행동하고 공동 이니셔티브를 가짐으로써 지식사회로의 전환에 대응하는 유형이다.[55] 지역혁신 모델로서의 트리플힐릭스 모형은 바로 이 균형적 형태를 의미하는데 트리플힐릭스 모형에서 혁신이 일어나는 지점은 바로 세 주체가 서로 교차하는 영역이기 때문이다. 이 교차 지점에서 주체 간 관계에 의한 창의적인 시너지 효과가 나타나고 '혁신의 혁신' 과정이 실행된다. 개인 및 기관 행위자가 자신의 역할을 수행할 뿐만 아니라 어느 한 주체의 역량이 약하거나 성과가 저조할 때 '상대방의 역할을 대체 수행'함으로써 상호작용을 위한 새로운 통로와 새로운 조직 형식이 창출되기도 한다.[56)]

이러한 창조적 과정을 통해 대학, 산업, 정부의 기관 영역 간의 관계는 '끝없는 전환'[57)]으로 지속해서 재구성되어 신기술, 새로운 기업 및 관계에 있어 새로운 유형을 창출한다.

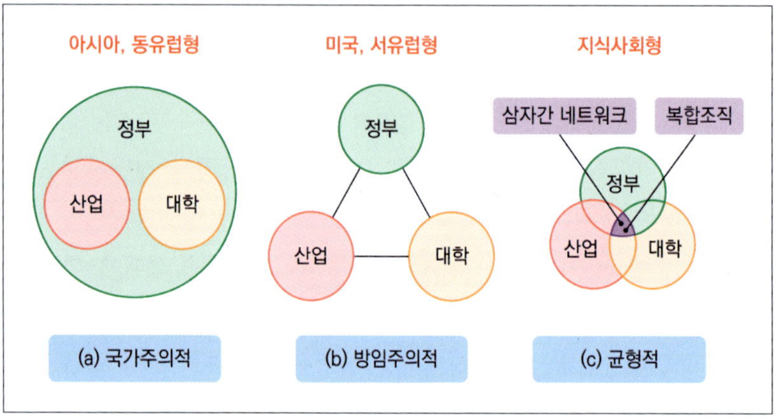

[그림 VI-2] 트리플힐릭스 모형의 유형

한편 신진화론자들은 사회 커뮤니케이션 시스템 이론[58)]과 커뮤니케이션의 수학적 이론[59)]을 바탕으로 트리플힐릭스 모형이 혁신을 촉발, 유지하는 원리를 분석하는 데 초점을 맞추고 있다. 신진화론적 관점에서 보면 대학, 산업, 정부는 공동으로 진화하는(공진화) 사회 시스템의 하부 단위를 구성하며 각 주체는 각자 내부의 반사적 동학을 통해 각각의 제도적 배열을 재형성하게 된다. 그리고 결과적으로 피드백 루프와 조직의 중첩화를 통해 상호작용[60)]하며 공진화한다.[61)]

왜 트리플힐릭스 모형의 협력 주체의 수가 2개가 아니라 3개여야 하는가는 이 모형이 삼면(三面)관계의 불안정성과 그에 따른 변동성을 특징으로 하기 때문이다.[62] 이 모형의 각 주체들은 다른 두 주체간의 협력 관계를 촉진할 수도, 방해할 수도 있기 때문에 모형 자체는 자기 촉매적(auto-catalytic),[63] 또는 자기조직화적(self-organizing) 특성을 가진다.

이렇게 볼 때 트리플힐릭스의 모형 특징을 좀 더 명확히 살펴보기 위해서는 창발, 자기조직화와 같은 복잡성 이론을 참고하는 것이 유용하다.[64] 먼저, 창발은 부분 간의 상호작용으로 인하여 국소적 부분들 간의 복잡성 증가가 전체적인 구조를 창발하고, 창발된 구조가 다시 국소적인 부분에 포함되어 다시 전체적 창발을 예비한다는 복잡성 이론 중의 하나이다.[65] 다음 그림은 시간 변화와 창발에 따른 트리플힐릭스 모형의 변화 과정을 나타낸 것이다. 모형의 초기에는 세 주체들이 각각 외부 환경에 적응하기 위해서 독립적으로 내부변형을 겪는다. 그다음 단계에서는 세 주체, 혹은 그중 두 주체 간의 상호작용의 결과로 복잡성이 증가하고 결국 새로운 네트워크와 조직이 창출되는 창발의 단계로 나아가게 된다. 트리플힐릭스 모형에 의한 혁신은 이러한 창발 과정이 무한히 반복되는 것으로 볼 수 있다.

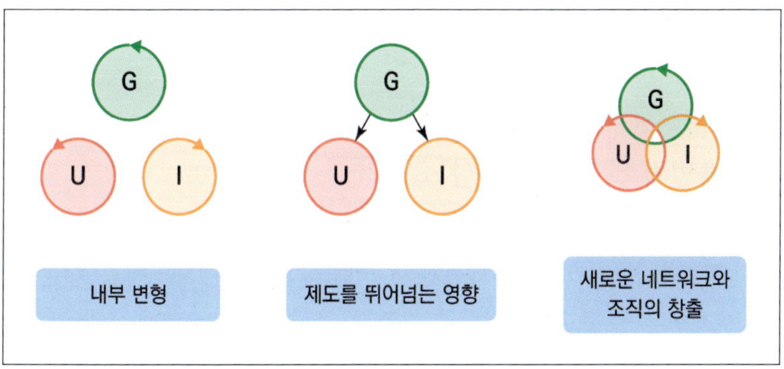

[그림 VI-3] 트리플힐릭스 모형의 변화과정

창발은 자기조직화 이론에 의해서도 설명된다. 복잡성 사고에서 자기조직화란 어떤 생산 과정의 결과가 다시 그 생산 과정의 일부분이 되는 순환적인 관계에 의해서 생명 체계가 지속적으로 자기 스스로를 생산하는 과정을 말한다.[66] 트리플힐릭스 모형에서는 세 주체는 새로운 조직과 네트워크를 생산(창발)하고 이렇게 생산된 새로운 조직은 다시 새로운 조직과 네트워크를 생산하는 일부분이 된다. 그런데 하나의 시스템에서 자기조직 현상이 일어나기 위해서는 시스템 요소들 간에 원활한 정보 교환이 필요하다. 생명체의 자기조직화의 경우 하나하나의 세포가 새로이 만들어지는 생명체 내에 편입되기 위해서는 상호 간 전면적인 정보 교환이 반드시 전제되어야 하기 때문이다.[67] 트리플힐릭스 모형에서 대학-지방정부-기업 간 정보 공유와 상호작용을 강조하는 이유가 여기에 있다.

자기조직화를 통해 트리플힐릭스 시스템은 지역 내 관계망 위에 차세대 또는 세계적 차원의 의사소통망을 중첩적으로 생성하게 되며 이 세계적 의사소통 체제는 하나의 예측 체제로 간주될 수 있다. 혁신 옵션들의 실행 가능성은 먼저 예측의 관점에서 구체화되며, 이 예측의 구체화는 담론이 더 발전될 때 지식생산 과정이 전면에 나타나도록 촉발하고 자극한다.[68]

트리플힐릭스 모형의 구성 요소

국가혁신 시스템, 지역혁신 시스템, 기술혁신 시스템과 같은 혁신 시스템은 보통 구성주체, 구성주체 간 관계, 시스템의 기능이라는 세 가지 측면을 가진다. 트리플힐릭스 역시 혁신 시스템에 속하므로 동일한 관점에서 분석할 수 있다. 트리플힐릭스 모형을 포함한 혁신 시스템 이론은 주체(components), 주체 간 관계(relationships), 시스템의 기능(functions)의 3가지 분석 요소로 구성되며[69] 각 요소들의 세부 내용은 다음과 같다.[70]

주체는 대학, 지자체, 산업계를 각각 대표하는 행위자를 의미하며 이는 다시 개인 혁신가와 기관 혁신가, R&D 혁신가와 비R&D 혁신가, 그리고 단일 기관과 복합(하이브리드) 기관 등으로 구별할 수 있다. 트리플힐릭스 모형에서는 주체 간 상호 침투성이 강하므로 인적자원, 아이디어, 지식, 기술, 자본이 쉽게 소통된다. 이로써 조직적 창의성은 물론 공동 목표 달성을 위한 지역적 자원 동원이나 새로운 기관(제도) 구성을 촉진하게 된다.

주체 간 관계는 협력 관계, 갈등 관계, 갈등 조정 관계, 타산적 관계, 비타산적 관계, 기술 이전 관계, 공동 리더십 관계, 역할 대체 관계, 네트워킹 등 다양한 양상으로 나타날 수 있다. 주체 간 관계는 트리플힐릭스 상호작용에서 작동하는 변화 촉진적, 진화적 사회경제 메커니즘을 반영하므로 중요하게 고려되어야 한다.

시스템의 기능은 트리플힐릭스 모형이 혁신과 관련하여 발휘하는 역할을 의미하며 이는 주체의 역량과 주체 간 관계의 효과성에 의해 결정된다. 일반적인 혁신 시스템 이론은 혁신 시스템의 주요 기능을 기술의 창출, 확산, 활용으로 보지만, 트리플힐릭스 이론은 시스템의 기능을 지식과 혁신의 창출, 확산, 활용으로 간주한다.

트리플힐릭스 모형은 궁극적으로 지식의 생산, 확산, 그리고 활용 기능을 수행하며 이는 트리플힐릭스 모형에 의해 만들어지는 지식공간, 합의공간, 혁신공간 간의 상호작용을 통해 구체화된다. 트리플힐릭스 모형이 이러한 기능을 수행하기 위해서는 기술적 역량이나 조직적 역량 외에도 기업가적 역량, 사회문화적 역량, 정치적 역량도 필요하다.

표 VI-2 트리플힐릭스 모형의 구성 요소

구성 요소	세부 변수
주체	대학, 지자체, 지역사회(기관/개인)
주체 간 관계	협력관계, 지식이전관계, 공동리더십 관계, 갈등조정관계, 네트워킹 등
시스템의 기능	지식생산/지식확산/지식활용(지식공간, 합의공간, 혁신공간)

마을교육공동체 관련 트리플힐릭스 모형의 활용 방안

마을교육공동체와 관련하여 트리플힐릭스 모형은 사례 연구와 모델의 구축에 활용될 수 있다. 구체적으로 어떻게 활용할 수 있을 것인지는 앞으로 더 연구되어야 할 것이나 여기서는 마을교육공동체에 대한 공간별 분석 방안과 그에 의한 마을교육공동체 모델 구축 방안을 제안하고자 한다.

마을교육공동체 사례를 연구함에 있어 트리플힐릭스 모형은 유용한 분석틀로서 활용될 수 있는 동시에 실제 마을교육공동체가 나아가야 할 방향을 제시할 수 있다. 특정 사례 공동체에서 지식공간, 합의공간, 혁신공간이 제대로 생성되어 기능하고 있는지를 분석한다면 지역사회 기반 지속가능발전교육의 효과성과 혁신 잠재력을 평가할 수 있다. 또한 세 공간 간의 상호작용이 얼마나 활발하게 이루어지고 있는지도 분석 대상이 될 수 있다.

먼저 지식공간이란 지속가능발전교육과 관련한 지식을 생성하고, 확산하고, 활용하는 역량을 보유하고 있는 공간을 의미한다. 마을교육공동체 내에 이러한 지식 자원을 개발하고 창조하는 공간을 갖추는 것은 지식기반사회에서 혁신의 필수적인 요소라 할 수 있다. 지식공간은 일차적으로 대학이 주도하는 것이 일반적이나 지식을 생성하고 확산하는 기능을 원활히 수행할 수만 있다면 반드시 대학이어야 할 필요는 없을 것이다. 여기서 주의할 점은 지식공간을 대학이나 연구소 등에서 주도한다고 하더라도 지방정부의 정책가와 지역사회의 교육활동가, 교사, 시민운동가 등이 참여하는 3자 협력체계가 되어야 한다는 것이다. 지식공간의 혁신은 3자 협력을 통해 더 효과적으로 일어날 수 있기 때문이다.

다음 합의공간은 대학, 지방정부 그리고 지역사회가 지속가능발전교육이라는 이슈를 중심으로 만나서 필요한 자원조달, 제도의 개선, 지역 차원의 사업 계획 수립 등에 대하여 합의하는 공간이다. 합의공간이 원활하게 유지, 작동되기 위해서는 일차적으로 상호 간의 신뢰와 참여자들이 동의한 합의 규칙의 준수가 중요하다. 합의공간에서도 역시 세 주체가 각각 독립적인 존재가 아닌 하나의 협력 시스템의 일부라는 인식을 가지고 있어야 한다. 합의 공간의 또 다른 중요한 기능은 주체들 간의 협력을 촉진하고 갈등을 해결하는 것으로 이를 위해서는 효과적인 리더십이 필요하다. 합의공간의 질과 효과성을 분석하는 방식은 대체로 기존 마을교육공동체의 거버넌스 체계와 유사하다. 합의공간이 올바르게 작동하기 위해서는 지식공간으로부터 유용한 지식을 즉각적으로 제공받아야 하는 것처럼 다른 두 공간들과 원활한 상호작용이 있어야 한다. 혁신공간은 지식공간과 합의공간을 바탕으로 지속가능발전교육과 관련한 혁신적인 프로그램이나 정책을 창출하는 공간이다. 혁신공간 역시 3주체 간의 협력을 통해 다양한 형태와 방식으로 창출될 수 있는데 그 성과는 주로 혁신가들의 역량과 의지, 그리고 이들에 대한 지식과 자원의 공급 정도 외에도

해당 지역사회의 사회적, 문화적, 정치적 역량과도 관련이 있다.[71)]

이 공간들의 효과성을 평가하기 위한 변수는 각 공간에 참여하는 주체의 수, 유형, 역량, 주체 간 관계, 주체의 역할 등 필요와 목적에 따라 다양하게 선정할 수 있다. 이상과 같은 방식의 사례 분석이 집적되면 자기조직적 거버넌스로서의 마을교육공동체의 모델 정립도 가능할 것으로 판단된다. 다음 표는 마을교육공동체의 트리플힐릭스 공간별로 수준과 효과성을 분석하기 위한 주요 변수를 정리한 것이다.

표 VI-3 트리플힐릭스 공간별 분석 변수

분석 공간	참여 주체	주체 간 관계	다른 공간과의 상호작용
• 지식공간 • 합의공간 • 혁신공간	• 참여 주체의 유형 • 참여 주체의 수 • 각 주체의 역할 • 리더십의 유무와 효과성 • 공간별 주요 성과	• 상호 인식과 신뢰 수준 • 상호 협력의 강도 • 상호 갈등의 강도 • 상호 갈등의 원인 • 갈등의 해결방식	• 상호작용의 강도 • 상호작용의 내용

트리플힐릭스 모형을 마을교육공동체 논의에 활용하는 데 대하여 양자 간에 행위자의 동기가 다르다는 한 가지 쟁점이 제기될 수 있다. 즉, 지역경제발전과 영리성 추구라는 동기에 의해 추동되는 트리플힐릭스 모형이 어떻게 공공 문제에 속하는 마을교육공동체의 혁신 모델로 활용될 수 있는가 하는 반론이 나타날 수 있다. 그러나 지역 주체들이 협력의 장으로 나오고 서로 힘을 합치도록 만드는 동기가 반드시 경제적 동기일 필요는 없으며 지속가능발전, 지역문화 발전, 지역 안보 등 다양한 동기 유형들이 작용할 수 있다고 본다. 문제는 어떠한 동기이냐가 아니라 과연 행위자들의 자발적 협력을 촉진

할 만큼 강력한 동기이냐일 것이다. 2000년대 이후 지속가능발전은 세계적으로는 물론 국가적, 지역적으로도 강력한 의제가 되고 있음은 주지의 사실이다. 기후위기 대응를 위한 탄소배출억제, 생물다양성 보존을 위한 환경보호 등이 인류의 생존과 직결된 문제로 인식되고 있는 만큼 지속가능발전교육 분야에서도 지역 행위자들이 상호 협력할 동기 유인은 충분하다고 보아야 할 것이다.

다음 쟁점은 기존의 지역교육 거버넌스 모델과 트리플힐릭스 모형 간의 관계에 관한 것이다. 트리플힐릭스 모형이 기존의 교육협력 거버넌스 모델을 대치하는가 아니면 보완하는가의 문제이다. 이는 근래에 활발히 논의되는 자기조직적 거버넌스의 문제와 직접 관련된다. 자기조직적 거버넌스는 기존의 설계된 거버넌스에 대한 대안으로서 행위자들 간 상호작용에 의한 창발적 구조를 주요 특성으로 한다. 그러나 이는 의도적으로 설계된 구조로부터 완전히 자유롭지 않은, 즉 설계된 구조 위에 창발적 구조가 결합된 거버넌스이다.[72] 따라서 창발적 구조의 거버넌스와 설계된 전통적 거버넌스는 이념적으로는 구분되지만, 실제에서는 혼합된 형태로 존재한다. 전자는 전통적 거버넌스 위에서 작동할 수밖에 없으며 후자도 비공식적 조직 등에 의한 창발적 성격을 가진다는 것이다.[73]

트리플힐릭스 모형은 신진화론과 복잡성 이론을 기반으로 대학, 지역사회의 자유로운 주체를 상정하고 있으므로 창발적 구조이다. 반면에 마을교육공동체에 적용되는 기존의 지역교육협력 거버넌스는 지방정부-교육청-학교로 연결되는 공적인 협력 및 의사소통체계에 의존하는 설계된 구조의 전통적 거버넌스이다. 이 전통적 거버넌스는 마을교육공동체 자체의 생활세계적, 창발적 지향에도 불구하고 공적 기구인 교육청과 학교의 역할이 지나치게 강하여 창발적 혁신을 오히려 저해하는 경우가 많다.[74] 교육청, 학교와 같은 교육관료기구는 다른 주체와의 상호작용이 복잡화되는 단계에 이르더라도 그 공식 제도적 성격으로 인한 음의 순환 루프효과로 곧 평형을 되찾도록 하는 역할을 하는 경우가 많기 때문이다. 이 때문에 생활세계의 '창발적 구조(자기조직적 거버넌스)'인 마을교육공동체가 체계의 지원에 토대를 둔 '설계된 구조(설계된 거버넌스)'와 만나 서로 통합적인 협력적 거버넌스를 이루어야 한다고 보았다.[75)]

그러므로 트리플힐릭스 모형과 기존 교육거버넌스는 서로를 대치하거나 배척하는 것이 아니라 상호 결합하여 자기조직적 교육거버넌스를 구성하는 것으로 보아야 할 것이다. 또한, 자기조직적 거버넌스는 거버넌스의 바탕으로서 설계된 구조와 문제 해결을 위한 창발적 구조 간에 균형 잡힌 이론적 시각에 의해 이해되는 것이 바람직하다고 본다.[76)] 자기조직적 거버넌스의 설계된 구조와 창발적 구조의 역할을 동시에 고려함으로써 실천적 대안으로서의 자기조직적 거버넌스 개념을 구성할 수 있다는 것이다.

2000년대 초 이후 본격화된 주민 주도의 마을 만들기는 지역혁신전략으로 이해할 필요가 있다. 마을 만들기는 지역사회 생태계 속에서 주민과 다른 주체들(지자체, 전문가, 지역기업, 시민단체 등) 간의 자발적, 주체적, 수평적 상호작용을 통해 창의적인 아이디어를 발굴하여 지역공동체 활성화와 지역경제의 발전을 도모하는 과정이기 때문이다.[77)] 지역사회 기반의 다양한 공동체 기획인 마을교육공동체, 마을기업, 사회적기업, 지역사회 환경교육과 지속가능발전교육 모두 관 주도의 하향식 공동체 개발을 거부한다. 또한 이들이 주민의 자발성과 창의성을 기반으로 분야별 혁신을 목표로 한다는 것은 동일하다. 교육 분야에만 국한시켜 말하자면, 마을교육공동체의 목표는 학교 자체의 개혁이 아니라 지역사회의 교육개혁이다.[78)]

교육 분야에서는 마을교육공동체를 혁신 시스템으로 상정하여 왔는데, 위에서 논의한 대로 마을교육공동체 모형은 첫째, 외부 환경과의 상호작용을 빠뜨리고 있으며, 둘째, 지식기반 혁신의 핵심 주체인 대학을 중요 주체에서 제외하고 있다는 한계가 있다. 생태주의적 접근을 기본 원칙으로 지속가능발전교육을 지역공동체 차원에서 일관성 있게 추진하기 위해서는 투입-변환-산출-환류 모형[79]에 따라 지속적인 투입과 환류가 이루어져야 한다. 지속가능발전교육의 원리와 가치, 교육운영체계, 교육프로그램들은 환류 단계에서 지속적으로 재검토되고 새로운 지식으로 생산, 가공되어 투입 단계로 전달되어야 하는데, 이 역할을 맡을 핵심 주체는 바로 대학이 될 것이다.

위에서 논의한 바와 같이 트리플힐릭스 모형은 지식공간, 합의공간, 혁신공간을 창출하고 이 세 공간들이 상호 작용하면서 혁신을 창출한다. 즉, 혁신이 지속적으로 창출되기 위해서는 이 세 가지 공간이 서로 상호작용하여야 한다. 그러나 현재 논의되는 마을교육공동체는 지식을 생산하는 지식공간이 결여되어 있고, 합의공간은 중간지원기관의 형태로서 소극적으로 존재하며 혁신공간은 마을 강사나 교사 등 교육 실행 주체에게만 맡겨져 있다고 할 수 있다.

특히, 지역교육혁신을 주도하는 방향타 역할을 해야 할 합의공간은 중간지원기관이라는 제도로 실무적 연락 사무소 수준으로 운영되고 있다. 이에 따라 지역 전체적인 혁신 이슈를 합의하고 필요한 자원을 동원, 조달하는 기능을 하기에는 부족한 경우가 많다. 이와 관련하여 중간지원조직이 다양한 참여 주체의 협력을 위한 의사결정기구 역할을 하여야 한다고 주장한다.[80] 반면, 중간지원조직은 마을교육과정 운영을 위하여 마을의 인적·물적 자원을 파악하고 네트워크 구성, 마을에 관한 교육컨텐츠 개발, 현장체험 차량 등을 지원하는 역할을 해야 한다고 주장하기도 한다.[81]

개별적으로 운영되는 지역 사회 교육시스템은 바로 교육의 혁신이 실현되는 혁신공간으로 볼 수 있는데, 이들 혁신공간은 지식공간과 합의공간과의 지속적인 상호작용을 통해 혁신에 필요한 새로운 지식과 자원을 공급받아야 한다. 그러나 현재의 지역사회 교육 현실이 그러한지는 되물어 볼 필요가 있다.

마을교육공동체의 구축과 관련하여 트리플힐릭스 모형을 적용하였을 경우에 다음과 같은 다음과 같은 효과가 기대된다.

첫째, 개별 교육프로그램의 실행과 활성화 수준을 넘어서 그것을 가능하게 하는 지역의 시민교육 혁신기반을 구축할 수 있는 이론적 모형의 제시를 가능하게 한다. 이는 선행연구의 프로그램 위주의 한계를 극복하고 지역적 차원에서 시민교육 활성화 시스템을 추진할 수 있도록 할 것이다.

둘째, 중요한 행위자(또는 기관) 간 상호작용의 체계적 분석을 가능하게 한다. 지역의 시민교육 거점 구축과 관련된 가장 중요한 행위자(stakeholder)를 중심으로 분석함으로써 관련된 정책 및 활동의 특성을 파악하기에 용이하다. 중요한 행위자에는 대학은 물론 지방정부, 시민사회의 혁신가 등이 포함될 것이다.

셋째, 지역교육공동체에서 나타나는 공간을 기능적으로 지식공간, 합의공간, 혁신공간으로 구분하여 각각의 공간이 활성화되는 데 필요한 조건을 탐색할 수 있다. 기존 지역교육협력 거버넌스 관련 연구들이 거버넌스 시스템의 기능을 구분하지 않거나 단지 합의 공간적 측면에서만 바라보았던 한계를 극복할 수 있을 것이다.

넷째, 관련 행위자 간의 긴장(tension) 관계 파악이 용이하다는 것이다. 대학, 지방정부, 지역사회 관련 행위자들 상호 간에는 갈등(conflict) 요소와 상호의존(interdependency)이나 협력(cooperation) 요소가 상존한다. 이들 간의 갈등과 상호작용의 요인을 분석함으로써 향후 새로운 발전과 상호작용을 위한 시사점을 제공하는 데 유리하다.

다섯째, 트리플힐릭스 모형은 최근 대학이 맞고 있는 위기에 대한 돌파구도 제공한다. 학령인구 감소 경향과 함께 대학도 이제는 지역사회에 대한 적극적인 기여 없이 대학생 교육 유치만으로는 생존하기가 점점 어려워지고 있다. 이러한 상황에서 대학이 지역사회 발전에 기여함으로써 활로를 찾아야 한다는 주장이 설득력을 얻고 있음에 비추어 볼 때 대학의 역할을 강조하는 혁신 시스템은 적시성이 있다고 볼 수 있다.

반복되는 말이지만 지역사회 기반 지속가능발전교육은 교육체제와 교육내용의 생태적 전환, 그리고 교육기관 운영의 생태적 전환을 요구한다. 그러나 생태적 전환을 어떻게 하여야 하는지는 아직 충분히 합의되지 않은 상태이며 그중 일부는 과도하게 정치화되어 있기도 하다. 그리고 생태적 전환에 관한 지식은 아직 충분하지 않으므로 계속 생산되어 마을교육공동체에 공급되어야 한다. 지속가능발전이 강력한 사회적 의제로 계속 남아 있으려면 그에 관한 철학적, 이론적, 경험적 지식이 연료로서 계속 공급되어야 하며, 따라서 대학의 역할이 중요한 것이다.

지역사회 기반 지속가능발전교육에 대해 제기되는 문제들은 기존 마을교육공동체 개념의 문제점에서 기인한 바가 크다. 따라서, 트리플힐릭스 모형의 대학-교육(지자체)-지역사회 3자 협력을 핵심 축으로 하는 지역교육공동체 모형을 다시 설정할 의의가 충분하다고 생각한다.

미주

1) 박성복(2007). 녹색주의 반응과 생태적 관점, 서울행정학회, 12, pp. 339-355.
2) 앞의 논문 인용
3) 앞의 논문 인용
4) 박복선, 정용주, 윤상혁(2020). 포스트 코로나 시대의 교육과 교육의 생태적 전환, 교육의 생태적 전환 포럼 자료. 2020.9.21.
5) 앞의 포럼 자료 인용
6) 서울특별시교육청(2020). 생태전환교육 길라잡이. 서울특별시교육청.
7) 홍성태(2004). 생태사회를 위하여, 문화과학사. p.44.
8) Steenbergen, Bart van. (1994). The condition of citizenship. London, Thousand Oaks, New Delhi: Sage Publications.
9) Thomashow, M. (1995). Ecological Identity: Becoming a Reflective Environmentalist. The Massachusetts Institute of Technology Press, 1995. Journal of Political Ecology. 2. 47. 10.2458/v2i1.20170.
10) 이 절은 「조재준(2020). "마을만들기 과정에서 나타나는 공동체 활동과 역량에 관한 연구." 박사학위논문 단국대학교 대학원」의 내용을 바탕으로 작성하였다.
11) McLaughlin, C. & Davidson, G. (2015). 더 나은 삶을 향한 여행, 공동체: 대안적 생활을 고민하는 생태공동체만들기. 황대권 옮김. 생각비행.
12) Mulhall, S. & Swift, A. (2003). Liberals and Communitarians. Edition, Wiley-Blackwell; 2 edition.
13) Sandel, M. (2014). 정의란 무엇인가. 김명철 역. 와이즈베리.
14) 공화주의(共和主義)는 흔히 군주 독재에 대립하는 국민주권에 의한 공동의 정치형태를 말한다(김경희, 2009; 26). 정치철학적으로는 사적 이익보다는 공동선을 중요시하는 공동체주의에 가깝다고 할 수 있다. 많은 국가들이 국가명칭에 공화국을 포함시키고 있음에서 알 수 있듯이 공동체주의는 우리의 정치 사회 체제내 깊숙이 뿌리내린 개념이라 할 수 있을 것이다.
15) 2010년 2월 18일 열린 제2차 국가고용전략회의에서 정부 고위인사는 "청년 실업 문제 해결을 위해 정부가 최선을 다해야 하지만 가장 중요한 것은 본인들의 자활 노력"이라고 말한 것이 대표적인 사례이다.
16) 김선욱(2021). 공정과 정의와 능력주의. (사)기독교윤리실천운동.
17) 김태심(2020). 공정한 불평등?: 체제 정당화와 재분배 선호. 평화연구, 28(1), pp.129-167.
18) 듀이는 social inquiry라는 용어를 썼는데, 이를 흔히 사회적 탐구로 번역하지만 이는 전문적인 연구의 의미로 오해될 염려가 있어 여기서는 사회적 공

론으로 번역하였다. 듀이의 social inquiry가 의미하는 바는 사회 구성원 간의 자유로운 의사소통을 통해 사회가 당면한 문제의 해결책을 모색한다는 것이므로 사회적 공론 형성이 더 적절한 것으로 보인다.

19) 듀이는 지력을 가진 주체와 비교되는 개념으로 이성을 갖춘 주체를 상정하였다. 이성을 갖춘 주체는 단지 지적활동의 주체로 변화에 대해 수동적인 관람자(spectator) 역할에 그치는 것으로 본다.

20) 문보경(2021). 마을교육공동체 운영체제 사례 분석. 제주대학교 교육대학원 박사학위논문.

21) 김선호, 김정한(1994). 학교와 지역사회신강. 서울: 문음사.

22) 양병찬, 전광수(2016). 지역교육공동체 창조를 위한 학교와 지역의 협동. 서울: 교육아카데미.

23) 문보경(2021). 마을교육공동체 운영체제 사례 분석. 제주대학교 교육대학원 박사학위논문.

24) 김홍주, 양승실, 김순남, 박승재, 이쌍철, 이성회, 김갑성, 유성창(2016). 미래지향적 교육생태계 조성을 위한 교육체제 재구조화 연구. 서울: 한국교육개발원.

25) 김용련(2019). 마을교육공동체: 생태적 의미와 실천. 서울: 살림터.

26) 강영택(2017). 마을을 품은 학교공동체. 서울: 도서출판 민들레.

27) 나현주, 강지나, 김용련, 김은정, 이성, 홍섭근(2019). 경기혁신교육생태계 강화 방안 연구. 경기: 경기도교육연구원.

28) 강영택(2017). 마을을 품은 학교공동체. 서울: 도서출판 민들레.

29) 이인회(2013). 교육거버넌스 관점에서 본 소규모 학교 통폐합 정책 분석. 탐라문화. 42, pp.347-375.

30) 김미향(2020). 학교와 지역사회 간 연계 · 협력에 기반한 마을교육공동체의 개념 탐색. 평생학습사회. 16(1), pp.27-52.

31) 조윤정(2018). 의정부 마을교육공동체 사례 연구: 협력적 교육 거버넌스 형성을 중심으로. 한국교육사회학회 학술대회 발표 자료. pp.85-109.

32) 송두범, 양병찬, 강수현(2016). 충청남도 마을교육공동체 실태분석 및 활성화 방안. 충남연구원.

33) 충청남도교육청(2020). 2020 충남 마을교육공동체 활성화 지원 계획. 충청남도교육청.

34) 서용선 · 김아영 · 김용련 · 서우철 · 안선영 · 이경석 · 임경수 · 최갑규 · 최탁 · 홍섭근 · 홍인기(2016). 마을교육공동체란 무엇인가? 탄생, 뿌리 그리고 나침반. 서울: 살림터.

35) 문보경(2021). 마을교육공동체 운영체제 사례 분석. 제주대학교 교육대학원 박사학위논문.

36) 서용선, 김용련, 임경수, 홍섭근, 최갑규, 최탁(2015). 마을교육공동체 개념

정립과 정책 방향 수립 연구. 경기: 경기도교육연구원.

37) 이용운 · 구본희 · 김갑철 · 서용선(2020). 서울의 마을교육: 서울형혁신교육지구와 마을교육공동체. 서울: 살림터.

38) 서용선, 김용련, 임경수, 홍섭근, 최갑규, 최탁(2015). 마을교육공동체 개념 정립과 정책 방향 수립 연구. 경기: 경기도교육연구원.

39) 문보경(2021). 마을교육공동체 운영체제 사례 분석. 제주대학교 교육대학원 박사학위논문.

40) 이진우(2020). 광역자치단체별 마을교육공동체 조례 비교 분석 연구: 구축원리를 중심으로. 석사학위논문. 한국외국어대학교.

41) 서용선, 김용련, 임경수, 홍섭근, 최갑규, 최탁(2015). 마을교육공동체 개념 정립과 정책 방향 수립 연구. 경기: 경기도교육연구원.

42) 김태정(2019). 혁신교육지구와 마을교육공동체는 어떻게 만들어지는가? 서울: 살림터.

43) 서용선, 김용련, 임경수, 홍섭근, 최갑규, 최탁(2015). 마을교육공동체 개념 정립과 정책 방향 수립 연구. 경기: 경기도교육연구원.

44) 김용련(2019). 마을교육공동체: 생태적 의미와 실천. 서울: 살림터.

45) 이인회(2013). 교육거버넌스 관점에서 본 소규모 학교 통폐합 정책 분석. 탐라문화. 42, pp.347-375.

46) 김용련(2019). 마을교육공동체: 생태적 의미와 실천. 서울: 살림터.

47) 이 장은 '이명석(2017). 거버넌스 신드롬. 성균관대출판부'에서 해당 부분을 요약하였다.

48) Ansell, C. & Gash, A. (2007). Collaborative Governance in Theory and Practice Journal of Public Administration Research and Theory 18: pp.543-571.

49) 한숭희(2019). 교육이 창조한 세계. 교육과학사.

50) 이 부분은 남재걸, 조재준의 '매일 같이 밥먹는 동네'(예담. 2019)의 내용을 토대로 작성하였음을 밝혀둔다.

51) 이 절은 조재준 외 '지속가능발전교육을 위한 마을교육공동체 혁신에 트리플 힐릭스 모형의 적용 가능성 탐구' 논문(2022)의 일부 내용을 인용, 요약한 것임을 밝힌다.

52) 박상현(2020). 코로나19 이후 마을교육공동체의 발전방안 모색: 생태주의적 관점을 중심으로. 서울특별시교육청교육연구정보원. 2020-70. 수시보고서. p.5.

53) 양병찬(2019). 한국 '마을교육공동체' 현상의 확산과 진화: 지역개발과 지역교육의 관계 재구축의 관점에서. 2019 한국교육사회학회 연차학술대회, pp.1-30.

54) 김용련 외(2020). 지속가능한 마을교육공동체 구축을 위한 지방정부의 역할과 과제 연구. 혁신교육지방정부협의회 · 한국외국어대학교.

55) Etzkowitz, H. & Leydesdorff, L. (1998). The endless transition: a triple helix of university-industry-government relations. Minerva, Vol 36, pp.203-208.

56) Etzkowitz, H. (2003). Innovation in Innovation: The Triple Helix of University-Industry-Government Relations. Social Science Information, 42(3), pp.293-337.

57) Etzkowitz, H. & Leydesdorff, L. (1998). The endless transition: a triple helix of university-industry-government relations. Minerva, Vol 36, pp.203-208.

58) Luhmann, N. (1975). Systemtheorie, Evolutionstheorie und Kommunikationstheorie. Soziologische Gids, Vol 22, No 3, pp.154-168.

59) Shannon, C. E. (1948). A mathematical theory of communication. Bell System Technical Journal, Vol 27, pp.379-423 and pp.623-656.

60) 트리플힐릭스 행위자 사이의 상호 작용은 확률적 엔트로피의 관점에서 측정할 수 있다. 이것이 만일 음수일 경우 행위 주체 간 커뮤니케이션의 중첩 속에서 일시적으로 안정화될 수 있는 자기 조직의 다이내믹을 시사한다(Leydesdorff, 2003).

61) Dolfsma, W. & Leydesdorff, L. (2009). Lock-in and break-out from technological trajectories: modelling and policy The Triple Helix and innovation policy and practice implications. Technological Forecasting and Social Change, Vol 76, pp.932-941.

62) Etzkowitz, H. & Leydesdorff, L. (1998). The endless transition: a "triple helix" of university-industry-government relations. Minerva, Vol 36, pp.203-208.

63) 생성주체가 동시에 촉매주체가 되는 것을 자기촉매라 한다. 박테리아 번식에서 새로 생겨난 박테리아가 다시 박테리아를 계속 만들어 내는 것이 그 예이다. 그 결과 생성주체는 비선형적으로, 기하급수로 증가하게 된다.

64) 트리플힐릭스 모형의 창시자인 Leydesdorff도 그의 논문 Leydesdorff and Ivanova(2016)에서 트리플힐릭스 모형을 설명하면서 자기조직화, 프랙탈, 공진화 등의 개념을 사용하고 있다.

65) 이요바(2021). 복잡성 이론이 학습자 중심 교육과정에 주는 의미: 세 가지 개념을 중심으로. 학습자중심교과교육연구. 21(10), pp.663-683.

66) Maturana, H. (2002). Autopoiesis, structural coupling and cognition: a history of these and other notions in the biology of cognition. Cybernetics & Human Knowing, 9(3-4), pp.5-34.

67) 김용운(2000). 프렉탈과 카오스의 세계. 서울: 우성출판사, pp.261-280.

68) Leydesdorff, L., & Ivanova, I. (2016). "Open innovation" and "triple helix" models of innovation: can synergy in innovation systems be measured?. Journal of Open Innovation: Technology, Market, and

Complexity. 2(1), 1-12.

69) Carlsson, B. (2003). Innovation systems: a survey of the literature from a Schumpeterian perspective, paper for Theomics, http://faculty. weatherhead. case.edu/carlsson/documents/InnovationSystemsSurveypaper6.pdf. 2022.2.20. 다운로드, development, 10(4), pp.187-196.

70) Ranga, M. & H. Etzkowitz (2013). Triple Helix Systems: An Analytical Framework for Innovation Policy and Practice in the Knowledge Society, Industry and Higher Education. 27(4): pp.237-262.

71) 'Leydesdorff, L., & Ivanova, I. (2016). "Open innovation" and "triple helix" models of innovation: can synergy in innovation systems be measured?. Journal of Open Innovation: Technology, Market, and Complexity. 2(1), 1-12'을 참조

72) 최태현(2014). 자기조직적 거버넌스의 재고찰: 설계와 창발 개념의 통합을 중심으로. 행정논총 제52권 제2호(2014. 6). pp.67-90.

73) 앞의 논문과 동일

74) 서덕희(2021). 자기조직적(Self-organizing) 교육거버넌스(Governance) 구축의 원리로서의 실천공동체(CoP): 미래형 교육자치협력지구 순천시 사례를 중심으로. 교육학연구, 59(5), pp.335-386.

75) 앞의 논문과 동일

76) 최태현(2014). 자기조직적 거버넌스의 재고찰: 설계와 창발 개념의 통합을 중심으로. 행정논총, 제52권 제2호(2014. 6). pp.67-90.

77) 지역혁신이론에서 주체 간의 관계란 결국 '상호 지식 이전을 위한 비시장적 상호작용'이다(Carlsson, 2007).

78) 박제원(2021). 마을교육공동체는 교육의 답이 될 수 있는가. 전주완산고등학교 교사 2021.06.30. https://21erick.org/column/6552/ 검색(2021.2.22.).

79) Hoy, W. K. & Miskel, C. G. (2013). Educational Administration: Theory, Research, and Practice (9th). 오영재, 신현석, 양성관, 박종필, 가신현 역 (2013). 교육행정: 이론, 연구, 실제. 서울: 아카데미프레스.

80) 김용련(2019). 마을교육공동체: 생태적 의미와 실천. 서울: 살림터.

81) 조윤정, 김아미, 박주형, 정제영, 홍제남(2017). 미래학교 체제 연구: 학습자 주도성을 중심으로. 경기: 경기도교육연구원.

Ⅶ

지속가능발전교육의 실제

01 지속가능행복론적 접근
02 시스템사고의 적용
03 세계관 변화 교육의 적용
04 현상기반학습의 적용
05 상호동료교수법의 적용
06 다양한 수업모형과 복잡성 이론의 적용

01
지속가능행복론적 접근[1)]

여기서는 어떻게 학습자, 시민들이 지속가능발전에 기여하는 친환경적, 생태적 행동을 하도록 교육적으로 접근할 것인가의 문제에 대해 논의하려고 한다. 일반의 상식 중에는 친환경적, 생태적 라이프스타일을 유지하는 것은 그 사람의 삶의 질과 행복을 떨어뜨려야 가능하다는 견해가 있다. 친환경적으로 사는 것은 자기의 욕망과 행복을 희생해야 가능하다는 두려움이 사람들 사이에 퍼져있음을 부인하기는 어렵다.

지속가능발전교육은 이 딜레마를 회피하지 말고 정면으로 돌파해야 교육 자체의 지속가능성을 담보할 수 있을 것이다. 이 딜레마를 돌파할 수 있는 강력한 무기가 바로 지금 논의할 '지속가능행복(Sustainable Happiness)'이라는 개념이다. 지속가능행복의 개념은 사람들이 친환경적 라이프스타일을 고수하면서도 동시에 물질주의적 사고가 주는 행복보다 더 높은 수준의 행복을 누릴 수 있다는 생각이기 때문이다. 그럼 지속가능행복이 무엇인지 지금부터 살펴보기로 한다.

브릭맨(Brickman)과 캠벨(Cambell)의 쾌락 적응(hedonic adaption) 이론에 따르면 어떤 물질을 소비해서 생기는 행복감이나 만족감은 일정한 시간이 지나면 적응하여 더 이상 느끼지 못하게 된다. 즉, 사람에게 어떤 일이 일어나는지 관계없이 어느 정도 시간이 흐르면 행복을 느끼는 수준이 원래대로 돌아간다는 의미이다. 그래서 사람들은 행복 수준을 높이기 위하여 소비를 증가시키는 쾌락 쳇바퀴(hedonic treadmill) 현상이 나타난다고 말한다.[2] 소비와 행복이 불가분의 관계에 있는 소비 사회에서 개인들은 좋은 삶(good life)을 재화가 많은 삶으로 혼동한다.[3] 그리고 우리의 행복 추구는 종종 다른 사람들과 자연환경을 희생시킨다. 그러므로 장기적 관점에서 우리는 단발적인 행복이 아닌 지속가능행복을 추구해야 한다. 이러한 관점에서 오브라이언은 개인, 공동체 그리고 국가가 행복을 추구하는 방식과 그에 따른 결과를 살펴보기 위해 지속가능행복의 개념을 개발하였다.[4] 그녀가 정의한 지속가능행복은 '다른 사람, 환경 또는 미래 세대를 착취하지 않고 개인, 지역사회, 전지구적 웰빙에 이바지하는 행복'이다. 이 개념은 행복 연구를 확장하고 지속가능성과 지구상 모든 생명의 상호의존성 관계를 강화한다. 그리고 우리 각자가 타인의 행복과 자연환경에 긍정적이거나 부정적인 공헌을 할 수 있다는 사실을 강조한다. 이러한 지속가능행복은 학교 정책 및 실천뿐만 아니라 교육과정의 모든 영역에 통합할 수 있다.

유엔은 현재와 미래세대의 삶의 질 향상에 있어 교육이 수행해야 할 본질적인 역할에 더 많은 관심을 끌기 위해 2005년부터 2014년까지를 유엔 교육 및 지속가능한 개발 10년으로 선포하였다.[5] 유엔은 지속가능한 발전을 위한 교육의 역할에 초점을 맞추고 교육이 문제인지 아니면 해결책인지에 대해 의문을 제기하였다.[6] 유네스코는 "지속할 수 없는 현 수준의 관행과 과잉 소비를 볼 때, 우리는 교육이 문제의 일부라고 결론 내릴 수 있다. 만약에 교육이 해결책이 되고자 한다면 더 깊은 성찰과 미래에 대한 폭넓은 비전이 필요하다"라고 주장한다.[7] 기후변화, 심각한 환경 악화 그리고 재생 불가능한 자원의 손실이 증가하는 시대에 지속가능성을 초·중등 교육과정에 통합하려는 현재의 노력이 충분하다고 생각한다면 우리는 자신을 기만하고 있는 것이다.

우리의 교육 시스템은 모두에게 지속가능한 미래를 보장하는 데 중추적인 역할을 해야 한다. 어떻게 하면 교육이 해결책 일부가 될 수 있을까? 학교 재활용 프로그램과 환경동아리의 운영에 만족하는 수준에서 더 나아가, 지속가능성에 관한 책임을 다할 수 있는 학교가 되기 위해서는 무엇이 더 필요한가? 이러한 질문에 답변하기 위해 이 절에서는 지속가능성 교육에 기여할 수 있는 지속가능행복의 개념과 내용을 소개한다.

지속가능행복

긍정심리학은 무엇이 행복과 삶의 만족에 이바지하고 유지하는지를 이해하는 것이 개인의 행복을 증진하는 데 중요한 요소가 될 수 있다는 신선한 관점을 가지고 있다. 셀리그만(Seligman)은 긍정심리학을 긍정적인 감정, 특성, 제도에 관한 연구로 보고, 우리는 행복하기 위한 기술을 배울 수 있으며, 이는 정서적, 육체적, 정신적 웰빙에 영향을 미친다고 주장한다.[8] 또한 빈호우번(Veenhoven)은 행복을 "전체로서의 삶에 대한 전반적인 감사함, 즉 개인이 자신의 삶에 얼마나 만족하는가"로 정의한다.[9] 행복은 종종 주관적인 웰빙과 삶의 만족도에 대한 테스트를 통해 측정된다. 행복에 대한 정의는 다양할 수 있지만, 많은 연구에서 행복도가 비교적 높은 사람이 덜 행복한 사람보다 낮은 혈압, 건강 정보를 찾고 행동하는 성향, 그리고 더 강력한 면역 체계를 포함한 많은 긍정적인 건강 결과를 보인다고 증명한다. 이는 우리가 사람들을 더 행복하게 함으로써 더 건강하게 만들 수 있다는 것을 암시한다. 디너(Diener)와 셀리그만은 웰빙의 긍정적인 상태는 일반적으로 더 나은 신체적 건강과 관련이 있다고 잠정적인 결론을 내렸고, 웰빙과 신체적 건강에 관한 연구는 삶의 질을 의미하기 때문에 연구와 정책 모두에 중요하다고 말한다.[10] 지속가능성에 대한 관심이 확대되지 않은 경우에도 이러한 연구는 학습자와 교사의 건강과 복지에 적용할 수 있다. 행복 연구와 긍정심리학 연구는 건강, 사회, 언어 예술, 과학을 포함한 교육과정의 많은 분야에 통합될 수 있다.

셀리그만은 긍정적인 건강, 웰빙과 관련된 행복, 그리고 행복에 대한 몇 가지 대중적인 개념을 구별하기 위해 '진정한 행복(authentic happiness)'이라는 용어를 사용한다. 진정한 행복은 물질적 소유물에 대한 끊임없는 노력보다는 가족, 친구, 의미 있는 일, 그리고 공동체 참여를 통해 얻어진다. 여러 연구에 따르면 물질주의가 덜한 개인은 행복에 대한 자기반성이 더 높고 자전거 타기와 재활용과 같은 환경친화적인 행동에 더 많이 관여하는 경향이 있다.[11] 브라운(Brown)과 캐서(Kasser)는 "행복 추구는 소비 기반 환경 파괴 활동을 필요로 하지 않는다"고 결론지었다.[12] 디너와 셀리그만은 또한 기본 욕구가 충족되면 소득의 상당한 증가가 상응하는 만큼 행복의 증가로 이어지지 않는다는 증거를 찾았다. 따라서 많은 사람이 불필요한 소비를 위해 투자하는 시간은 매우 비효율적이고 잘못된 행복 추구일 수 있다.[13] 소비자 사회의 과잉 소비는 진정한 행복으로 가는 궁극적인 길도 지속가능성으로 가는 길도 아니다.

오브라이언의 지속가능행복은 학교 정책과 실천뿐만 아니라 교육과정의 모든 영역에 접목될 수 있다. 세계화된 세상에서 모든 사람의 행동은 다른 나라의 땅과 사람들에게 영향을 미친다. 어떤 영향은 즉각적이고 단기적이지만 어떤 영향은 지속적이다. 지속가능행복의 목적은 행복을 현재와 미래 그리고 지속가능성과 연결시키고, 상호의존성의 현실을 강조하고, 행복 연구를 통해 지속가능성의 노력에 실질적인 기여를 위해 잠재력에 관한 논의를 불러일으키는 것이다. 예를 들어, 커피 한잔을 마시는 순간적인 즐거움을 생각해보자. 지속가능행복의 관점에서 보면 이 순간적인 기쁨은 더 넓은 맥락에 놓일 수 있다. 개인들은 그 커피가 공정무역 커피인지 아닌지 관심을 가질 수 있는데, 이 커피는 재배 농장의 근로자들이 공정한 보수를 받았고 환경을 고려하여 재배되었다는 것을 의미한다. 커피에서 파생된 긍정적인 감정이 다른 사람이나 자연환경을 희생시켜 온 것인지 되돌아보는 것이 중요하다. 옷의 생산 조건, 과일 수송 거리, 지역 골프장에 살포되는 살충제 등은 모두 개인이 행복을 추구하는 방식에 영향을 미친다. 개인의 통근, 조직의 조달 정책, 국가의 대외 무역 정책을 보더라도, 개인, 조직, 그리고 정부는 지속가능행복에 기여할 수 있는 수많은 선택들이 있다.

행복에 대한 우리의 자연스러운 열망은 우리의 행복이 다른 사람들의 행복, 자연환경과 불가분의 관계에 있다는 것을 발견할 수 있다. 간혹 지속가능하게 생활하는 것은 우리의 삶의 질을 떨어뜨릴 것이라는 일반적인 오해가 있는데 이에 대한 답을 우리는 지속가능행복에서 찾을 수 있다. 브라운과 캐서는 "환경적으로 책임지는 행동이 자기희생적인 용어로 짜여져 있는 한, 개인은 어떻게 행동해야 하는지에 대한 어려운 선택에 직면하게 될 것"이라고 주장한다. 왜냐하면 자기희생적인 행동은 개인의 행복을 훼손하는 것으로 가정하기 때문이다. 지속가능행복은 지속가능성 문제에 대한 성찰과 더불어 우리의 삶의 질을 높이고 개인, 지역사회 및 글로벌 웰빙에 기여할 수 있는 기회를 제공하는 새로운 접근 방식을 제공한다. 또한 다른 사람들과 우리를 지탱하는 환경에 대한 연민을 통해 행동 변화를 동기화하는 데 사용될 수 있다.

지속가능행복을 탐구하는 개인, 공동체, 그리고 조직은 행복과 지속가능성을 해체하는 과정에서 시작한다. 예를 들어, 즐거움을 가져올 수 있는 일상 활동이지만, 우리의 전반적인 행복에는 이바지하지 않거나, 타인의 행복이나 환경에 해가 되는 경우가 있다. 이러한 것에는 노동력 착취를 통해 만들어지거나 환경을 심각하게 악화시킨 제품을 소비하는 활동이 포함된다. 지속가능행복 탐구를 통해 우리는 소비로부터 행복을 '독립'시킬 수 있고 웰빙과 지속가능성을 높일 수 있는 지속적인 기회를 발견할 수 있다. 그러므로 지속가능행복은 예비교사에게 지속가능성을 소개하기 위한 최고의 접근법으로, 예비교사가 지속가능성 모델이 되도록 동기를 부여하고, 지속가능행복을 그들의 교육 실천에 통합하도록 촉발한다.

지속가능행복과 교육

지속가능행복은 캐나다의 케이프 브레턴 대학(Cape Breton University)의 교육학사 프로그램의 선택과목으로, 학습자들은 행복 연구와 지속가능성과의 연관성을 학습한다. 교과교육 구성은 지속가능행복을 위한 기준 차트(baseline chart)의 완성, 진정한 부(genuine wealth)의 의미, 상호의존성 지도(independence map) 그리기, 감사의 표현(gratitude and appreciation), 행복 소양(happiness literacy), 그리고 지속가능행복 프로젝트(sustainable happiness project)를 포함한다.

지속가능행복을 위한 기준 차트는 학습자가 하루 동안 자신의 행동과 경험을 모니터링하고, 이것이 타인 및 자연환경에 미치는 긍정적 또는 부정적 영향을 조사하여 완성한다. 그리고 학습자 자신, 타인 그리고 자연환경의 웰빙을 개선할 수 있는 또 다른 기회가 무엇인지 고려하는 시간을 갖는다. 기준 차트는 각 개인에게 패턴을 보여주는 예비 단계이다. 이러한 활동을 통해 학습자는 공정 거래가 아닌 커피를 마시는 것과 같은 일부 활동이 일시적인 즐거움의 경험을 가져올 수 있지만, 다른 활동에는 부정적인 결과를 가져온다는 것을 알 수 있다. 또한 자신의 웰빙에 기여하는 활동들이 자동차 사용을 줄이거나, 가족 구성원과 시간을 보내도록 동기를 부여하거나, 스트레스를 줄여 다른 사람들과 건강한 관계를 맺는 것과 같은 다른 이점도 있을 수 있다는 점을 깨닫는다.

어니엘스키(Anielski)는 학습자들이 관계, 자연환경의 아름다움, 이웃을 신뢰하고 공부에 대한 의미 있는 참여에서 오는 비물질적인 부를 탐구하도록 유도하기 위해 교육에서 '진정한 부'라는 주제를 도입하였다.[14] 학습자들은 자신의 진정한 부에 대해 생각하며 부를 증가시키거나 재생 불가능한 자원의 소비를 줄일 기회를 식별한다. 이는 학습자 스스로가 무엇을 소비하고 있는지, 그리고 소비가 그들 자신의 진정한 부를 지지하는지에 대해 깨닫도록 돕는다. 수업에서 자신을 쇼핑 중독자라고 밝힌 몇몇 학습자는 원하는 것과 필요한 것 사이의 차이를 결정하기 위해 자발적으로 그들만의 전략을 고안하였다. 예를 들어, 한 학습자는 물건을 구매하기 전에 10초 동안 멈춰 서서 자신이 탐내는 제품이 욕구에 의한 것인지 필요에 의한 것인지 스스로에게 물어보면 구매 충동이 줄어들어 자제하게 된다는 것을 깨달았다. 브라운과 캐서에 따르면 행복에 관한 연구의 가장 흥미로운 결과 중 하나는 진정한 행복이 물질적인 부 그리고 과잉 소비와는 거의 관련이 없다는 것이다.

상호의존성 지도는 모든 학습자가 자신, 다른 사람, 자연환경, 사용하는 자원, 그리고 현재의 본인을 형성한 역사적, 문화적 사건 간의 상호연결의 거미줄을 그려서 지도를 완성하였다. 이를 만드는 간단한 방법은 사무실이나 교실에 있는 종이 한 장의 존재에 영향을 미치는 모든 요소를 고려하는 것이다. 종이가 목재 펄프로 만들어진 경우, 지도에는 태양, 바람, 흙, 물과 같은 천연 자원과 종이의 사용에 영향을 준 발명품, 나무를 수확하고, 통나무를 운반하고, 나무를 종이로 변환하기 위해 만들어진 기계, 생성과 운송의 모든 단계에 있는 인적 자원이 포함된다. 이 과제는 학습자들에게 그들의 삶이 매일 가깝고 멀리 있는 다른 사람들에 의해 영향을 받고 있다는 것을 깨닫도록 도와준다. 따라서 이 지도에서 한 가지를 변경하면 상당한 결과를 얻을 수 있다. 예를 들어, 공정무역 커피로의 전환으로 학습자들은 스스로가 먼 나라에 있는 사람들과 접촉하고 있다는 것을 발견한다.

감사함은 긍정적인 행복과 관련이 있다. 학습자들은 감사를 표하기 위해 편지를 쓰고, 간단한 것에 대해 감사를 표하고, 축복을 헤아리며 단순한 감사 활동의 영향에 놀라곤 한다. 해밀턴(Hamilton)과 데니스(Denniss)는 더 많은 것을 소유하기 위해 노력하기보다는 현재 우리가 가진 것에 감사함을 표한다면 사회 전체에 만연한 소비지상주의 경향(어플루엔자, Affluenza)[15]을 상쇄할 수 있다고 강조한다.[16] 따라서 감사함을 실천하는 것은 진정한 부를 강화하기 위한 것이기도 하다.

행복에 관한 우리의 관점에 미치는 사회와 문화의 영향을 탐구하는데, 행복 소양은 누가, 그리고 무엇이 우리에게 가르침을 주는지 학습 내용에서 고려할 수 있게 한다. 학습자들은 그들이 알고 있는 가장 행복한 사람을 인터뷰하고 무엇이 인터뷰 대상자의 행복에 이바지하는지, 그들은 역경에 어떻게 대처했는지, 그리고 이 과정에서 어떤 교훈을 얻을 수 있는지를 알아냈다. 모든 학습자는 각 1명씩 인터뷰를 했고, 인터뷰 대상자는 8세부터 노인까지 다양했다. 학습자들은 행복한 사람들이 가족, 친구, 공동체, 그리고 의미 있는 일을 중요하게 여긴다는 것을 발견하였고, 여기서 지나치게 물질적인 요소는 나타나지 않았다.

'진정한 부' 수업에서 모든 학습자는 지속가능한 행복 프로젝트를 완료해야 한다. 이 프로젝트는 지속가능행복을 반영하고 개인, 지역사회, 그리고 글로벌 웰빙에 이바지해야 한다는 사실 외에 다른 추가적인 고려사항은 없었다. 학습자의 약 3분의 1은 기준 차트를 완성하고 개선 대상으로 파악한 영역을 다루는 프로젝트를 선택하였다. 한 열성적인 학습자는 자신의 과도한 소비 습관을 바꾸기로 결정하고 자신의 BMW 자동차를 좀 더 평범한 자동차로 바꾸었다. 이 학습자의 경우 BMW를 소유하고 있는 동안에는 친구들과 어울리기보다는 차를 청소하고 돌보는 데 여가를 보냈고, 자동차가 긁히거나 찌그러지는 것에 스트레스를 받는 등 자신의 차에 과도한 애착을 가졌다고 한다. 그러나 차를 바꾼 후 그는 친구들과 보내는 시간을 점차 늘렸고, 온라인에서 무작위로 제품을 구매하는 자신의 소비 습관을 끊는 전략도 세웠다. 이제 그는 기본적인 욕구가 아닌 물건을 사고 싶은 충동을 느낄 때는 그 충동이 가라앉기를 기다린다. 24시간이 지나도 구입하고 싶은 생각이 들면, 제품의 제조 장소와 인간 및 환경에 미치는 영향을 조사하고, 보다 환경 친화적인 제품의 옵션에 대해서도 알아보고 있다. 그가 여전히 구매를 하고 싶다고 느낀다면, 그는 구매에 대한 흥미를 완전히 잃기 위해 그것을 한 달 동안 구매하지 않는다고도 한다. 이 프로젝트 과정의 목표 중 하나는 학습자들이 지속가능성을 수용하고 자신의 웰빙과 연계하여 일상적으로 글로벌 웰빙에 이바지할 수 있는 능력을 인식하도록 만드는 것이다.

지속가능발전교육을 위한 시사점

지속가능한 행복을 위한 교육은 학습자로 하여금 행복에 대한 새로운 가치관을 형성하고, 나아가 지속가능한 행복을 추구하는 삶의 태도와 방식의 변화를 이끌어 낸다. 이는 결국 개인, 가족, 지역사회 및 인류의 지속가능한 삶의 방식에 기여할 것이다. 21세기의 지속가능행복을 위한 교육의 중요한 과제는 개인의 의식 고취를 넘어 지속가능한 행동을 촉진하는 것이다. 지구상의 생명을 위협하고 말로 표현할 수 없는 인간의 고통을 야기하는 지구위기는 액면 그대로 행복과 무관해 보인다. 그러나 정책과 행동을 바꾸려는 수십 년간의 환경교육에도 불구하고 우리는 지속 불가능한 궤적을 충분히 바꾸지 못하고 있다. 지속가능행복은 스스로를 환경운동가라고 생각하지 않거나 환경 친화적인 행동 강요에 싫증을 느끼는 사람들의 관심을 끌 수 있다. 또한 우리는 상호의존적이라는 것을 깨닫는 학습자들을 위해 변혁적인 변화를 만들어 낼 수 있다. 지속가능행복은 모든 국가의 지속가능발전교육을 보완할 수 있다. 또한 이를 통해 학습자들을 참여시키는 것은 그들의 개인생활, 공동체, 그리고 지구의 안녕과 관련해서 의미 있는 연결을 제공할 것이다.

02
시스템사고의 적용

지속가능발전교육은 인간의 지속가능성을 담보할 수 있는 교육을 지향한다. 이는 현재 인간의 지속가능성을 저해하고 있는 여러 문제점들에 대한 교육을 필연적으로 수반하게 되는데, 이때, 우리는 '여러 문제점'들이 어떤 특성을 가지고 있는지 살펴볼 필요가 있다.

지금 우리가 직면하고 있는 문제점은 상당히 간단한 단어로 표현된다. '지구온난화'라는 단어는 우리에게 직관적으로 이해 가능한 정보를 전달한다. '지구온난화'는 지구가 온실가스로 인해 따뜻해지는 현상이다. 따라서 우리는 '지구온난화'를 극복하기 위해 우리 대기 중에 존재하는 온실가스의 비율을 낮추면 될 것이다. 가장 많이 존재하는 온실가스는 이산화탄소이므로 우리는 이산화탄소 감축을 제1목표로 삼을 것이다. 자, 이제 각국은 이산화탄소 감축을 위해 법안을 만들면 되고, 이 법안에 따라 국가를 운영하면 된다. 이렇게 간단한 일을 왜 아직도 하지 못하고 있을까?

이 질문에 대한 답은 아주 명쾌하다. 이산화탄소를 감축해야 한다는 아주 간단한 해결책을 둘러싸고 여러 복잡한 관계가 존재하기 때문이다. 이산화탄소의 주범으로 알려진 석유나 석탄은 현재 인류의 주요 동력원이다. 석유나 석탄의 활용을 금지한다면 아마 이산화탄소의 배출량이 가시적으로 줄어들 것이다. 그러나, 석유나 석탄을 생산하는 사우디아라비아의 '아람코(Aramco)'와 같은 기업의 입장에서 이는 불합리하다. '아람코'에서 근무하는 여러 직원들은 일자리를 잃어버릴 가능성이 크다. 그렇다면 이 직원들의 가족들은 어떻게 생계를 이어나갈 수 있는가? 그리고, 당장 내연기관 자동차를 주요 교통수단으로 사용하고 있는 여러 사람들에게도 불합리하다. 내연기관 자동차가 운행하지 못하면, 지금 당장 출퇴근이 불가능한 사람도 있을 것이다. 뿐만 아니라 사람들이 대중교통으로 몰리다보면 이를 수용하기 위해 대중교통의 배차 간격이 줄어들어야 하고 물리적인 대중교통의 수는 늘어나야 한다. 그러나 대중교통은 내연기관이 아니던가? 전기로 움직이는 대중교통이 늘어나고 있는 추세인 것은 맞지만 이를 감당할 수 있는 만큼 충분히 확보되어 있지 않다. 백번 양보해서, 전기로 움직이는 대중교통을 많이 충원할 수 있다고 해보자. 버스, 지하철, 택시 등을 생산하는 과정에서는 이산화탄소가 배출되지 않는가? 그리고 우리가 간과한 한 가지는, 내연기관 자동차의 운행이 더 이상 불가하기 때문에 이를 폐차해야 한다는 것이다. 폐차 과정은 환경에 아무런 영향을 주지 않을까? 늘어나는 대중교통은 필연적으로 어느 정도의 수명을 가지고 있기 때문에 이 또한 폐차되어야 한다. 이는 우리가 상상할 수 있는 복잡한 구조에서 그나마 간단한 것이다. 지금 우리는 우리의 이동을 대체할 수 있는 여러 수단을 통해 어떻게든 해결해보고자 생각하고 있다. 시선을 개발도상국으로 돌려보자. 그들은 우선 이산화탄소 감축에 동참하라는 해결책 자체를 받아들이기 어렵다. 이산화탄소 배출은 경제 성장과정에서 아직은 그 기술적 한계로 인하여 불가피한 것이다. 그들은 경제성장을 통해 삶의 질을 높여본 적도 없이 이산화탄소 감축에 동참해야 한다. 개발도상국의 국민은 우리와 같은 삶의 질을 누릴 권리가 없단 말인가? 혹은, 우리와 같은 삶의 질을 누리기 위해 더 긴 시간을 참고 견뎌야 하는 당위성은 어디에 있는가? 안타까운 점은, 지금까지 서술한 '지구온난화'에 얽힌 복잡한 이해관계가 이 한 문단으로 끝나지 않을 것이라는 점이다.

결국, 우리는 지금까지 세상을 바라보았던 관점을 변화해야 한다. 문제의 원인을 찾고, 해결할 방법을 모색하는 단선적인 방법론은 더 이상 우리가 마주하고 있는 복잡한 세상에서 발생하는 문제를 해결하기에는 한계를 가진다.

아르님 위크(Arnim Wiek) 등에 따르면 지속가능발전교육은 학습자들이 지속가능성 문제를 분석하고 해결할 수 있도록 해야 한다.[17] 지속가능성과 관련된 문제를 분석한다는 말은 무엇일까? 이는 문제 상황을 둘러싼 여러 관계들을 밝힌다는 것이다. 즉, 지속가능성과 관련된 문제를 전체적으로 파악할 수 있는 통찰 능력이 필요한 것이다. 이를 위해 지속가능성과 관련된 문제를 발생시키는 모든 요소를 시스템으로 규정하고, 전체적 맥락과 과정, 부분적 상황을 동시에 분석하는 시스템사고(systems thinking)가 필요하다.

독자들은 아마 'II. 지속가능위기 진단하기'에서 다룬 과학철학적 진단에 대한 내용을 기억할 것이다. 우리는 지속가능위기를 과학철학적으로 진단하며 고대 그리스에서부터 유래한 '환원주의'적 전략, '연역법'과 '귀납법'으로 정리된 과학적 방법 그리고 데카르트와 뉴턴에 이르러 완성된 '기계론적 세계관'을 살펴보았다. 이런 방법과 사고방식은 비약적인 과학 발전의 바탕이 되어 주었고, 동시에 인간 삶의 수준을 끌어올려 주었다.

행태주의는 기존의 과학적 사고방식, 즉 '귀납적' 방법과 '기계론적 세계관'을 바탕으로 발전하였다. 행태주의는 어떤 행태를 관찰하고, 그 행태를 발생하게 한 과거의 원인을 분석하여 일반화하는 방식이다. 그리고, 이 일반화된 사실을 이용해 미래를 예측하고자 한다. 정리하자면 과거의 사례를 관찰하여 일반화하고, 이를 활용해 미래를 예측한다는 점에서 귀납적이며 과거의 원인이 미래의 결과가 된다는 점에서 인과관계에 의한 결정론적 성격을 가진다.

행태주의는 사회적 현상을 과학적으로 접근하여 설명하고자 하는 논증체계이다. 행태주의는 사회적 현상을 규칙과 양상이 존재한다는 규칙성(regularity), 타당성과 유용성의 검증 가능성 측면에서 검증성(verifiability)과 방법론(technique), 데이터의 측정과 분류 및 계량화가 가능하다는 점에서 계량화(quantification), 문제의 진단과 예측이 가치중립적이라는 점에서 중립성(value-free), 이론적 뒷받침과 실증이 중요하다는 점에서 체계화(systematization)를 특징으로 하는 현상이라고 본다.

반면 구조주의는 프랑스계 스위스 제네바 태생의 언어학자 소쉬르(Ferdinand de Saussure)로부터 비롯하는데[18] 소쉬르의 언어 기호학 연구에서의 구조분석 이념과 방법을 기타 학문영역에 활용하면서 형성된 하나의 이념과 방법론 변혁의 사조와 운동이었다.[19] 구조주의의 선구자 중 한명인 레비-스트로스(Lévi-Strauss)는 20세기 유럽에서 발발한 두 차례의 세계대전을 경험하며 이 비극의 중심에는 언제나 '과학기술'이라는 이름 뒤에 숨은 무차별 침략과 도살, 약탈의 '자기중심'의 민족주의가 있다고 보았다. 따라서 그들의 주된 비판은 그 당시 자기중심을 강조한 실존주의 철학이였으며, 이를 극복하기 위해 주체의 '탈중심화(Decentering of the Subject)'를 꾀한다.[20] '과학기술' 뒤에 숨은 '인간중심주의'는 우리가 앞서 살펴본 내용을 잘 대변하고 있다. '과학기술'은 환원주의적이고 기계적인 방법을 바탕으로 발전했고, 이를 전체적으로 관통하고 있는 사상은 인간중심적 사상이다. 즉, 구조주의가 탈피하고자 했던 것 중 하나는 환원주의적이며 기계론적인 방법과 인간중심적 사상이라고 해석할 수 있다.

따라서 구조주의는 탐구하고자 하는 어떤 현상의 전체적인 시스템을 보고자 한다. 시스템은 하나의 구조를 이루고 있는 여러 요소를 포함하는데, 이때 하나의 요소가 무엇인지를 결정하는 것은 각 요소

사이의 관계이다. 이에 따라 각 요소들의 의미가 정해지고 이러한 의미들의 집합으로서 구조를 바라본다.

앞서 살펴본 행태주의와 구조주의의 일부를 받아들여 시스템사고라는 새로운 사고방식이 가능해진다. 시스템사고의 특징을 알아보기 전, 행태주의와 구조주의가 가지고 있는 문제점을 먼저 살펴보도록 하자.[21)]

행태주의는 사회적 현상을 과학적으로 접근하여 설명하고자 하는 논증체계이다. 우리는 앞서 행태주의의 특징으로 '규칙성', '검증성', '방법론', '계량화', '가치-중립성', '체계화'를 그 특징으로 한다고 하였다.

먼저, 우리는 사회적 현상에 규칙과 양상이 존재한다고 단언할 수 있는가? 이를 파악하여 문제를 해결할 수 있다면 지금 우리가 살아가는 세상에 반복되는 문제는 없어야 하지 않는가? 그러나 우리의 사회에서는 새로운 문제뿐만 아니라 기존에 발생했던 것들 역시 반복적으로 일어나고 있다.

데이터를 수집할 때 우리는 흔히 그 데이터의 타당성과 유용성에 대해서 검증하곤 한다. 그러나, 이는 상대적일 뿐이다. 만약, 울창한 삼림 지대를 지나는 고속도로를 건설해야 한다고 생각해보자. 우리는 과학적 방법을 동원하여 경제성 평가를 할 수 있을 것이다. 인구의 성장, 주택 조밀도, 교통량 등을 측정해본 결과 우리는 삼림 지대를 지나는 고속도로를 지어야만 한다는 경제적 분석을 그 근거로 내세울 수 있다. 그러나, 이 경제성 평가는 받아들이는 사람에 따라서 다르게 작용한다. 이 고속도로를 건설해야 하는 사람의 입장에서는 충분히 과학적으로 고속도로 건설의 당위성이 입증되었다고 이야기하겠지만 수많은 환경운동가들은 경제성 평가의 데이터가 환경적 고려나 주변인들의 심리적 요인을 측정하지 못했다는 이유

등으로 받아들이지 않을 수 있다. 즉, 경제성 평가가 건설사에게는 타당하고 유용하지만, 애초에 건설을 반대하는 입장에서는 불합리하다는 것이다. 또한, 이 경제성을 측정하기 위한 측정 도구 또한 완벽할 수 없다. 실증적으로 완벽하게 검증가능한 방법론이 있기란 쉽지 않다. 만약, 우리가 고속도로 건설을 반대하는 사람들이 내세울 수 있는, 주변인들의 심리적 요인 등을 경제성 평가에 반영한다고 생각해보자. 주변인들의 심리적 요인은 그들의 가치관에 의하여 결정된다. 그렇다면 이 심리적 요인 혹은 가치관을 계량화할 수 있는가? 개인의 가치관의 중요도에 따라서 이를 정량적으로 평가할 수 있는가? 정량적이 아니라 정성적으로 평가한다면, 정성적으로 평가된 이 부분을 전체적으로 어느 정도의 중요성으로 생각하여 결론을 도출해야 하는가? 또한, '가치중립적'이라는 것이 정말 가능한지 우리는 의심하지 않을 수 없다. 우리는 어떤 현상을 관찰할 때, 이론을 항상 우리 머릿속에 적재하고 있다. 같은 현상을 봐도 각각의 사람마다 그 현상을 해석하는 방향이 다르다. 앞서 우리는 기술지상주의자들과 환경주의자들의 끊임없는 논쟁을 보지 않았는가? 같은 환경위기이지만 그 자신이 어떤 이론을 머릿속에 적재하고 있느냐에 따라 문제의 진단과 그 해결책이 모두 다른 방향으로 제시된다. 즉, 우리는 '이론 적재적(Theory-Ladenness)'으로 세상을 진단하고 그에 맞추어 해결책을 제시한다. 지금까지의 논의를 종합해 보았을 때, 객관성을 그 전제로 해야 하는 '체계화'가 가능할까? 가능하다면 어느 정도 가능할 것인가?

구조주의 또한 몇 가지의 문제점을 가지고 있다. 구조주의적으로 어떤 현상을 파악하기 위해서는 그 '구조'가 질서 잡혀있고, 안정적이라는 것을 전제로 해야 한다. 파악하고자 하는 '구조' 자체가 무질서하고 불안정하다면 문제를 해결하기 어렵기 때문이다. 그러나,

우리가 살아가는 이 세상의 여러 시스템(구조)이 과연 질서 잡혀있고 안정적일까? 각 요소의 의미는 그 요소가 다른 요소와 어떤 관계를 맺고 있는가에 따라 달라진다고 하였다. 그 '관계'라는 것은 영원불변한 것인가? 근대 이후 산업혁명을 통해 인간 삶의 수준이 급격하게 발전하였다. 그 당시, '과학'이라는 요소는 '인간'이라는 요소와 상당히 긍정적인 관계를 맺고 있었던 것으로 보인다. 그러나, 작금의 현실은 어떠한가? 여러 전문가들은 '과학'을 '인간' 지속가능성 저해의 주된 원인 중 하나로 보고 있다. 긍정 관계에서 부정 관계로 그 중심추가 옮겨가고 있는 것이다. 그 부정 관계에서 '과학'은 방향성이 바뀌고 있다. 산업혁명 이전까지는 '인간을 위한 과학'에 초점이 맞추어져 있었다면 지금은 '인간의 지속가능성을 위한 과학'으로 조금씩 이동하고 있는 것이다. 이처럼 우리가 파악하고자 하는 구조 속의 요소간의 관계는 변한다. 즉, 관계는 정태적(static)이 아니라 동태적(dynamic)이며 이에 따라 요소 간의 관계로 집합지어진 구조 또한 변화할 수밖에 없다. 즉, 질서 잡히고 안정적인 구조는 잠시뿐이고, 구조는 시간에 따라 변화할 수밖에 없다.

결국 시스템사고는 행태주의와 구조주의의 일부를 받아들인 사고방식이다. 시스템사고는 구조주의를 보완하며 행태주의 사상의 일부를 받아들였다는 점에서 우리는 구조주의 측면에서 먼저 살펴보고, 후에 행태주의 측면에서 시스템사고를 살펴볼 것이다.

'구조'는 각 요소를 포함한다. 그리고, 각 요소는 다른 요소와 관계를 형성하고 있다. 이 관계에 따라서 요소의 의미가 변화한다. 즉, 구조는 요소와 관계를 모두 포함한다. 따라서, 구조가 변한다는 말은 요소 간의 관계에 따른 행태가 변한다는 것이다. 시스템사고는 '구조가 행태를 변화시킨다'라는 구조주의의 사조를 따라가고 있다. 따라서, 구조를 통해 이 시스템을 이해할 수 있는 것이다.

그러나, 미래에 대한 예측 또한 필요하다. 이 예측은 구조의 행태에 초점을 둔다. 이러한 점에서 행태의 변화가 구조를 변화시킬 수 있다는 행태주의의 사조를 따라간다. 그렇지만, 행태의 변화가 구조를 필연적으로 바꿀 수 있다는 말은 아니다. 행태의 변화는 구조의 변화 가능성을 시사한다. 한마디로, 구조를 변화시키고 싶다면 그 행태에 대한 학습도 함께 이루어져야 한다는 것이다. 행태에 대한 학습을 통해 구조를 어떻게 변화시킬 수 있을지 그에 대한 가능성을 모색하는 것이 시스템사고에서의 행태주의적 측면이다. 정리해보자면, 예측이 시스템의 행태(behavior)에 초점을 둔다면, 이해는 시스템의 구조(structure)에 초점을 둔다.[22)]

우리는 지금까지 어떤 현상에 대해서 분석할 때, 과학적 방법으로서 연역적 방법과 귀납적 방법을 주로 활용하였다. 연역적 방법은 가능한 한 정교하게 분석의 범위를 설정하고, 이를 다른 범주와 나누며 작은 부분으로 분리시켜 관찰하고 검증하는 절차를 거친다. 귀납적 방법은 전체적인 맥락과 상황하에서 특수한 문제를 인식하고 파악하며, 풍부한 상황적인 요소와 과정에 대한 고려를 통해 과정중심의 관찰을 수행한다. 그렇다면 기존의 사고방식과는 다른 '시스템사고'만의 사고방식은 무엇인가? 시스템사고는 연역적 추론과 반증가능성의 검토를 통해 동태적 과정을 설명하고 인과론적 결과를 살펴본다(기존 분석적 사고방식에서 몇 가지의 인과적 상황을 고려하는 것과는 달리 구조를 있는 그대로 바라보아 하나의 문제를 둘러싼 여러 요소들의 인과적 관계를 고려한다). 정리해보자면, 시스템사고에서는 문제와 특정 행태를 발생시키는 모든 요소를 시스템으로 규정하고, 전체적 맥락과 과정, 부분적 상황을 동시에 분석하는 것이 특징이다. 이를 다음 <표 VII−1>과 같이 정리할 수 있다.

표 VII-1 복잡계 연구를 위한 새로운 연구 방법론의 필요성

	기존의 과학적(분석적) 사고 방식			시스템 사고
분석의 논리	연역적	귀납적	→	연역적 추론, 반증가능성의 검토
분석의 대상	결과중심의 연구	과정중심의 연구		동태적 과정 설명, 인과론적 결과
분석의 범위	• 가능한 정교하게 분석의 범위를 설정하고, 이를 다른 범주와 분리 • 가능한 한 작은 부분으로 분리해 이를 관찰하고 검증	• 전체적인 맥락과 상황 속에서 특수한 문제를 인식하고 파악 • 풍부한 상황적인 요소와 과정에 대한 고려		문제와 특정 행태를 발생시키는 모든 요소를 시스템으로 규정, 전체적 맥락과 과정 및 부분적 상황을 동시에 분석

출처: 문태훈(2007)[23]에서 표를 재구성하였음

시스템사고 분야는 지속가능성 교육에 필요한 시스템적 이해를 향상시킬 수 있는 프로세스, 사고 기능 등을 제공할 수 있다.[24] 시스템으로의 접근 방식과 지속가능발전교육의 목표 사이에는 강력한 연관성이 있으며, 이 두 가지가 분리될 수 없을 정도로 얽혀있는 것이다.[25] 시스템사고를 통해 학습자들은 복잡한 지속가능성 문제를 더 깊이 탐색할 수 있고, 새로운 해결책들을 생각해낼 수 있다. 시스템 사고를 통해 학습 내용에 대한 학습자들의 창의적인 대답을 기대해 볼 수 있는 것이다.

03
세계관 변화 교육의 적용

세계관이란

지속가능발전교육은 모든 사람들이 질 높은 교육의 혜택을 받을 수 있으며, 이를 통해 지속가능한 미래와 사회 변혁을 위해 필요한 가치, 행동, 삶의 방식을 배울 수 있는 사회를 지향하는 교육[26)]으로 정의하고 목표를 달성하기 위해 다양한 노력을 하고 있다. 이와 같은 목표를 달성하기 위해 가정, 학교, 사회의 자신이 속해 있는 각기 다른 차원에서 지속가능성을 향한 변화를 촉진하고 관리하는 역량이 중요하다. 이 과정에서 중요한 것이 개인의 가치관 문제이다. 지속가능한 미래를 위해 인류 공동의 목적을 설정하는 것도 중요하지만 개인이 가지고 있는 가치관에 따라 실천은 다양하게 나타날 수 있기 때문이다.

사람들은 모두 같은 기준을 가지고 주위를 둘러보지 않는다. 예를 들어 카페에 있는 사람들을 생각해보면 그들이 지금까지 살아온 삶에 따라 카페라는 장소가 지니는 의미는 다르게 해석된다. 카페는 실재하는 공간 그 자체일 뿐이지만, 누군가에게는 그곳이 마음 편하게 책을 읽을 수 있는 공간일 수 있고, 또 다른 이에게는 다른 사람과 인연을 만드는 소중한 공간일 수도 있으며, 카페를 운영하는 이에게는 그곳이 절박한 생계 수단이 되는 곳이기도 하다. 이처럼 사람마다 경험이나 혹은 살아가는 목적, 삶의 방향 등이 다르기에 세상을 바라보거나 해석하는 눈은 다양할 수밖에 없다.

여기서 함께 생각해 볼 수 있는 것이 '세계관(Worldviews)'이다. 세계관은 "사건이나 상황, 자신을 포함한 주변 세계에 대한 인식 또는 판단의 가치가 되는 전제의 틀"로 정의된다.[27] 이러한 세계관은 시대마다 그 시대를 움직이게 한 세계관이 있어 사람들이 의식적, 또는 무의식적으로 영향을 받고, 따라서 사람들은 각자의 세계관을 바탕으로 설정한 목표와 가치에 따라 삶을 영유한다.

사람은 성장하면서 활동 범위와 관계가 늘어나고 이에 따라 세상에 대한 인식이 양적·질적으로 심화되고 확대된다. 이 과정들은 사람마다 차이를 보이며 이를 통해 사람들은 자신만의 가치관과 세계관을 형성한다. 이처럼 사람마다 세계에 대한 인식이 체계화되고 총체성을 띠는 과정이 세계관을 형성하는 과정이다.[28]

오준영은 세계관을 사람이 세상을 바라보는 틀이라고 규정하고, 이 '틀'이라는 특성 때문에 세계관이 세상을 바라보는 일관된 방식을 제공한다고 보았으며, 이에 따라 몇 가지 구체적인 세계관의 기능을 제시하였다. 첫째, 세계관은 개인이 세상을 설명하는 인지적인 토대가 되며, 믿음에 대한 합리적인 타당성을 제공한다. 둘째, 사람들이 마음 깊숙이 자리 잡고 있는 문화적 믿음을 바탕으로 세상을 바라보기에 정서적인 안정감을 얻을 수 있다. 셋째, 사람들의 행동을 이끌어 줄 수 있는 지도와 같은 역할을 한다. 넷째, 사람들의 다양한 세계관이 하나로 조직되어 하나의 문화를 조성할 수 있다. 다섯째, 새로운 생각을 받아들이며 갈등 과정을 거쳐 기존의 문화를 변화시키고 조정할 수 있다. 이러한 기능으로 사람 개개인과 사회 전체에 흐르는

세계관이 존재할 수 있다.[29)]

이러한 세계관은 종교와 같은 믿음에서 출발하기도 하고, 앎으로 표현할 수 있는 지식에서 출발하기도 한다.

종합하자면, 세계관이란 모든 것에 대한 주제와 감정, 가치와 윤리 등을 포함한 물음, 즉 근본적 질문들에 답할 때 한 개인이 가질 수 있는 관점이며 세계를 인식하는 방식 또는 틀이다. 또한 그것을 자신의 삶에 적용하고 나아가 타인과 사회에까지 영향을 끼칠 수 있는 가치관의 상위라 볼 수 있다.

세계관 적용 수업 설계에서 나타난 예비교사들의 인식[30)]

우리나라 교육과정에서도 이미 일상의 경험과 관련한 개인의 가치관에 초점을 두고 운영하는 교육과정이 도입되었다. 이는 구성주의자들이 이야기한 '학습자는 이미 선개념들이 인지구조 안에 형성되어 있고, 이것은 교육을 통해 변화시키거나 더욱 발전시키는 형태로 학습이 이루어진다'라고 보는 것과 일맥상통한다. 여기서 초점은 학습자는 이미 선개념을 가지고 교실에 들어오며 기존의 학습 또는 일상의 활동에 따라 다양한 개념을 갖고 들어온다. 따라서 학습자들은 각자의 서로 다른 가치관을 교실 안에서 표출하며 수업에 참여한다. 이뿐만 아니라 교사 역시 학습자와 다른 세계관이 형성될 수 있으며, 교과서로 대표되는 교육 내용 역시 교육과정의 가치관을 기반으로 자리 잡고 있다. 이렇게 학습자·교사·교육 내용의 다양한 세계관이 모인 교실에서 학습자에게 진정한 교육이 이루어지려면 개인의 가치관과 세계관에 대한 이해가 필요하다.

세계관을 수업에 접목하려는 시도는 과거부터 종종 이루어졌으나 실제로 사용할 수 있는 수업들은 크게 드러나지 않고 있다. 이 절에서는 예비교사들이 수업을 설계하는 과정에서 세계관을 접목해보고, 각 과정에서 그들이 느끼는 인식을 소개하고자 한다.

예비교사들은 과학 주제 중심 지속가능발전교육(Science-Education for Sustainable Development, S-ESD), 과학기술관련 사회쟁점(Socio-Scientific Issues, SSI), STEAM교육(Science-Technology-Engineering-Arts-Mathematics, STEAM)의 3가지 유형으로 수업 설계를 하고, 시범 수업을 하는 과정에서 성찰지를 작성하였고, 이를 분석하였다.

예비교사들의 성찰지는 4가지 단계에 따라 분석을 하였다. 첫 번째 단계는 '교육과정 분석 및 주제 선정 배경 단계'로 수업을 개발하기 위해 교육과정을 분석하고 수업의 주제를 선정하는 과정을 성찰한 것이다. 두 번째 단계는 '전체적 교수학습 과정안 작성 단계'로 1단계에서 설정한 수업 주제를 수업에 활용하기 위해 교수학습과정안, 수업에 활용할 활동지, 수업 PPT 등을 개발하는 과정에서의 성찰지이다. 세 번째 단계는 '수업 실연 단계'로 두 번째 단계에서 개발한 수업 자료로 시범수업을 하는 과정에서의 성찰지이다. 마지막 단계는 '세계관 변화 유도 전략 단계'로 수업 주제 선정 및 개발 그리고 실제 수업 실연 과정에서 학습자들의 세계관 변화를 유도하기 위한 전략에 대한 것을 성찰한 것이다.

첫 번째 '교육과정 분석 및 주제 선정 배경'에서 예비교사들은 교육과정 내용을 포함하여 수업 주제를 설정할 때 세계관을 접목할 필요성을 인식하였다. 이는 자신을 포함한 사람들의 활동을 수업의 직접적인 예시로 제시할 수 있고, 이를 사회, 경제, 환경, 과학 등 다양한 가치를 내포하고 있는 시각으로 분석할 수 있는 장점이 있다. 그러나 이와 같은 장점에도 예비교사들은 직접적으로 교육과정에 개인의 가치관에 대한 명시적 연결을 하지 못하였다.

두 번째 '교육과정 분석 및 주제 선정 배경'의 성찰지를 분석한 결과 예비교사들은 수업의 전개 과정에서 교사와 학습자가 서로 활발하게 세계관과 관련한 상호작용을 하면서 수업을 전개하는 것을 장점으로 생각하고 있었다. 이는 기존에 학습자와 교사가 가지고 있던 가치관을 존중하며 수업을 전개하는 것이기 때문에 학습자들의 근본적인 인식의 변화에 중요한 역할을 할 수 있다. 다만 정해진 수업 시간 안에 교사는 다양한 생각을 수용할 수 있어야 하고 학습자들을 조금 더 적극적으로 수업에 참여할 수 있도록 유도해야 하며 세계관 기반 수업의 전체적인 구성을 짜야 하는 어려움이 있다고 인식하고 있었다.

세 번째 '실제 수업 실연' 과정의 성찰지를 보면 개인의 세계관을 접목한 수업의 경우, 학습자들의 의견으로 구성되는 학생 활동 중심 수업이 가능하며 이 과정에서 교사 또는 다른 학습자들과 상호작용하는 것을 장점으로 생각하고 있었다. 다만 수업을 하는 교사에 따라 학습자들의 상호작용을 이끄는 데 차이를 보였으며, 수업에서 이루어지는 다양한 활동에 대한 안내에 부담이 있다고 하였다. 또한 세계관 기반 수업의 경우, 학습자들의 활동이 중요한 요소임에도 학습자들이 적극적으로 참여하지 않을 경우, 교사의 대처 방법 등이 앞으로 탐색될 필요가 있다고 생각하고 있었다.

마지막으로 '세계관 변화 유도 전략'의 성찰지를 보면 예비교사가 수행한 다양한 학습자의 세계관 변화 유도 전략은 환경, 에너지와 같이 사회 쟁점이 되는 다양한 사례를 학습자에게 제공하여 스스로 인식할 수 있도록 수업을 구성하는 것과 인간중심주의의 피해를 제시하는 것이 주를 이루었다. 이를 통해 학습자들이 자신이 기존에 갖고 있던 가치관에 대해 고민할 수 있는 것을 장점으로 생각하였다. 그러나 조금 더 학습자들의 가치관 변화에 접근하려면 학습자들이

다양한 생각을 표현할 수 있는 시간이 필요하고, 실제 교과와 연결된 수업 내용이 제공되어야 한다. 또한 미세먼지나 에너지 문제와 같은 다양한 사례집이 교사에게 제시되어야 한다는 점을 인식하였다.

종합하면, 작게는 개인의 영역에서부터 학교, 지역사회, 국가까지, 더 넓게 우리 인류가 사는 세계의 지속가능성을 위해서는 개인이 가지고 있는 세계관과 관련된 내용은 충분히 교육에 접목할 가치가 있다. 현재 점차 교육에서도 개인의 삶·사회와 관계된 교육의 필요성이 강조되고 있다. 세계관은 성장 과정에서 개인마다 학습하는 지식뿐만 아니라, 일상의 경험, 사회적 상호작용 과정에서 형성되므로 교육에 이를 적극적으로 반영할 필요가 있다. 교육의 내용뿐만 아니라 교사는 특정교과에서 학습자들이 가질 수 있는 세계관에 대한 이해가 필요하고, 이를 수업에서 다루어 학습자 개개인의 삶에 가치를 부여해야 한다. 구체적으로 교육과정과 교실에서 수행되는 다양한 세계관 접목 수업의 주제, 프로그램이 개발되고 적용할 필요가 있다고 생각한다.

04

현상기반학습의 적용

지속가능발전교육은 앞서 논의되었던 것처럼 전 지구적인 환경문제에서부터 시작되었다. 우리는 세계가 연결될수록 더 복잡한 환경에서 살아가고 있고, 복잡한 세계에는 당연히 복잡한 문제가 야기된다. 이 절에서는 복잡한 세계 곳에서 전 지구적으로 해결해야 할 환경문제를 지속가능성이라는 렌즈를 통해 바라볼 수 있는 현상기반학습 적용 교육실행에 대해 다루고자 한다.

현상기반학습의 개요

2016년 핀란드에서는 현상기반학습(Phenomenon-Based Learning, PhBL)이라는 교육모델을 국가교육과정에 도입했다. 현상기반학습은 현재 국내에서도 일부 활용되고 있고 이와 관련한 연수도 진행되고 있다. 현상기반학습은 복잡한 세계의 문제들 중 하나의 현상, 혹은 여러 현상을 학습자들이 직접 간학문적 관점에서 탐구하여, 해결방안을 도출하는 일련의 주제 중심 프로젝트 학습이라고 볼 수 있다.

이렇게 볼 때, 문제기반학습(Problem Based Learning, PBL), 주제중심학습(Topic Based Learning, TBL)이나 STEAM교육(Science-Technology-Engineering-Art-Mathematics), 사례기반학습(Case Based Learning, CBL) 등과 유사하다고

할 수 있으나, 현상기반학습은 이러한 학습모형과 다른 차이점도 많이 있다.

첫 번째 차이점은 현상에서 출발하여 교육 및 학습이 시작된다는 것이다. 이렇게만 서술했을 때는 문제기반학습과 STEAM교육에서 다루는 문제나 주제중심학습에서의 주제, 사례기반학습에서의 사례가 곧 현상이라고 말할 수도 있을 것이다. 이런 설명도 무리가 있는 것은 아니다. 현상기반학습에서 다루는 현상은 빅아이디어(Big idea)를 중심으로 하는데, 빅아이디어는 한 가지 이상의 학문을 아우르는 개념이나 원리, 또는 모델로써 독립적인 개념들을 서로 연결하여 다양한 현상을 설명할 수 있도록 한다. 또한 빅아이디어는 주제, 논쟁과 관점, 패러독스, 이론, 가정, 반복되는 질문 등도 포함된다.[31] 따라서 현상이라는 것을 어떠한 하나의 정의로 보기는 어려우며, 오히려 위에서 제시된 여러 학습모형에서 다루는 주제, 문제, 사례 등을 모두 현상(Big idea)이라고 볼 수도 있다.

그러나 현상기반학습과 위에서 언급한 학습모형에서 바라보는 현상의 차이는 현상을 학습하는 것에 대한 접근 방식에 있다. 우선 현상기반학습에서는 현상에 대한 간학문적·다학문적 요소를 활성화하는 것이 중요하다.

그러나 다른 학습모형에서는 이 부분에 있어서 다소 제한적이다. 이에 대한 예시로 종이나 플라스틱으로 된 빨대에 대한 현상을 중심 현상으로 설정해보자. 문제기반학습에서는 빨대와 관련된 환경문제, 그린워싱 문제 등으로 해당 현상을 정의하는 경우가 많을 것이다.

그러나 현상기반학습에서는 그 현상이 문제라고 여겨지지 않아도 된다. 빨대를 활용하는 다양한 방법에 대해 파악하는 것도 좋다. 다만, 다양한 관점으로 현상을 탐색하는 과정을 거치게 되므로, 그러한 과정에서 오히려 어떤 문제들을 발견하게 될 수 있다.

주제중심학습도 이처럼 다양하게 접근할 수 있는 면에서 유사할 수 있다. 그러나 일반적으로 수업주제를 선정할 때, 적용하고 있는 교육과정 또는 교과과정을 분석하고 재구성하는 것으로 수업전략을 모색한다. 즉, 주제중심학습은 교육과정 체계 내에서 수업설계를 하는 것이 일반적이다. 빨대를 주제로 정한다면 종이빨대, 음료수, 쓰레기, 흡수 등 많은 핵심용어를 떠올리지만 교육과정상의 어떤 부분과 연결되는지 파악하는 것이 중요하다. 예를 들어 과학에서는 기압차, 환경에서는 쓰레기 문제, 사회에서는 경제 등의 교과내용의 요소를 분석해야한다. 물론 현상기반학습에서도 이런 과정이 때로는 필요하지만, 수업에서의 핵심용어와 교과내용을 직접적으로 관련짓거나 제시하도록 제한하지 않는다.

STEAM교육에서도 위에서 언급한 과정을 거치겠지만, 과학을 중심으로 설명하고 관련문제를 해결하려는 것에서 현상기반학습과 차이가 있다. 물론 현상기반학습도 교육자에 따라 현상을 어떠한 한 교과를 중심으로 설정할 수는 있으나, 그것을 반드시 어느 한 교과와 관련지을 필요는 없고, 오히려 최대한 간학문적이고 다학문적인 관점을 접목하는 것이 중요하다고 할 수 있다.

두 번째 차이점은 현상기반학습은 다른 학습모형이 정해진 수업단계를 제시하는 것과는 달리 따로 일반화된 교육방법이 없다는 것이다. 학습자들의 도전정신을 지속적으로 활성화하는 동기부여 전략이나 ICT 역량을 활성화하는 전략 등 교수학습에 대한 전략을 예시하기는 하지만 실제로 그것을 명시적으로 제한하지는 않는다.

세 번째 차이점은 다른 학습모형들은 이를 접목하는 데 있어 달성하고자 하는 교육목표가 다소 분명하게 설정되어 있는 것에 비하여, 현상기반학습은 7가지 미래핵심역량(사고력과 학습력, 문화적 역량 및 상호작용과 자기표현, 자기조절과 자기관리, 다중문해력(multiliteracy), ICT 역량, 직무수행 역량과 기업가정신(entrepreneurship), 참여와 사회적 행동력)을 유연하게 교육목표로 설정하여 수업설계를 할 수 있다. 이 중 '문화적 역량', '다중문해력', '기업가정신' 역량에 대해서 좀 더 구체적으로 소개하고자 한다.

먼저 '문화적 역량'은 다양한 문화에는 차이가 존재한다는 것을 인지하여 해당 문화에 대한 전통, 예술 등에 대해 이해하고 공감하는 능력이다. 즉, 다문화적 이해의 역량, 다문화적 공감의 역량이라고도 말할 수 있다. 다음으로 '다중문해력'은 다양한 상황에서 다양한 도구를 사용하여 서로 다른 방식으로 정보를 얻거나 결합, 수정, 이해, 생산, 제시, 및 평가할 수 있는 능력이다.[32] 다중문해력을 쉽게 말하면 여러 정보에 대한 문해력이라고도 할 수 있다. 우리가 어디선가 주어진 과제를 해결할 때, 바로 글쓰기에 돌입하는 것보다 보통은 문헌조사(인터넷 검색 등)로 현안을 파악하기 마련인데, 이때부터 다중문해력이 활성화된다고 볼 수 있다. 출처의 다양성, 출처 및 정보 등에 대한 비판적 평가, 정보를 기반으로 한 자료 제작, 제작 과정에서 보거나 듣는 이가 이해하기 쉽게 재구성하는 것까지, 모두 다중문해력에 해당한다. 마지막으로 '기업가정신'은 경영활동을 수행하는 참가자들이 가치 및 새로운 조직 창출과 관련된 불연속적인 기회를 추구하는 행동이나 태도[33]로 정의된다. 이 문장만 보면 어려울 수 있으나 하위요인으로 도전정신, 기회, 창의성, 문제해결력이 포함된 것을 보면 기업가정신의 요소들을 통해서 이 역량의 개념에 대하여 이해할 수 있다.[34]

현상기반학습은 위 7가지의 미래핵심역량을 강화하기 위해 여러 수업 전략을 제안한다. 몇 가지만 언급하면, 디지털 도구와 플랫폼을 활용함으로써 ICT 역량과 다중문해력을 활성화한다. 참여학습모형의 특성인 도전에 대한 두려움 없애기, 협동학습에 대한 지속적 지지 및 간접적 지침, 학습과정을 위한 피드포워드, 지속적인 학습목표 상기, 맥락, 문화, 프로젝트 설계에 따른 학습 영역 설정의 유연성 등의 전략을 제시한다. 이는 기업가정신, 참여와 사회적 행동력을 활성화한다. 또한, 주인의식을 가지고 주체적으로 이끌도록 하여 상호작용과 자기표현, 자기조절과 자기관리 역량을 강화한다.

현상기반학습 적용 사례

현상기반학습의 예시는 마르자나 캉가스(Marjaana Kangas)와 푸이비 라시(Päivi Rasi)의 현상기반학습 연구에서 찾아볼 수 있다.[35] 연구에서 개발한 수업은 총 5주차 과정으로 구성되어 있으며, 고등학생 대상으로 수업을 진행하였다.

우선 교육자는 동료와 함께 수업 과정을 설계하는 과정에서 학습 목표와 평가 기준, 관련 교과목 등을 설정하였다. 그리고 수업주제는 학교 교육과정을 기반으로 하기 위해, 교과서 내에 있는 내용으로 구성하는 것을 기본으로 하되 학습자들의 삶과 관련되도록 구성하였다.

첫 주차에는 학습자들이 주제에 관심을 갖도록 하기 위해 주제에 대한 학습자 스스로 질문을 하도록 하고, 토론을 유도하여 인지적·정서적인 자극을 활성화한다. 2주차에는 주제와 관련한 에세이, 구두발표, 비디오, 블로그 등 다양한 형태의 작품을 기획하고 문제에 대해 명확히 정의하였다. 또한, 이와 관련된 자료를 수집하고 출처와 결과에 대한 분석을 정리한다. 3주차에는 학습자들이 출처와 분석 등을 비판적인 시각으로 평가하였으며, 평가 기준은 정확성, 신뢰성, 가치(관점, 동기 등), 근거자료, 저작권과 언론의 자유 등이다. 이 과정에서는 “선택한 현상이 이 자료 출처에서는 어떻게 설명이 되는가?” 라는 질문으로 시작할 수 있다. 4주차에는 학습자들이 선택한 현상을 기획한 대로 표현하고 이를 발표하여 교육자, 연구원, 다른 학습자들 등으로부터 피드백을 받는다. 마지막 주차에는 학습자들이 자신의 학습 성과를 발표하거나 설문지에 상세히 설명하는 것으로 마무리하여 이를 통해 평가를 진행한다.

국내에서도 초등학교와 중학교에서 현상기반학습을 적용한 사례가 있다.[36] 이 사례에서는 대부분 문제인식 및 탐색 → 분석 → 해결방안 도출 → 공유 및 성찰의 단계로 진행된다. 다만 국내에서 적용한 사례는 교과 위주의 수업으로 진행되어 주제기반학습과 유사한 형태로 보일 수 있으나, 공유와 평가 및 성찰에 대한 부분이 강조되었다는 것을 주목할 수 있다.

지속가능발전교육에서의 현상기반 프로젝트 전략

앞서 논의한 것처럼 환경위기와 사회문제는 서로 관련되어 있으며, 매우 복잡한 관계를 갖는다. 이러한 특징을 실제 교육전략을 모색하는 데 고려하면, 먼저 환경위기에 따른 사회문제를 현상으로 정의하고, 이를 시스템사고 방법론을 통해 분석하고, 현상기반 프로젝트로 마무리하는 교육프로그램을 구성해보는 것도 좋은 전략이 될 수 있다. 그렇다면 이를 위해 고려해야 할 것은 무엇일까?

현상에 대해 정의

먼저, 현상에 대해 어떻게 정의하는가에 따라 학습자들의 학습 동기와 수행 능력, 역량 강화에 영향을 끼칠 수 있다. 우선 현상기반 학습에서 대체적으로 전 지구적인 현상을 시작점으로 사용하는 이유는 맥락성과 문제해결력이 가장 강조되기 때문이다.

또한 맥락성을 강조하여 학습자들이 보다 매끄럽게 현상을 탐구하여 문제를 해결하는 방안을 마련하도록 유도한다. 우리가 학습하는 과정이 맥락성을 갖추지 못한다면 배우는 것을 끝으로 아예 새로운 학습이 시작되기 때문에 학습자들은 혼란을 겪을 것이다. 교육에서 가장 중요한 것은 교육목적 달성이겠지만, 핵심은 학습자들이 그 의도를 온전히 이해할 수 있는가에 있다. 그렇기에 맥락성은 학습자의 입장에서 바라보고 이를 이해할 수 있게 도와주어야 한다.

현상에 대한 학습자 자신만의 정의

수업의 초반에 현상을 설명하는 학습에서 중요한 점은 "왜 해야 하는가?"를 지속적으로 활성화하여야 한다는 것이다.[37] 현상과는 무관한 아이디어를 학습하는 것에 대해 학습자가 이해하지 못할 경우가 발생할 수 있기 때문이다. 단순한 학습을 넘어서 해당 주제를 왜 배워야 하는지를 알게 하는 것이 중요한데, 이를 단편적으로 소개해서는 안 된다. 학습자 안에 존재하는 세계관에서 이해해야 하므로 학습자가 해당 현상에 대해 어떤 견해를 가졌는지를 표현하고, 이를 어떻게 해결해야 하는지 자신의 관점에서 스스로 설명하도록 해야 한다.

예를 들어 '농업에서 우수한 종자만을 자연 재배할 경우'에 대한 현상에 대해 수업을 시작했다고 가정해보자. 이때, 인터넷이나 도서 등을 참고하여 나타나는 다양한 문제와 해결방안에 대한 아이디어를 구상할 수 있다. 그런데 어떤 학습자는 그 모든 해결방안이 마음에 들지 않으며, 심지어는 이를 왜 해결해야 하느냐고 물을 수 있다. 주로 교육자들은 학습자가 이런 질문을 던졌을 때 지식적인 측면에서 접근하는 경우가 많다. 하지만 학습자는 아무리 설명해도 이미 마음이 떠나있기 때문에 납득하지 못한다. 이럴 경우는 문제 해결에 초점을 맞추기보다는 그 학습자가 해당 현상에서 관심이 있는 부분을 설명해보는 기회를 주는 방식으로 진행하거나, 그 현상이 왜 문제가 아님을 규명해보는 것으로 시작하면 된다. 이는 또 다른 관점을 다른 학습자들에게 소개할 수 있는 것이므로 오히려 보다 많은 학습자들에게 더 큰 의미 있는 영향을 미칠 수 있으며, 교육자도 새로운 관점을 함께 확인하며 함께 성장할 수 있다.

질문을 통한 현상 탐구

현상을 사용하여 수업을 진행하는 것의 목적은 학습자들이 현상에 대해 질문을 던지며 답을 찾아가고 이를 통해 현상을 탐구하는 것에 있다.[38] 이를 위해 현상기반학습에서 교육자 역할의 핵심은 적합한 질문에 있다고 볼 수 있다.

항상 학습자의 질문에 의미 있는 질문으로, 학습자의 결과물을 확인하고도 의미 있는 질문으로 되물어야 한다. 그때의 질문은 간단하게 표현하면 “왜”, 그리고 “어떻게”로 볼 수 있다. 학습자들이 주도적으로 설명하고 막히면 이를 찾아볼 수 있도록 하는 것 역시 중요하다.

또한, 교육자는 항상 학습자의 답변에서 좋은 부분을 찾아야 한다. 만약 학습자의 의견에서 의미 있는 부분을 찾지 못했더라도 의견을 냈다는 것, 즉 도전에 대한 용기를 칭찬해야 한다.

‘자신의 의견을 표현하는 것의 필요성’을 강조해 주면 의견 표시에 있어 자유로운 분위기가 형성될 수 있다. 또한 작은 성공들을 경험할 수 있는 과제들을 제안하여 학습자가 자신의 의견을 드러낼 수 있는 기회를 제공하는 방법도 있다. 학습자가 한 단계씩 밟아가면서 성장하는 자신의 모습을 직접 확인하면 교육자의 질문이나 격려가 포함되지 않더라도 자신감을 회복할 수 있다. 이 과정을 위해서는 교육자가 학습자들의 탐구를 촉진하기 위한 단계를 매우 구체적으로 세분화하는 작업이 필요하다.

시간 관리 전략

현상기반학습을 진행하다 보면 학습자별로 탐구하는 데에 시간이 다르게 소요될 수 있다.[39] 이럴 때는 교육자가 설정한 탐구 시간의 기한을 공개하지 않고, 매우 작은 단위로 시간에 대해 안내하거나, 정해진 시간의 50% 정도만 안내하고 학습자의 요구에 따라 점차 늘려가는 방법을 쓸 수 있다. 시간이 매우 부족한 수업일지라도, 작은 단위로 시간을 안내하면, 학습자들은 그 시간에 맞추어 어떻게든 해보려고 한다. 물론 결과물은 미완성일 수 있다. 그러나 이를 위해 들이는 노력은 매우 고조된 상태의 집중력을 낳고 이를 통해 유용한 아이디어가 도출될 수 있다.

또한, 시간이 충분하다면 학습자들이 탐구하는데 시간적 부담을 주기보다는 좀 더 여유롭게 기다려 줄 수 있다. 기본적으로 프로젝트 학습을 진행하지만, 모든 학습자가 프로젝트의 수행단계를 동일한 시간에 진행할 필요는 없기에 학습자들에게 시간적 여유를 줌으로써 자유로운 학습 분위기를 형성할 수 있다. 다만, 교사가 학습자의 수행단계에 맞추어 지속적으로 관심을 가지고 수행의 과정을 관찰하고 조언을 해야 하므로 수업에 대한 부담이 클 수 있다. 그럼에도 이와 같은 시간 관리 전략을 통해 현상기반학습에서 강조하는 미래핵심역량 중 하나인 자기조절 및 자기관리 역량을 강화할 수 있다.

현상에 대한 시공간적·다학문적 이해

현상기반 프로젝트 수업을 진행하는 교육자는 학습자들이 해당 현상이 어떻게, 그리고 왜 일어나는지 단계별로 탐구하도록 유도하여야 한다. 지속가능발전교육에서도 문제를 다루면 그 문제의 원인이 처음에는 어떤 상태이며, 그것에 대한 문제가 해결되면 어떻게 마무리되는지를 이해하도록 하는 것이 중요하다.

예를 들어, 그린워싱의 사례인 종이빨대를 다시 떠올려보면, '종이빨대를 만들기 위한 공업단지 구축'이라는 첫 과제와 이용자가 겪을 어려움, 폐기 과정에서의 문제까지 다룰 수 있어야 한다. 하지만, 대개 플라스틱을 사용하지 않는 것만을 강조하고, 다른 부분은 강조하지 않기에 그린워싱이라는 목소리가 주를 이루게 되는 것이다. 또한, 인과지도를 보다 자세하게 분석할 수 있다. 학습자들이 이를 활용하여 현상을 이루고 있는 요소들을 찾아내고, 이 요소들이 어떻게 상호작용하는지 인과지도를 그려내어 원인과 결과의 요인이 서로 순환하는 구조(피드백 루프)를 찾아 현상에 대한 전체적인 계를 분석하면, 현상이 왜, 그리고 어떻게 일어나는지를 보다 효율적으로 파악할 수 있다.

수업의 주제로 적절한 현상의 조건

그렇다면 수업에서 활용하기에 적합한 현상은 무엇일까? 이것은 바로 학습자들에게 중요한 현상이 되거나, 학습자들과 관련이 있는, 혹은 학습자들 주변에서 일어나는 현상이다.[40] 먼저 학습자들에게 중요한 현상은 교육과정 상에서 강조하고 있는 현상이나 사회적으로 매우 심각하게 문제가 되는 현상으로 말할 수 있다.

예를 들어, COVID-19나 지속가능발전, 적정기술, 도시화 등의 내용이 적절할 수 있다. 하지만 학습자들이 이것을 한 교과에서만 접하거나, 하나의 관점에서만 보았을 가능성이 있기에 교육자는 언제나 현상에 대한 학습자들의 표현을 확인하면서 더 많은 관점으로 현상을 탐색해볼 수 있도록 질문을 던져야 한다. 만약 학습자들이 COVID-19를 과학에만 초점을 두어 생각한다면, 이와 관련하여 국제사회가 어떻게 움직이고 있는지, 경제적으로는 어떤 피해가 있는지, 미디어는 어떻게 대응하고 있는지 등을 질문할 수 있다. 또한, COVID-19를 펜데믹이라는 주제로 시작하여 역사적으로 어떤 펜데믹 사태가 있었는지에 대해서 탐색하게 하면 좀 더 다양한 의견이 나올 수도 있다.

한편 학습자들과 관련이 있는 현상은 학습자들의 생활양식, 미디어 매체에서 인기 있는 요소 등으로 시작할 수 있다. 예시로 인스타그램이나 틱톡, 유튜브 쇼츠 등의 짧은 영상이 주류를 이루는 현상에 대해 다룰 수도 있다. 그러면서 환경적, 사회적, 경제적 측면 혹은 이외의 학문의 관점에서 이 현상을 바라보도록 할 수 있다.

다음으로 학습자들의 주변에서 일어나는 현상은 바로 지역사회에서 일어나는 현상이다. COVID-19나 짧은 영상에서 보여주는 문제와 관련된 현상이 지역사회에서는 어떻게 일어나고 있는지에 대한 탐색으로 시작해보는 것이다. 학습자들 주변에서 벌어지고 있는 일이므로 학습자들이 보다 많은 관심을 가질 수 있으며, 바로 관심을 갖지 않더라도 학습자들이 첫 수업이 지난 후 자신의 생활 반경에서 눈으로 이를 직접 확인하게 된다면 한층 더 관심을 가질 수 있다. 또한, 지역사회에서 일어나는 현상을 수업주제로 삼는다면, 지역사회의 문제를 직접 탐구하는 과정으로 연결할 수 있다. 더불어 다른 주제보다 지역사회 현상을 효과적으로 이해할 수 있기 때문에, 학습자들이 해결방안을 도출할 때도 보다 용이하고, 도출한 해결방안을 직접 적용해볼 수도 있다.

현상을 효과적으로 학습하기 위해서는 학교 밖 전문가와의 소통도 하나의 전략으로 활용할 수 있다.[41] 학습자들은 위에서 언급한 지역사회 현상을 분석하기 위해 지역의 전문가와 소통할 수 있다. 그뿐만 아니라 지역사회에 있는 대학이나 기관에 속한 전문가들과도 함께한다면 탐구의 깊이를 더할 수 있다. 지역사회 문제를 해결하고 지역에서 벌어지는 환경위기에 따른 사회문제를 극복하는 전략을 세워보는 경험은 학습자들의 문제해결력을 효과적으로 기를 수 있도록 한다. 이러한 과정에서 환경문제 해결을 위한 성공적인 전략을 세워본 경험을 한 학습자들은 오랜 세월이 지난 후에도 환경위기에 대한 관심과 실천 의지가 지속적으로 남게 될 것이다.

현상기반학습에 대한 수업 후기

현상기반학습은 교육적인 면에서 장점이 많은 반면 단점도 가지고 있다. 교과중심의 학습에 익숙한 학습자들이 현상기반학습에 참여하게 되었을 때, 학습의 과정에 익숙하게 될 때까지 시간이 걸린다. 현상기반학습은 학습자들의 자기주도성이 강조되는 수업이기 때문에, 학습자의 수준에 따라 학습하게 되는 깊이가 달라진다는 단점도 있다. 최근 고등학교에서 현상기반학습을 적용하고 있는 교사의 말을 빌리면, 학습자들은 자유롭게 생각하고 도전하는 과정을 처음에는 어려워한다고 한다. 그러나 현상기반학습 수업을 전체적으로 마무리하고, 학습자들의 수업소감 중에는 도전을 어려워했던 학습자들이 오히려 현상기반학습 수업에서만큼은 자유롭게 자신의 의견을 표현할 수 있었다는 수업 후기를 남기기도 했다고 한다. 이렇듯 현상기반학습이 단기적 측면에서는 단점이 부각되는 것처럼 보일지라도, 장기적인 관점에서는 학습자들의 미래핵심역량을 강화할 수 있는 효과적인 교수 전략이 될 수 있다.

05

상호동료교수법의 적용[42)]

지속가능발전교육과 집단지성 기반 상호동료교수법

전국시도교육감협의회는 기후위기·환경재난 시대, 교육의 대전환을 위한 비상선언(2020년 7월)으로 지속가능발전교육을 통한 기후위기 대응교육 비전을 선언하고, 환경교육정책연구단을 발족하여 지속가능발전교육 활성화를 위한 방안을 강구하였다.[43)] 그리고 최근에는 우리나라 교육기본법의 일부가 개정(2021년 9월 24일)되었는데, 제22조의 2에는 '모든 국민이 기후변화 등에 대응하기 위하여 생태전환교육을 받을 수 있도록 필요한 시책을 수립·실시하여야 한다'는 내용을 새롭게 포함하였다.[44)] 이러한 기후위기·환경재난 시대, 생태전환교육은 지구의 지속가능성을 추구하는 지속가능발전교육(ESD)과 연계할 때 교육적 효과를 갖는다.[45)46)]

최근에 공개된 2022 개정교육과정 총론 주요사항(교육부, 2021)에서도 '기후변화와 환경재난 등에 대응하고, 환경과 인간의 공존을 추구하며, 지속가능한 삶을 위한 모든 수준과 분야의 생태적 전환을 위한 교육' 내용을 포함하고 있다. 또한 기후환경과 공동체 소양 등을 중요하게 포함하는 교과 내용을 재구조화하거나 고등학교 선택과

목의 신설을 검토하고 있다.[47] 이와 관련하여 국가차원에서 개발한 미래과학교육표준(송진웅 등, 2019)에서 제시한 과학적 소양 또한 '과학 공동체 활동, 과학리더십 발휘, 안전사회 기여, 과학문화 향유, 지속가능사회 기여' 등을 포함하는 '참여와 실천' 영역을 강조하고 있다.[48] 이상의 교육적 요구에 대응하기 위해서는 학습자들에게 '경험기반 학습능력, 지식의 유기적 연결, 협력적 문제해결력, 소통적 태도, 신뢰형성 능력, 가치중심적 사고력, 비판적 사고력, 협력적 주체성'을 함양시켜주는 것이 필요하다.[49][50]

사회 이슈를 다루는 교육의 경우, 공통의 문제해결과제에 관심을 가진 개인들이 자발적으로 참여하여 협조와 경쟁을 함으로써 지식을 생성하는 역동적인 상호작용의 과정을 도입하는 것이 도움이 된다.[51] 이와 같이 집단지성을 발휘하는 상호동료교수법은 학습자들이 교대로 교수자가 되어 구성원들과 상호 교류하며 문제를 해결하는 방식으로 이루어진다.[52] 이를 예비교사에게 적용하면 학습자인 예비교사의 직접적인 교육 효과뿐만 아니라, 집단지성을 통해 사회 이슈 관련 통합적인 교사 전문성 향상의 효과를 가져올 수 있다.

상호동료교수법에는 동료지도법(peer instruction)·동료튜터링(peer tutoring)·동료교수(peer teaching) 등이 있다. 학습자 간 이루어지는 '상호동료교수(reciprocal peer teaching)' 활동은 교육 내용에 대해 상대적으로 이해도가 높은 참여자가 동료교수자의 역할을 돌아가며 수행하고, 나머지는 동료학습자의 역할을 하는 방식이다. 교사 전문성 교육에서 상호동료교수 전략은 학습자들에게 교사와 학습자 역할을 교대로 수행하게 함으로써 학교 현장에 대한 적합성이 높은 교사 전문성 함양에 효과적이라고 할 수 있다.[53][54]

지속가능발전교육과 융합교육 교사 전문성

유엔경제사회이사회(UN-ESC, 2011)는 융합적인 지속가능발전교육을 실제 수업에서 실행하기 위해 교사들이 가져야 할 역량으로 '시스템사고', '자연적, 사회적, 경제적 시스템 구조의 경로', '세대와 세대 사이, 인간과 자연 사이의 상호 관계', '지속가능한 미래와 우리가 생각하고, 살아가는 방식과 지속가능한 미래와의 연관성', '지속가능발전 관련 사고와 행동' 등을 제시했다. 그리고 지속가능발전교육 교육자들이 그들의 수업에서 실행할 수 있어야 하는 것으로 '편견과 선입견 없이 서로 다른 분야, 장소, 지역, 세대의 아이디어와 경험을 공유할 수 있는 기회 창출', '딜레마, 이슈, 긴장 및 갈등에 대해 다른 관점 탐구', '학습자를 그들의 지역적, 세계적 영향권에 연결하는 것' 등을 제안했다.[55]

지속가능발전교육 교육자들은 다른 사람들과 협업하는 경로를 이해하는 것이 중요한데, 이는 세대, 문화, 장소 및 학문에 걸쳐 다양한 그룹을 적극적으로 참여시키는 방식으로 다른 사람들과 협력하는 과정을 말한다. 또한 이들은 '토착지식과 세계관을 포함한 다양한 학문, 문화, 관점을 가진 사람'으로 특징지어진다. 이들은 지속가능성 핵심역량(지식, 기술, 태도, 가치, 동기 및 헌신 등)을 수업에 활용해야 하기 때문에, 예비교사교육 및 현직교사교육을 위한 프로그램에는 지속가능발전교육 핵심역량을 접목하는 노력이 필요하다.[56]

슬루어즈와 윌리(Sleurs & Willy, 2008)는 지속가능발전교육을 위한 교사교육에 포함될 역량으로, '지식(지속가능발전과 관련된 개념, 사실, 행동과 관련된 지식 획득하기), 시스템적 사고(부분보다는 전체의 관점에서 사고하기, 인류와 지구를 보다 넓은 시스템의 일부로 보기), 감정(관점의 변화를 위한 공감 및 감정이입 능력 갖추기), 윤리와 가치(인식과 사고, 의사결정, 실천 행동을 이끄는 규범 및 가치를 명료화하고 발달시키기), 행동과 실천(지속가능성과 관련된 쟁점에 부딪혔을 때 이를 해결하고 실행하기)'을 제시했다.[57]

지속가능발전교육 역량에 대해 OECD 2030에서는 '새로운 가치 창출(기존 지식을 새로운 지식으로 창조하기 위해 적응력, 창의력, 호기심, 개방성을 기반으로 다른 사람과 함께 협업함), 긴장과 딜레마 조정(모순되거나 양립할 수 없는 생각, 논리, 입장 사이의 상호 관련성을 고려하여 보다 통합적으로 생각하고 행동함. 즉 시스템적으로 생각하는 사람이 되는 법을 배움), 책임 갖기(위 두 역량을 전제로 본인의 경험과 개인적 그리고 사회적 목표, 배우고 들은 것, 옳고 그름 등에 비추어 본인의 행동을 평가하여 반영함)'를 제안했다.[58][59]

그리고 유네스코한국위원회(2007)는 지속가능발전교육의 교수학습 접근법으로 '간학문적이며 총체적인 접근(특정 학문영역이나 별도의 영역이 아니라 전체 교육과정 속에 통합적으로 지속가능발전에 대하여 학습하고, 공개적으로 검토, 논쟁, 검증, 응용의 일련의 과정을 접목함), 비판적 사고 및 문제해결력 함양(지속가능발전과 관련된 딜레마와 비판에 대처할 수 있도록 비판적 사고와 문제해결력 함양), 다양한 교육방법 활용(예술, 드라마, 토론, 직접 경험 등 다양한 교수법 활용, 단순 지식을 전달하는 수업방식이 아닌, 교사와 학습자들이 함께 배우고 교육환경을 함께 구성하는 기회를 제공함), 참여적 의사결정(교육방법 결정 과정에서 학습자의 참여를 유도함), 지역적 연관성(지구적 사안뿐만 아니라 지역적인 사안들을 다루고, 학습자가 일상적으로 사용하는 언어를 사용함)' 등을 제시했다.[60]

이상에서와 같이 지속가능발전교육의 핵심역량과 교수학습 접근법의 주요 내용을 볼 때, 지속가능발전교육을 수업에서 적용하기 위해서는 예비교사 양성교육과 교사교육에서 통합적이고 융합적인 교사전문성 함양을 위한 기회를 제공하는 것이 급선무라고 할 수 있다.

지속가능발전교육 주제 상호동료교수법 적용의 예

이 절에서는 예비교사를 대상으로 '재난극복'과 '해양 생태계' 주제의 상호동료교수법을 적용하여 교사 전문성을 함양하기 위한 교육을 예로 소개한다.

먼저 '재난극복' 주제는 지속가능발전목표 13번 '기후변화와 대응'과 연계하여 수업을 구성하였는데, 주요 수업의 과정으로는 '재난극복을 위한 구호소의 종류와 필요성 이해 → 지역의 특징과 연관된 자연재난 탐구 → 재난상황에 맞는 구호소 설계 및 제작 → 모둠활동 결과 공유 및 피드백'으로 진행되었다.

다음으로 '해양생태계' 주제는 지속가능발전목표 14번 '해양생태계'와 연계하여 수업을 구성하였는데, 주요 수업의 과정으로는 '갯녹음과 산호백화현상 개념 이해 → 해양오염 관련 사회 이슈 영상 시청 및 토의 → 해양생태계 문제를 초점으로 하는 메이커 활동 → 모둠활동 결과 공유 및 피드백'으로 이루어졌다.

위의 2가지 주제 모두 상호동료 교수영역으로 '컴퓨터 활용, 스토리 구성, 그림/디자인, 설계/제작, 내용 조직' 등의 전문성 영역이 포함되었다.

여기서 예비교사들 개인이 가진 전문성을 중심으로 한 상호동료교수 활동에 대한 개요를 소개하면 다음과 같다<표 VII－2>.

표 VII-2 예비교사들의 상호동료교수 활동의 예

전문성 영역	상호동료교수 활동
내용 조직	팀원들의 다양한 생각을 이끌어내어 조직화하여 정리하고 설명하는 활동(예 팀원들의 아이디어를 교수학습과정안에 논리적으로 포함하기)
스토리 구성	수업자료에 포함하는 스토리를 주도적으로 구성하고 설명하는 활동(예 수업관련 시나리오 등의 스토리텔링 구성하기)
그림/디자인	수업에 활용되는 삽화, 만화, 디자인 등을 구성하고 설명하는 활동(예 4컷 만화 그리기, 역할카드 등을 효과적으로 디자인하기)
설계/제작	수업에서 제작하는 작품의 시제품을 설계, 제작하고 설명하는 활동(예 수업에서 작품 제작을 위한 시제품을 설계하고 제작하기)
컴퓨터 활용	수업에서 컴퓨터 프로그램 활용 방법을 설명하고 시연하는 활동(예 스크래치, 스케치업 등 컴퓨터 프로그램 활용하기)

이러한 교사 전문성 함양 교육에서 상호동료교수 활동을 분석하기 위한 준거로는 '지속가능발전교육 핵심역량'과 '지속가능발전교육 교수학습 접근법'의 요소들로부터 교육목표에 적합한 내용을 추출하여 활용가능하다<표 VII-3, VII-4>.

표 VII-3 지속가능발전교육 핵심역량[61)]

핵심역량	주요 내용
시스템사고 역량	관계를 인식하고 이해하는 능력, 복잡한 시스템을 분석하는 능력, 다양한 영역에서 시스템이 어떻게 내재되어 있는지를 생각하는 능력
예측 역량	가능한 미래나 바람직한 미래 등 다양한 미래를 이해하고 평가하는 능력, 미래에 대한 자신의 비전을 창조하는 능력, 예방 원칙을 적용하는 능력, 행동의 결과를 평가하는 능력, 위험과 변화에 대처하는 능력
규범적 역량	자신의 행동에 있어 기초가 되는 규범과 가치를 이해하고 성찰하는 능력, 이해와 절충이 충돌하는 상황에서 지속가능성 가치, 원칙, 목표 및 세부목표를 조율하는 능력
전략적 역량	지역 수준이나 더 넓은 수준에서 지속가능성을 증진시키는 혁신적인 전략을 개발하고 추진하는 능력
협력 역량	타인으로부터 배우는 능력, 타인의 요구, 관점 및 행동을 이해하고 존중하는 능력, 다른 사람들을 이해하고, 관계 맺고, 민감하게 반응하는 능력, 그룹 내의 갈등에 대처하는 능력, 협력적이고 참여적인 문제해결을 촉진하는 능력
비판적 사고 역량	규범, 관행 및 의견에 의문을 제기하는 능력, 자신의 가치, 인식 및 행동을 반성하는 능력, 지속가능성 담론에서 자신의 입장을 취하는 능력
자기인식 역량	지역사회와 글로벌 사회에서 자신의 역할을 성찰하는 능력, 자신의 행동을 지속적으로 평가하고 동기를 부여하는 능력, 자신의 감정과 욕구를 다루는 능력
통합적 문제해결 역량	복잡한 지속가능성 문제에 다양한 문제해결의 틀을 적용하고, 이상의 역량들을 통합적으로 활용하여 지속가능발전을 촉진하는 실행가능하고 포용적이고 공정한 해결책을 개발할 수 있는 능력

표 VII-4 지속가능발전교육 교수학습 접근법[62)]

교수학습 접근법	주요 내용
학제 간 학습	지속가능발전교육은 다양한 학문의 개념과 기능을 함께 접목하면 관련 문제해결을 위한 방안을 모색하는 데 효과적이기 때문에 간학문적 교육전략에 의한 교수학습이 강조됨
다차원적 학습	지속가능발전교육을 위한 수업은 시간에 따른 환경변화를 조사하고 분석하거나, 교실 수업에서 벗어나 학교 및 지역사회 시스템 속에서 공간적으로 다양한 차원의 교수학습 전략이 필요함
감성적 학습	지속가능발전교육의 과정에서 학습자들이 지역 환경에 대한 관심과 염려를 바탕으로 정서적인 감성을 표현하고 공유하는 경험을 갖을 수 있고, 이를 통해서 교육적 시너지 효과를 가져올 수 있음
윤리, 가치적 학습	지속가능발전교육을 통해 학습자들은 윤리적인 질문에 대해 생각해보는 기회를 가지며, 수업내용과 관련하여 자신의 가치관을 생각해보고, 수업의 과정에서 가치관의 변화를 확인하는 기회를 갖는 것이 중요함

지속가능발전교육에 상호동료교수법 적용의 효과

상호동료교수법 관련 장미정(2020)의 연구에서는 학습자들이 동료교수활동을 통해 학습에 대한 동기부여가 증가하였고, 유의미한 토론으로 실제적인 의사소통이 활발하게 진행되었음을 밝혔다. 특히 팀별로 역할 분담과 상호교수를 하면서 책임감이 향상되었고, 자신만의 교수학습전략을 개발시킬 수 있었던 것으로 나타났다.[63)]

손연아(2021)의 연구에서도 상호동료교수법 적용의 효과를 밝혔는데, 먼저 예비교사들은 상호동료교수법을 통해 동료들과 함께하는 협업의 의미와 중요성을 알게 되었고, 가르치는 것에 대한 자신감을 회복하는 경험을 가졌다. 예비교사들은 상호동료교수법을 적용하면서 개인의 새로운 역량을 발견하는 긍정적인 경험을 한 것으로 보인다. 또한 다른 동료들이 가지고 있는 전문성을 하나하나 배우면서 수업을 준비하고 실연하는 과정에서 많은 것을 배웠고, 세부전공이 다양한 예비교사들이 서로의 지식을 공유하면서 교과교육학적 내용지식에 대한 교사 전문성을 함양하는 데 좋은 기회가 되었다.[64]

이와 같이 동료들 상호 간에 구체적인 학습 전략을 안내해 주는 과정은 학습자들이 해결해야 할 과제와 관련하여 대화를 촉진시키는 구조화된 상호작용을 유도하므로, 학습에 긍정적인 영향을 미칠 수 있다.[65][66] 더욱이 동료를 직접 가르치는 경험은 학습자들의 내적 동기를 강화시키고,[67] 성취 수준이 낮은 학습자들의 자아 존중감을 향상시키는 이점을 가지고 있다.[68]

06

다양한 수업모형과 복잡성 이론의 적용

지속가능발전교육에 적용 가능한 다양한 수업모형[69)]

지속가능발전교육 접목 수업을 설계하고 실행함에 있어서 효과적으로 활용할 수 있는 수업모형으로는 '쟁점중심 수업모형, 가치분석 수업모형, 창의적 문제해결 수업모형, 의사결정 수업모형, 프로젝트 수업모형, 갈등해결 수업모형' 등이 있다.

먼저 쟁점수업모형의 단계는 '문제제기 → 가치문제 확인 → 사실 확인과 경험적 증명 → 가치 갈등의 해결 → 대안 모색과 결과의 예측 → 선택 및 결론' 과정으로 이루어진다. '문제제기' 단계에서는 최근 지역사회에서 논쟁이 되고 있는 쟁점들을 확인하는 과정을 가지며, '가치문제 확인' 단계에서는 관련 사실이나 가치를 검토하고 가치문제를 확인하게 된다. '사실 확인과 경험적 증명' 단계에서는 관련 자료를 수집하여 근거를 가지고 주장을 펴는 활동을 하며, '가치 갈등 해결' 단계에서는 가치관을 내면화하기 위해 소집단 토론을 하거나 서로 역할 바꾸어 토론하기 활동을 할 수 있다. '대안 모색과 결과의 예측' 단계에서는 합리적인 가치를 기준으로 대안을 선택하고 정당화하며, '선택 및 결론' 단계에서는 자신이 선택한 가치를 내면화하고 적극적으로 실천하는 활동을 하게 된다.

다음으로 가치분석수업모형의 단계는 '가치문제 제시 → 가치갈등의 확인 → 대안검토 및 결과 예측 → 가치선택과 행동' 과정이 포함된다. '가치문제 제시' 단계에서는 학습자 스스로 가치문제를 인식하도록 하고, '가치 갈등의 확인' 단계에서는 가치문제에 대해 깊이 있게 관찰하고 추론하여 가치판단하는 과정을 거친다. '대안검토 및 결과 예측' 단계에서는 다양한 가치들을 확인하고 대안적으로 선택한 가치에 대해 다각도로 검토하는 활동을 한다. '가치선택과 행동' 단계에서는 학습자들이 자유롭게 표현한 신념과 가치들 중에 대안적 가치를 선택하고 이를 정당화하는 활동을 한다.

창의적 문제해결 수업모형의 단계는 '혼란 찾기(상황인식) → 자료찾기 → 문제 찾기(문제선정) → 아이디어 찾기 → 해결방법 결정 → 수용안 찾기(행위계획)' 과정으로 진행된다. '혼란 찾기(상황인식)' 단계에서는 복잡한 상황이 연결되어 있는 주제를 공유하고, '자료 찾기' 단계에서는 지식, 경험, 지각, 느낌, 의문점 등과 관련된 풍부한 자료 중에서 실제의 상황을 이해하는 데 도움이 될 수 있는 자료를 선정한다. '문제 찾기(문제선정)' 단계에서는 다양한 문제 진술 중에서 새로운 아이디어나 가능한 해결안을 살펴보고 상황의 본질에 가장 적절하게 정의된 문제를 선정하는 활동을 한다. '아이디어 찾기' 단계에서는 아이디어를 산출한 방법을 토의하여 다양한 아이디어를 도출하고, '해결방법 결정' 단계에서는 평가 준거에 따라 아이디어를 검토하고 선정된 아이디어를 분석하여 최상의 아이디어를 결정하게 된다. 마지막으로 '수용안 찾기(행위계획)' 단계에서는 최종적인 해결책을 선택하고 문제해결에 영향을 미치는 요인 중 제한점을 확인하고 극복하는 방안을 모색하는 활동을 한다.

의사결정 수업모형의 단계는 '문제의 인식 → 문제의 진단과 분석 → 대안의 탐색 → 대안의 선택 → 학습활동 정리' 과정으로 진행된다. '문제인식' 단계에서는 쟁점이 되는 문제를 인식하고 문제의 성격에 따라 의사결정 형태(찬반 결정, 여러 대안 중 택일, 절충안 마련 등)를 결정하는 활동을 한다. '문제의 진단과 분석' 단계에서는 문제 상황과 관련된 기본 개념을 명확히 이해하고 문제의 성격을 분석한다. '대안의 탐색' 단계에서는 충분한 자료와 근거를 가지고 그룹별로 대안을 탐색하는 활동을 한다. '대안의 선택' 단계에서는 전체 토의를 통해 그룹별로 탐색한 대안에 대한 피드백을 하고, 특정 대안을 선택하거나 절충안을 모색하는 활동을 한다. '학습활동 정리' 단계에서는 지금까지의 활동을 기초로 학습자 자신의 입장을 재정립하고, 왜 그렇게 결정했는지에 대해 다양한 관점에서 정리하는 활동을 한다.

프로젝트 수업모형의 단계는 '주제 결정하기 → 활동 계획하기 → 탐구 및 표현하기 → 마무리하기 → 평가하기' 과정으로 진행된다. '주제 결정하기' 단계에서는 팀원의 협의를 통해 탐구할 주제를 선정하고, 팀 토의를 통해 주제를 중심으로 생각의 연결망을 작성하는 활동을 한다. '활동 계획하기' 단계에서는 프로젝트를 통해 해결해야 할 질문 목록을 정리하고 탐구일정을 계획한다. 이때 전체 발표를 통해 팀별 프로젝트 설계 과정과 결과에 대한 피드백 시간을 갖는다. '탐구 및 표현하기' 단계에서는 문헌조사, 현장조사, 현장활동, 견학활동, 현장실험, 지역사회 자원인사 면담 등의 활동을 통하여 앞서 설계한 프로젝트 계획에 따라 해결할 문제를 탐구하고 정리하는 활동을 한다. '마무리하기' 단계에서는 팀별로 정리한 내용을 전체적으로 발표하는 활동을 한다. '평가하기' 단계에서는 작품분석, 일화분석, 개인 및 그룹 성찰, 체크리스트 활용, 사회성 검사, 면접 등의 다양한 방법으로 진단하고 평가하는 활동을 한다.

마지막으로 갈등해결 수업모형의 단계는 '갈등상황 인식하기 →

갈등상황 준비하기 → 갈등 관리하기 → 협상하기 → 합의하기' 과정으로 진행된다. '갈등상황 인식하기' 단계에서는 갈등상황이 야기되는 쟁점을 규명하고 당사자들의 입장을 이해하는 활동을 한다. '갈등상황 준비하기' 단계에서는 이해 당사자들의 주장이나 관련 근거 자료를 바탕으로 관점을 조사하는 활동을 한다. '갈등 관리하기' 단계에서는 팀별로 이해 당사자들의 관점을 발표하고, 역할 교환을 통한 의사소통의 기회를 갖는다. '협상하기' 단계에서는 팀별로 협상안을 준비하고 상호조정하는 활동을 한다. '합의하기' 단계에서는 이해 당사자들 간의 합의안을 작성하고 서명하는 등의 의미를 부여하는 활동을 한다.

지속가능발전교육과 복잡성 이론의 연계

지속가능발전교육과 지속가능발전목표에서 대두되는 사회적 이슈는 다원적인 특징을 가지고 있다. 특히 사회적 갈등 기반의 접근을 통해 간학문적 교수학습 과정에서 학습자들의 관심과 흥미를 불러일으키고, 가치관을 형성할 수 있는 참여와 실천 활동의 필요성을 강조한다.[70][71]

지속가능발전교육의 특징은 복잡성 관점과 밀접하게 연결된다. 복잡성 관점에서 자기 존재의 형성은 자신을 둘러싸고 있는 환경, 공동체, 사회에 깊게 참여하고 그 속에서 자신의 존재가 어떻게 드러나는가를 탐색하는 것이다. 여기서 지식은 주변 세계와 관계 맺는 방식 속에서 개인의 존재가 드러나는 형식과 관련된다.[72][73][74][75]

복잡성 이론가들은 생태적인 복잡성, 예측 불가능성, 환원 불가능성, 순환적인 인과관계 등의 개념을 통해 세계에 나타나는 현상들을 설명한다. 이들은 지식을 객관적 또는 절대적인 것이 아닌, 삶을 살아가는 과정 자체라고 여긴다. 그렇기 때문에 복잡성 이론을 바탕으로 한 교육과정에서는 초점을 학습자들이 삶을 탐구하는 것에 둔다.[76]

교육에서 복잡성 이론의 적용에 대한 설명을 위해 복잡성 이론을 일종의 '상호 간 담론(interdiscouse)'으로 설명한다. 교육 분야 연구와 관련하여 강조하고자 하는 것은 복잡성 이론이 기존의 지식과 그 지식이 설정되는 방식을 단순하게 분리시켜 보는 것을 인정하지 않는다. 이와같이 복잡성 측면에서 핵심적인 것은 집단지성이 상대적으로 얼마나 안정성을 가지고 있는지와 그 안정성의 토대를 이루고 있는 유동적인 동역학 관계가 어떠한지를 탐구해보는 일이다.[77]

복잡성 이론의 '자기조직화' 요소와 지속가능발전교육

복잡성 사고에서 자기조직화는 세계와 세계 내 존재하는 생명, 인간, 집단, 문화 등과 같은 어떤 체계(system)를 설명하는 데 강한 영향력을 주는 개념이다. 자기조직화는 외부적인 영향을 최소화하여 스스로 존재하는 시스템과 방법과 관련이 있다.

자기조직화는 크게 3가지 특징으로 설명될 수 있다.[78][79] 먼저, 자기조직화는 구성 요소들 사이의 순환적이고 재귀적인 연결들로 구성된다. 그리고 자기조직화 체계는 단순한 과정들이 얽히고설킨 관계들을 바탕으로 만들어진 하나의 연결망이라고 할 수 있다. 또한, 이는 체계와 주변 환경 간의 상호작용 과정을 포함한다. 자기조직화 체계는 주변 환경의 변화에 맞추어 끊임없이 스스로를 변화시켜 간다. 마지막으로 자기 조직체는 또 다른 자기 조직체의 부분이 된다. 복잡성 이론에서는 세계가 자기 조직체로 겹겹이 둘러싸여 있다고 본다. 주변 환경 내에 존재하는 수많은 자기 조직체들 간의 상호작용은 주변 환경을 또 다른 자기 조직체로 창발하게 한다. 이런 자기조직화의 개념을 통합과 융합이 강조되는 교육과정 연구와 실행에서 접목하려는 시도는 의미가 있다.[80)81)82)83)]

지속가능발전교육에서도 학습자 개인의 성찰을 통해 자신의 가치관을 확인하고 지속가능한 삶을 위한 가치관으로의 변화를 유도하는 것이 핵심적 목표이자 내용이다. 이는 수업에서 동료학습자들과의 의사소통과 의사결정 과정에서 명료하게 이루어질 수 있다. 결국 자신이 속한 지역사회에 대해 민감성을 가지고 지속가능한 사회를 위한 참여와 실천을 적극적으로 해나가는 과정을 통해 학습자들은 사회 속에서 자신을 드러내어 실제 세계의 변화에서 자신의 역할을 확인하고 자아를 회복하는 교육적 성과를 가져올 수 있다.

이는 앞으로의 교육은 맞고 틀림이 강조되는 결핍모델에 의한 것이 아니라, 학습자의 살아있는 충족성에 기반하여,[84)] 학습자들이 스스로 학습의 경로(way)를 찾아갈 수 있도록 이루어져야 한다는 것을 정당화한다.

이러한 관점에서 생태주의 중심의 지속가능발전교육을 위해서는 교과에서 논리적 구조를 학습자들에게 심리화하는 경로를 안내해 주어야 한다. 교사가 학습자들을 가르칠 때, 교과가 갖는 논리적 구조를 그들에게 맞게 심리화해 주어야 한다는 것과 '안다는 것'이 바로 '행동의 변화'를 가져오지 못한다는 것을 강조한 Dewey의 교육과정이론에서도 이는 핵심이 되고 있다.[85)86)] 또한 '논리와 감성'의 통합으로서의 지속가능발전교육에 대한 비전을 잘 나타내주고 있기도 하다.[87)]

따라서, 복잡성 이론에서 다루는 '지식과 아는 것에 대한 재개념화(지식의 개념을 학습자가 과거, 현재, 미래의 삶을 통해 세계에 참여하는 방식으로 설명하는 것)'는 지속가능발전교육에서 교육이론을 정립하는 데 의미 있는 시사점을 줄 수 있다.

복잡성 이론의 '창발' 요소와 지속가능발전교육

복잡성 이론에서 이야기하는 창발의 의미는 '요소들 간의 관계에서 복잡성의 증거로 인해 어떤 새롭고 일관된 구조, 속성, 패턴 등이 나타나는 것'을 말한다.[88] 미쿨렉스키(Mikulecky, 2001)는 창발을 2가지로 구분하였는데, 하나는 '진화해가는 과정에서 예측하지 못한 새로운 것이 갑자기 등장'하는 것이고, 다른 하나는 '평소에는 보이지 않았지만, 항상 있어 왔던 어떤 현상들의 특성을 발견하는 것'이다.[89]

이 2가지 과정이 순환적으로 인과관계를 맺으면서 창발의 과정이 일어나는데, 이는 지속가능발전교육에서 강조하고 있는 역량인 '시스템사고'와 밀접하게 관련이 있다고 할 수 있다. 시스템사고는 '이 세계를 상호연결적, 인과적, 순환적, 창발적, 종합적 관점에서 사고할 수 있는 능력'으로 정의내릴 수 있다.[90]

복잡성 사고에서는 세포, 신경체계, 생명현상에서부터 사회, 문화, 생태계, 우주에 이르기까지 우리가 자연 속에서 관찰할 수 있는 규칙이나 패턴들이 복잡성의 증가로 인한 창발의 결과라고 생각하고 있다.[91] 특히, 인간의 지적 행위의 발생과 변화는 어떠한 복잡하고 역동적인 과정에 의해 창발된다고 여긴다. 이러한 지적 행위에 대한 창발의 개념은 목표 수단으로 단순화된 교육과정 구조에 대해 새로운 방식으로 접근할 수 있는 길을 열어주었다.

창발의 관점에서 볼 때, 교실은 학습자들 간의 상호작용 공동체로 인식되며, 이 학습자들 사이의 상호작용은 교사의 권위에 의한 것

으로 인식되지 않는다.[92]

지속가능발전교육이 진행되는 수업에서도 교사와 학습자는 복잡하고 역동적인 상호작용의 연결망 속에 참여하게 된다. 그 과정은 예측 가능할 수도 있고, 불가능할 수도 있다. 이러한 과정에서 학습자들은 의사소통을 통해 새로운 무엇인가를 갑자기 발견해내는 성취감을 느낄 수도 있다. 이 수업의 특징은 정해진 수업목표로 향해 나아가지 않고 수업의 과정에서 학습자들이 의미 있는 목표들을 찾아갈 수 있는 자율성과 책임성을 동시에 가진다. 그리고 학습자들은 사회에 존재하는 다양한 관점들을 총체적으로 이해할 수 있는 역량을 갖추게 될 것이다.

이는 변화와 적응을 핵심으로 하는 진화론적 틀과도 관련되는데, 개인적인 발달인 성장도 어떤 완전한 목표를 향해 나아가는 것이 아니다. 생물학적이고 문화적인 경험을 통해 끊임없이 창발해간다. 진화는 정해진 미래의 어떤 목표로 나아가는 것이 아니라 그때마다 주어지는 상황에서 가능성을 만들어가는 것이다. 따라서 학습은 외부의 것을 단순히 습득하는 것이 아니라, 다차원적인 수업환경 속에서 어떤 특별한 가능성을 행하고 선택하는 변형의 과정으로 이해해야 한다. 나아가 학습은 축적하는 과정이라기보다는 회귀적인 특징이 강한 정교한 시행착오의 과정이다.[93]

복잡성 이론의 '프랙탈' 요소와 지속가능발전교육

프랙탈은 그 자체를 축소하거나 확대하더라도 여전히 세부 모양이 동일한 기하학적 모양을 말한다. 복잡성 이론에서 말하는 프랙탈 이미지는 반복적인 과정을 통해서 생성된다. 즉, 각 단계의 출발점은 이전 단계의 산출이 되는 일련의 정교화된 과정을 거친다. 프랙탈 이미지는 하나의 이미지가 재귀적으로 정교화하는 과정을 통해서 만들어지는데, 이는 앞 단계의 산출물이 다음 단계의 투입물이 되는 일종의 피드백 루프 과정이다.[94)95)] 이러한 과정은 스스로 지속적으로 변화하지만, 이전 단계의 '내용과 맥락'이 보존되어 있다고 볼 수 있다.

개인의 역사는 한 방향으로 날아가는 화살보다는 오히려 가능성의 공간을 확장하면서 여러 갈래로 뻗어나가는 나무와도 같다. 앎과 배움의 과정도 마찬가지이다. 앎과 배움을 표현하는 데 직선, 화살, 평면 기하학의 폐쇄된 영역 등과 같이 비유하는 것은 적절하지 않다. 오히려 재귀(recursion), 반복(iteration), 피드백 루프(feedback loops), 또는 중첩된 형식(nested forms) 등으로 설명하는 것이 더 적합하다.[96)]

프랙탈 이미지는 창발의 과정으로 학습자중심 교육과정을 개발하고 실행하는 하나의 도구로 활용할 수 있다. 프랙탈의 자기 유사성이나 범주 독립성과 같은 특성은 단순한 과정들이 모여서 어떻게 복잡한 현상들이 창발될 수 있는지를 구체적으로 보여준다. 학습자중심 교육과정이나 프로그램 개발에서 창발의 개념을 구현하기 위해 프랙탈 이미지를 활용하는 것은 하나의 좋은 방법이 될 수 있다.[97)]

예컨대, 나뭇가지에서 또 다른 나뭇가지로 분기하는 나무 이미지는 '창발하는 가능성의 공간'의 이미지를 설명하는 데 유용하게 활용될 수 있다. 즉, 작은 노드에서 큰 노드로 확장하는 네트워크 구조는 개인과 사회를 포함하는 지식 생산 체계일 뿐만 아니라 생산된 지

식체계를 설명하는 데도 유용하게 적용될 수 있다.[98)]

키럴리(Kiraly, 2012)은 수업에서 학습자들의 그룹 프로젝트를 운영할 때 3가지 프랙탈 요소들을 반영하여 설명하였다. 첫째는 '공동-창발성'인데, 학습자들은 동료 학습자, 교사, 다양한 전문가들과 역동적으로 상호작용하면서 학습공동체를 구성하는 동시에, 그 공동체 속에서 자신의 역할을 수행하면서 성장해나갈 수 있다고 하였다. 두 번째는 '자기-유사성'인데, 그룹 프로젝트에서 학습자들은 스스로 프로젝트를 선택, 조직, 실행하는 등의 과정을 순환적으로 반복하는 기회를 갖는다고 하였다. 세 번째는 '예상하기 어려운 여러 방향'인데, 학습자들의 프로젝트 수행은 발생할 수 있는 모든 상황과 불가분의 관계를 갖는다는 것이다.[99)]

이상의 특징은 지속가능발전교육 수업모델을 개발하는 데 기본 방향으로 적용할 수 있다. 즉 사회, 환경, 경제 영역 간의 관계 속에서 파생되는 갈등을 중심으로 사회문제해결 중심의 지속가능발전교육 수업모델을 개발할 수 있는데, 사회, 환경, 경제의 균형점을 찾으면서 갈등을 해결해 나가는 과정에서 복잡성 이론의 프랙탈 요소를 적용할 수 있다. '관계지향성 지속가능발전교육 영역'을 이해하는 일반적인 방식으로 지속가능발전을 사회, 환경, 경제 영역 간의 끊임없이 상호작용으로 보는 관점이 주가 되는데, 이러한 과정을 복잡성 이론의 프랙탈 이미지를 활용하여 적용할 수 있을 것이다.

미주

1) 이 부분은 2010년 오브라이언(O'Brien, C.)의 논문 'Sustainability, Happiness and Education. Journal of Sustainability Education'에 기재된 내용 중 일부를 발췌 및 수정하여 작성.
2) Brickman, P. & Campbell, D. T. (1971). Hedonic relativism and planning the good society. In M. H. Appley (Ed.), Adaptation-level theory (pp. 287-305). New York: Academic Press.
3) Kasser, T. (2006). Materialism and its alternatives. In M. Csikszentmihalyi & I. Csikszentmihalyi (Eds.), A life worth living: Contributions to positive psychology.
4) O'Brien, C. (2005). Planning for sustainable happiness: Harmonizing our internal and external landscapes. Paper prepared for the 2nd International Conference on Gross National Happiness, Nova Scotia, Canada.
5) United Nations. (2002). UN Decade of Education and Sustainable Development (2005-2014). 57/254. http://www.un-documents.net/a57 r254.htm (2022.4.17. 기준)
6) United Nations (1992). Agenda 21: Earth Summit-The United Nations programme of action from Rio https://sustainabledevelopment.un.org/content/documents/Agenda21.pdf (2022.4.17.기준)
7) UNESCO (2005). Guidelines and recommendations for reorienting teacher education to address sustainability. Education for sustainable development in action. Technical paper No. 2. https://unesdoc.unesco.org/ark:/48223/pf0000143370(2022.4.17.기준)
8) Seligman, M. (2002). Authentic happiness. Toronto: Free Press.
9) Veenhoven, R. (2006). Healthy happiness: Effects of happiness on physical health and the consequences for preventive health care. Journal of Happiness Studies, 15-11.
10) Diener, E. & Seligman, M. (2004). Beyond money: Toward an economy of well-being. Psychological Science in the Public Interest, 5 (1), pp.1-31.
11) Kasser, T. & Sheldon, K. (2002). What makes for a merry Christmas? Journal of Happiness Studies, 313-329; Richins, M. & Dawson, S. (1992). A consumer values orientation for materialism and its measurement: Scale development and validation. Journal of Consumer Research, 19, 303-316; Sheldon, K. & McGregor, H. (2000). Extrinsic value orientation and the tragedy of the commons. Journal of Personality, 68, pp.383-411.
12) Brown, K. & Kasser, T. (2005). Are psychological and ecological well-

being compatible? The role of values, mindfulness and lifestyle. Social Indicators Research, 74, pp.349-368.

13) Litman, T. (2011). Mobility as a positional good: Implications for transport policy and planning. Victoria Transport Policy Institute. http://www.vtpi.org/prestige.pdf.(2022.4.17 기준)

14) Anielski, M. (2007). Economics of happiness: Building genuine wealth. Gabriola Island: New Society Publishers.

15) Affluenza는 Affluent와 Influenza 의 합성어로, 아주 많이 가지고 있어도 결코 충분하지 않아 더욱 많이 소유하고자 하는 소비지상주의를 의미한다.

16) Hamilton, C. & Denniss, R. (2005). Affluenza: When too much is never enough. Crows Nest NSW: Allen & Unwin.

17) Wiek, A., Withycombe, L. & Redman, C. L. (2011). Key competencies in sustainability: A reference framework for academic program development. Sustain, 6, pp.203-218.

18) 서진원(2009). 교육방법으로서의 구성주의와 구조주의의 비교연구. 한국도서관·정보학회지, 40(4), pp.81-92.

19) 박성일, 박정환(2016). 구조주의 교육연구 이념과 방법론 비판적 성찰. 예술인문사회 융합 멀티미디어 논문지, 6(9), pp.449-458.

20) 박성일, 민용성(2016). 구조주의와 도가사상 비교 연구. 학습자중심교과교육연구, 16(9), pp.415-432.

21) 본 챕터는 김상욱(2018). 시스템사고와 창의. 청주: 충북대학교 출판부. pp.90-101을 재구성하여 작성하였다.

22) 김동환(2004). 시스템사고. 성남: 북코리아 p.64.

23) 문태훈(2007). 시스템사고로 본 지속가능한 도시. 서울: 집문당.

24) Soderquist, C. & Overakker, S. (2010). Education for sustainable development: A systems thinking approach. Global Environment, 14, pp.193-202.

25) Cavana, R. Y. & Forgie, V. E. (2018). Overview and Insights from 'Systems Education for Sustainable Planet'. Systems, 6, p.5.

26) UNESCO (2004). Partnership strategy between UNESCO and the private sector for the decade of education for sustainable development. NY: Draft International Implementation Scheme.

27) 오준영, 손연아(2018). 세계관을 바탕으로 통합과학 교육전략 제안: 기후변화를 중심으로. 대한지구과학교육학회지, 11(1), pp.1-20.

28) 문영찬(2018). 세계관과 변증법적 유물론. 서울: 노사과연.

29) 오준영(2019). 서양 고대 그리스와 중세의 철학적 세계관, 그리고 근현대의 과학적 세계관의 영향. 서울: 연세대학교 대학출판문화원.

30) 지덕영(2020). 텍스트 네트워크 분석 방법을 활용한 세계관 접목 통합 과학

교육 수업 설계에서 나타난 예비과학교사들의 인식. 에너지기후변화교육, 10(3), pp.271-286.

31) 방담이(2013). Big Idea를 중심으로 한 통합형 과학 교육과정 틀 설계. 한국과학교육학회지, 33(5), pp.1041-1054.

32) Kangas, M., Rasi, P. (2021). Phenomenon-Based Learning of multiliteracy in a Finnish upper secondary school.Media Practice and Education, 22:4, pp.342-359.

33) 이혜림, 양석준(2022). 상업계 고등학습자의 기업가정신 함양을 위한 창업 교육 사례 연구 : 가상기업 설립과 판매 활동 체험을 중심으로. 상업교육연구, 36(1), pp.1-29.

Carton, Robert B., Charles W. Hofer, and Michael D. Meeks. "The entrepreneur and entrepreneurship: operational definitions of their role in society." Annual International Council for Small Business. Conference, Singapore. 1998.

34) 배혜경(Hyekyung Bae), 이우진(Woojin Lee). (2022). 청소년의 기업가정신이 진로개발역량에 미치는 효과에 대한 연구. 한국진로창업경영학회지, 6(1): 43-67; Miller, D. (1983). The correlates of entrepreneurship in three types of firms. Management Science, 29, pp.770-791.

35) Kangas, M., Rasi, P. (2021). Phenomenon-Based Learning of multiliteracy in a Finnish upper secondary school.Media Practice and Education, 22:4, pp.342-359.

36) 키르스티 론카(2020). 핀란드 교육에서 미래 교육의 답을 찾다(이동국, 이은상, 김준구, 김현정, 백순주, 양미선, 역)(pp.262-315). 테크빌교육(주). (원본출판 2018년)

37) 앞의 논문 인용

38) 앞의 논문 인용

39) 앞의 논문 인용

40) Achieve, Next Gen Science Storylines & STEM Teaching Tools (2016). Using Phenomena in NGSS-Designed Lessons and Units. https://stemteachingtools.org/brief/42

41) Lonka, K. (2018). Phenomenal Learning from Finland. Helsinki: EditaPublishing.

42) 이 절의 내용은 '손연아(2021). 기후위기 주제 지속가능발전교육 수업 설계와 실행에 있어서 예비과학교사들이 갖는 경험 분석: 상호동료교수법 적용을 중심으로. 대한지구과학교육학회지, 14(3), pp.277-291.'에서 추출하여 재구성한 것임.

43) 전국시도교육감협의회(2020a). 기후위기·환경재난 시대, 교육의 대전환을 위한 비상선언. 전국시도교육감협의회.

44) 법제처 국가법령정보센터(2021). 교육기본법 제 22조의 2 [시행 2021. 9. 24.] [법률 제18456호, 2021. 9. 24. 일부개정]

45) 손연아(2016). 사회적 책임을 접목하기 위한 과학교육의 구조 및 지속가능발전교육과의 통합교육 전략 제안. 교육문화연구, 22(6), pp.279-312.

46) UNESCO (2021). Getting every school climate-ready: How countries are integrating climate change issues in education. UNESCO.

47) 교육부(2021). 2022 개정교육과정 총론 주요사항 시안 보도자료(2021. 11. 24). 교육부.

48) 송진웅, 강석진, 곽영순, 김동건, 나지연, 도종훈, 박성춘, 손연아, 손정우, 오필석, 이준기, 이현정, 임혁, 정대홍, 정용재(2019). 미래세대과학교육표준(단계별 수행기대) 개발, 현장적용 실행방안 도출 및 지표 개발 연구. 교육부/한국과학창의재단.

49) 김도훈, 한경희, 장덕호(2016). 2045 미래사회 인재상 및 핵심 과학역량 마일스톤 연구. 한국과학창의재단 연구보고서.

50) UNESCO (2017). Education for Sustainable Development Goals: Learning Objectives. UNESCO.

51) 서울특별시교육청(2020). 논쟁과 더불어 살아가기(교사연수자료). 서울특별시교육청.

52) 박미향(2017). 상호동료교수법을 이용한 기본간호학 실습 교육이 간호대학습자의 자기효능감, 간호술 수행자신감, 실습만족도에 미치는 효과. 학습자중심교과교육연구, 17(22), pp.785-804.

53) 노태희, 김소연, 김경순(2005). 중학교 과학 수업에서 학습자들의 구조화된 상호작용을 유도하기 위한 상호동료교수 전략의 효과. 한국과학교육학회지, 25(4), pp.465-471.

54) Pigott, H. E. (1986). The effects of reciprocal peer tutoring and group contingencies on the academic performance of elementary school children. Journal of Applied Behavior Analysis, 19(1), 93-8.

55) UN-ESC (2011). Holistic Approach Integrative Thinking and Practice. United Nations.

56) UNESCO (2017). Education for Sustainable Development Goals: Learning Objectives. UNESCO.

57) Sleurs, W. (ed.) (2008). Competencies for ESD teachers: A framework to integrate ESD in the curriculum of teacher training institutes. CSCT Publications.

58) 모경환, 김웅, 박현화, 이한나(2010). 지속가능발전교육 역량 개발 프로젝트-초등학교 ESD 수업 모듈. 중학교 ESD 수업 모듈. 유네스코한국위원회.

59) OECD (2019). OECD Future of Education and Skills 2030: Conceptual

learning framework. OECD.

60) 유네스코한국위원회(2007). 지속가능발전교육을 위한 교사 지침서. 유네스코 한국위원회 유엔지속가능발전교육통영센터.

61) UNESCO (2017). Education for Sustainable Development Goals: Learning Objectives. UNESCO.

62) Eilam, E. & Trop, T. (2010). ESD Pedagogy: A Guide for the Perplexed. The Journal of Environmental Education, 42(1), pp.43-64.

63) 장미정(2020). 학습자 상호동료교수 활동을 활용한 한국어 어휘 및 문법 교육 연구. 한국학연구, 72, pp.213-239.

64) 손연아(2021). 기후위기 주제 지속가능발전교육 수업 설계와 실행에 있어서 예비과학교사들이 갖는 경험 분석: 상호동료교수법 적용을 중심으로. 대한지구과학교육학회지, 14(3), pp.277-291.

65) Ginsburg-Block, M. & Fantuzzo, J. (1997). Reciprocal peer tutoring: An analysis of "teacher" and "student" interactions as a function of training and experience. School Psychology Quarterly, 12(2), pp.134-149.

66) King, A., Staffieri, A., & Adelgais, A. (1998). Mutual peer tutoring: Effects of structuring tutorial interaction to scaffold peer learning. Journal of Educational Psychology, 90(1), pp.134-152.

67) Rittschof, K. A. & Griffin, B. W. (2001). Reciprocal peer tutoring: Re-examining the value of a cooperative learning. Educational Psychology, 21(3), pp.313-331.

68) Ginsburg-Block, M. & Fantuzzo, J. (1997). Reciprocal peer tutoring: An analysis of "teacher" and "student" interactions as a function of training and experience. School Psychology Quarterly, 12(2), pp.134-149.

69) 이 내용은 손연아 외(2014)의 '지속가능발전교육(ESD) 사회문제해결형 수업 모델 개발연구 연구개발과제 최종보고서(교육부 · 한국과학창의재단)'에서 발췌하여 재구성하였다.

70) Sterling, S. (2004). Sustainable education: Re-visioning learning and change. Schumacher Briefings no. 6. Devon: Green Books, Ltd.

71) Sund, P. (2013). Experienced ESD-schoolteachers' teaching: an issue of complexity. Environmental Education Research, DOI: 10.1080/13504622.2013.862614

72) 배재학(2015). 교육에서 복잡성 이론의 함의. 교육철학, 55, pp.23-51.

73) 이요바(2021). 복잡성 이론이 학습자 중심 교육과정에 주는 의미: 세 가지 개념을 중심으로. 학습자중심교과교육연구. 21(10), pp.663-683.

74) Davis, B., Sumara, D. J., & Luce-Kapler (2008). Engaging Mind: Changing Teaching in Complex Times. 한숭희, 양은아 역(2017). 마음과 학습. 경기도

파주: 교육과학사. pp.164-184.

75) Davis, B., Sumara, D. J., & Luce-Kapler (2015). Engaging Mind: Cultures of Education and Practices of Teaching. 한숭희, 강영숙, 양은아, 이현경, 정혜령 역(2021). 표준화 교육에서 복잡성 교육으로: 지식, 학습, 교수의 진화사. 경기도 파주: 교육과학사. pp.279-306.

76) Begg, A. (2013). Interpreting enactivism for learning and teaching. Education Sciences & Society, 4(1), pp.81-95.

77) 배재학(2015). 교육에서 복잡성 이론의 함의. 교육철학, 55, pp.23-51.

78) Thompson, E. (2010). Mind in life. Cambridge, MA: Harvard University Press.

79) Thompson, E. & Stapleton, M. (2009). Making sense of sense-making: Reflections on enactive and extended mind theories. Topoi, 28(1), pp.23-30.

80) 배재학(2015). 교육에서 복잡성 이론의 함의. 교육철학, 55, pp.23-51.

81) 이요바(2021). 복잡성 이론이 학습자 중심 교육과정에 주는 의미: 세 가지 개념을 중심으로. 학습자중심교과교육연구. 21(10), pp.663-683.

82) Davis, B., Sumara, D. J., & Luce-Kapler (2008). Engaging Mind: Changing Teaching in Complex Times. 한숭희, 양은아 역(2017). 마음과 학습. 경기도 파주: 교육과학사. pp.164-184.

83) Davis, B., Sumara, D. J., & Luce-Kapler (2015). Engaging Mind: Cultures of Education and Practices of Teaching. 한숭희, 강영숙, 양은아, 이현경, 정혜령 역(2021). 표준화 교육에서 복잡성 교육으로: 지식, 학습, 교수의 진화사. 경기도 파주: 교육과학사. pp.279-306.

84) Davis, B., Sumara, D. J., & Luce-Kapler (2008). Engaging Mind: Changing Teaching in Complex Times. 한숭희, 양은아 역(2017). 마음과 학습. 경기도 파주: 교육과학사. pp.33-38.

85) Worton, S. N. (1990). Review Notes and Study Guide to The Major Works of John Dewey. 존 듀이의 哲學과 그의 主著(김병길, 1990). 서울: 양서원.

86) 서용선(2012). 혁신교육 존 듀이에게 묻다. 서울: 살림터.

87) Murry, P., Goodhew, J., & Murry, S. (2014). The heart of ESD: personally engaging learners with sustainability. Environmental Education Research, 20(5), pp.718-734.

88) Goldstein, J. (1999). Emergence as a construct: History and issues. Emergence, 1(1), pp.49-72.

89) Mikulecky, D. C. (2001). The emergence of complexity: science coming of age or science growing old?. Computers & Chemistry, 25(4), pp.341-

348.

90) 이재영, 김문옥, 남미자, 박복선, 손연아, 안재정, 정대수, 윤상혁, 정용주, 최유진(2021). 미래사회 변화에 대비한 국가 수준 환경교육표준(KEES) 시안 개발 연구. 환경부.

91) Thompson, E. (2010). Mind in life. Cambridge, MA: Harvard University Press.

92) Collins, S. & Clarke, A. (2008). Activity frames and complexity thinking: Honoring both public and personal agendas in an emergent curriculum. Teaching and Teacher Education, 24(4), pp.1003-1014.

93) Davis, B. (2004). Inventions of Teaching: A Genealogy. 구성주의를 넘어선 복잡성 교육과 생태주의 교육의 계보학(심임섭 역, 2014). 서울: 씨아이알. pp.197-207.

94) Davis, B., Sumara, D. J., & Luce-Kapler (2008). Engaging Mind: Changing Teaching in Complex Times. 한숭희, 양은아 역(2017). 마음과 학습. 경기도 파주: 교육과학사. pp.128-150.

95) Davis, B., Sumara, D. J., & Luce-Kapler (2015). Engaging Mind: Cultures of Education and Practices of Teaching. 한숭희, 강영숙, 양은아, 이현경, 정혜령 역(2021). 표준화 교육에서 복잡성 교육으로: 지식, 학습, 교수의 진화사. 경기도 파주: 교육과학사. pp.281-378.

96) Davis, B., Sumara, D. J., & Luce-Kapler (2015). Engaging Mind: Cultures of Education and Practices of Teaching. 한숭희, 강영숙, 양은아, 이현경, 정혜령 역(2021). 표준화 교육에서 복잡성 교육으로: 지식, 학습, 교수의 진화사. 경기도 파주: 교육과학사. pp.281-378.

97) 이요바(2021). 복잡성 이론이 학습자 중심 교육과정에 주는 의미: 세 가지 개념을 중심으로. 학습자중심교과교육연구. 21(10), pp.663-683.

98) Davis, B., Sumara, D. J., & Luce-Kapler (2008). Engaging Mind: Changing Teaching in Complex Times. 한숭희, 양은아 역(2017). 마음과 학습. 경기도 파주: 교육과학사. pp.128-150.

99) Kiraly, D. (2012). Growing a Project-Based Translation Pedagogy: A Fractal Perspective. META, 57(1), pp.82-95.

색 인

INDEX

ㄱ

색 인

INDEX

ㄴ

ㄷ

ㄹ

ㅁ

ㅂ

ㅅ

색 인

INDEX

ㅇ

ㅈ

색 인
INDEX

ㅊ

ㅋ

ㅌ

색 인

INDEX

ㅍ

ㅎ

영문

숫자

저자소개

손연아 예비교사와 현장교사의 지속가능발전교육·통합과학교육 교사 전문성 함양을 위한 교육프로그램을 꾸준히 개발하고 있으며, 더 나아가 지역사회를 위한 지속가능행복교육 이론과 교육모델 정립을 위해 노력하고 있다. 현재 단국대학교 사범대학 과학교육과 교수, 단국대학교부설통합과학교육연구소 소장으로 교육과 연구활동을 이어나가고 있다.

조재준 행정학박사로 현재 단국대학교부설통합과학교육연구소의 지속가능발전교육 센터 연구위원이며, 같은 대학교 행정학과에서 강의하고 있다. 주요 관심 분야는 지속가능발전을 위한 지역공동체의 활성화, 시민대상 지속가능발전교육 등이며. 저서로는 '매일 같이 밥먹는 사람들'이 있다.

배경석 단국대학교부설통합과학교육연구소에서 과학교육을 연구하고 있다. 관심 분야는 과학교육에 과학철학과 지속가능성에 대한 논의를 접목하는 데 있다.

서미숙 미국 뉴욕주립대 경제학 박사로 현재 단국대학교부설통합과학교육연구소에서 근무하고 있으며 동대학교에서 강의하고 있다. 주요 관심 분야는 기후변화의 경제적 효과와 환경오염의 경제적 비용과 같은 인간의 개입에 따른 환경문제를 연구한다.

최재혁 단국대학교부설통합과학교육연구소에서 과학교육과 환경교육을 연구하고 있다. 관심 분야는 과학교육, 환경교육, 학교 밖 교육, 교육자와 학습자의 자기효능감, AI 활용 교육컨텐츠 개발 등이 있다.

강순기 미국 오리건주립대학 화학공학박사로 삼성엔지니어링에서 환경신기술 개발 및 환경교육사이트 구축 등에 참여하였으며, 현재 단국대학교부설통합과학교육연구소에 근무하고 있다. 주요 관심분야는 AI를 활용한 에듀테크, 환경 및 지속가능발전교육의 역량진단시스템 개발 등이다. 저서로는 "꿈푸꿈비의 신나는 환경탐험기" 등이 있다.

지덕영 단국대학교에서 과학교육전공 석박사 과정을 거쳐 현재 충청북도 중원대학교에서 조교수로 근무하고 있다. 개인의 가치관 기반의 과학교육에 관심이 있으며, 사람이 성장하며 갖는 가치관과 함께 나의 삶이 녹아 있는, 우리 주위를 둘러볼 수 있는 교육을 바라는 마음으로 공부하고 있다.

세대를 넘어서

초판발행 2023년 3월 6일

지은이 손연아 · 조재준 · 배경석 · 서미숙 · 최재혁 · 강순기 · 지덕영
펴낸이 노 현

편 집 김민조
기획/마케팅 장규식
표지디자인 이소연 · 김도현
제 작 고철민 · 조영환

펴낸곳 ㈜ 피와이메이트
서울특별시 금천구 가산디지털2로 53, 210호(가산동, 한라시그마밸리)
등록 2014. 2. 12. 제2018-000080호
전 화 02)733-6771
f a x 02)736-4818
e-mail pys@pybook.co.kr
homepage www.pybook.co.kr
ISBN 979-11-6519-319-5 93370

정 가 21,000원

박영스토리는 박영사와 함께하는 브랜드입니다.